제2판

상업정보교과교육론

안 범 진 · 구 교 봉

탑북스

머리말

교육은 학생의 인격향상을 위해 교사가 의도적으로 지도하여 학생이 이에 반응을 나타내도록 하는 정신의 상호작용이라고 할 수 있다. 교육은 교육의 목표를 달성하기 위하여 그에 알맞은 교육과정을 설정하여야 된다.

교육과정은 교육적 성취를 의도한다는 점에서 교육의 핵심적 위치를 차지하고 여러 종류의 교육형태 가운데서 가장 조직적이고 체계적이다. 교육과정은 학교교육을 위해 철저하게 계획적으로 만들어진 것이며 강력한 실천성을 갖게 된다. 그러므로 교육과정은 교육목표를 달성하기 위한 하나의 수단이므로 교육과정은 언제나 교육목표가 지향하는 바의 방향에 따라 구성되어져야 한다. 그러한 교육목표는 그 시대의 추구하는 인간상을 명확히 해야 하며 그 목표를 효과적으로 달성하기 위해서는 교육방법 면에서 연구되어져야 할 것이다. 그 교육방법은 교육행정과 관련이 있는 것으로 중앙집권적이거나 지방분권적이거나 간에 그 성질상 효과적인 교육과정의 편성을 하는 데 있다.

그동안 수차례의 교육과정의 개정을 통하여 상업교육이 실시되어오고 있었으나 최근에 있어서 수요자의 부족으로 인하여 상업교육이 위기를 맞고 있다. 그러나 현대의 정보화 및 지식사회에 있어서 상업교육은 교육의 질의 향상과 그 내용의 팽창을 통해 새로운 방향에서 교육과정이 제시되고 있다. 이러한 시점에서 현재까지 시행되어 온 상업계 중·고등학교의 상업교육과 2002학년도부터 시행되고 있는 제7차 상업교육과정 2009년 및 2015년 교육과정의 내용을 소개하고 정리하여 앞으로 상업정보 교사자격 취득을 희망하는 학생에게 전문교과 교직이수에 필요한 학습지침서로 활용될 수 있도록 간추린 것이다.

끝으로 개정작업을 하면서 학급경영 분야에 대하여 보완하고, 한편 선진 외국의 고등학교 직업교육 현황을 소개하면서 우리나라 직업교육과 연계하여 소개하고, 일선학교의 진로지도에 참고토록 하였다.

본서는 12장으로 구성되어 있으며, 각 장별 내용을 정리하면 다음과 같다.

제1장 상업정보교육으로 상업정보교육의 개요, 상업정보교육의 목표와 특성으로 구성되어 있다. 제2장 상업정보교육의 발전과 교육과정의 변천과정으로 상업정보교육의 발전, 우리나라 상업교육의 발전, 우리나라 상업교육의 교육과정 변천으로 구성되어 있다. 제3장 상업정보교육의 학습평가로 상업정보교육 평가의 방법으로 구성되어 있다. 제4장 제7차 교육과정과 상업정보교과 내용으로 교육과정 구성의 방향, 상업교과의 편성과 운영으로 구성되어 있다. 제5장 2009년 및 2015년 교육과정으로 2009년 교육과정과 2015년 교육과정으로 구성되어 있다. 제6장 상업정보교육의 영역과 연구방법으로 상업정보교육의 영역, 상업정보교육의 연구방법,

상업정보교육의 현황과 개선방안으로 구성되어 있다. 제7장 현대 상업정보교육의 과제로 소비자시대의 상업정보교육, 지식기반 사회의 상업정보교육, 생애학습 및 평생학습의 상업정보교육, 상업계 고등학교의 발전방향으로 구성되어 있다. 제8장 생활지도와 실험실습 및 현장실습으로 생활지도, 실험실습 및 현장실습으로 구성되어 있다. 제9장 미국의 고등학교 직업교육으로 직업교육 정책, 직업교육 체제, 직업교육과정 및 운영, 직업교육 방법 및 평가로 구성되어 있다. 제10장 영국의 고등학교 직업교육으로 직업교육 정책, 직업교육 체제, 직업교육과정 및 운영으로 구성되어 있다. 제11장 일본의 고등학교 직업교육으로 직업교육 정책, 직업교육 체제, 직업교육 과정 및 운영으로 구성되어 있다. 제12장 한국의 고등학교 직업교육으로 직업교육 정책, 직업교육 체제로 구성되어 있다.

상업정보교육의 자료가 많지 않으며 아울러 최신의 자료는 더욱 많지 않아 집필과정에서 상당이 미비한 점을 느끼고 이 분야 연구하신 여러분들의 수많은 진심어린 질책과 충고를 받아들여 많은 보완과 수정이 필요하다고 생각한다.

끝으로 본서가 발간되기까지 어려운 여건 속에서도 배려해 주신 탑북스 김광식 사장님과 원고 교정에 많은 도움을 주신 분들께 감사의 글을 전하는 바이다.

2021년 1월

저 자 일동

차 례

제1장 상업정보교육

제2장 상업정보교육과 교육과정의 변천과정

제3장 상업정보교육의 학습평가

제4장 제7차 교육과정과 상업정보교과 내용

제5장 2009년 및 2015년 교육과정

제6장 상업정보교육의 영역과 연구방법

제7장 현대 상업정보교육의 과제

제8장 생활지도와 실험 · 실습 및 현장실습

제9장 미국의 고등학교 직업교육

제10장 영국의 고등학교 직업교육

제11장 일본의 고등학교 직업교육

제12장 한국의 고등학교 직업교육

제1장 상업정보교육

제 1 장
상업정보교육

제1절 상업정보교육의 개요

01 상업정보교육의 의의

원래 한자를 통한 교육의 의미는 교육(教育)의 교(教)가 “매를 가지고 아기를 길들인다.”라는 뜻이고, 육(育)은 “갓 태어난 아이를 살찌게 한다.”라는 뜻이다.

그러므로 교육이란 인간형성의 인위적이고 의도적 변화에 대한 작용이라 말할 수 있다. 즉 교육은 바람직한 인간을 형성하여 개인생활이나 사회생활을 행복하고 가치 있게 하는 동시에 이상적인 상태로 발전시키기 위한 작용이다.

그리고 상업정보교육은 상업정보와 교육의 요소로써 양자의 조화적 결합에 의하여 성립되는 것이다. 상업정보교육은 교육의 한 분야이며 하나의 형태로서 상업정보에 관한 교육이 되어야 한다.

그러므로 상업정보교육의 발전을 위해 반드시 진지한 과학적 체계의 연구가 필요한 것이다. 교육학제는 나라마다 사회적 · 정치적 · 경제적 등의 제 조건에 따라 상이한 제도가 형성되고 있지만 교육목적은 세계 각국이 보편 · 타당한 것이다.

그러므로 상업정보교육은 상업정보에 대한 미래적 · 진취적 안목에서 인간생활을 행복하고 가치 있게 영위할 수 있도록 의도적으로 행하는 작용이라고 할 수 있다.

칸트(I. Kant)에 의하면 인류는 인간성에 부여된 모든 소질을 노력하여 점차 인출해야 한다. 그러므로 인간 성질을 발전시키기 위해 교육하고, 개인적인 능력을 발달시켜 사회에서의 경험 · 능력을 후세에 전달하여 확충시키는 작용이라고 하였다.

피이테(J. G. Fichte)는 사회와 유리된 인간이란 있을 수 없다. 그래서 교육내용과 방법에 있어서도 사회변화와 현재 당면한 사회환경에 따라 사회 구성원인 인간의 성장발달을 도모해야 한다. 교육의 작용은 우리가 살고 있는 사회 환경의 자극을 받아 자기조정을 통해 사회 환경을 개선하고 진보시키는 것이다. 인간행동의 변화라고 했을 때의 변화란 우리가 흔히 쓰는 학습이란 말로 대치할 수 있다. 그리고 교육은 인간의 행동을 계획적으로 변화시키는 일이라고 하였다. 교육이 '계획적'이라는 말은 인간행동의 변화에 관한 의식과 의도가 있어야 함을 말하고 의식과 의도가 있다 해도 이를 뒷받침 할 만 한 변화의 이론과 실제적 성과가 뒤따라야 할 것이다.

이와 같이 볼 때, 상업정보교육이란 상업정보에 관한 교육으로 그 필요성에 따라 학교교육과 사회교육으로 나누어서 실시할 수 있으며,

학교교육에서는 초등교육, 중등교육, 고등교육의 단계에서 실시하고 있다. 또한 전수학교, 각종 직업학교에서도 각각의 교육수준에 따라 교육내용을 개발하여 시행하고 있다.

그러나 교육법에 있는 제도권 학교교육에서 본격적으로 상업정보교육을 시행하는 것은 주로 중등교육기관이 상업계 고등학교와 정보과학고등학교 등 전문대학을 포함한 상업계열 대학에서 주로 한정되어 있다.

상업정보교육은 오늘날 대단히 광범위하게 해석되고 있다. 생산자와 소비자 사이의 상품 매매업부터 상품유통업 · 무역업 · 증권거래업 · 전자상거래 · 마케팅 등 경영기법에 대한 각종 정보들이 포함되어 해석되고 있다. 이런 면에서 산업분류상 제조업을 비롯한 농업 · 임업 · 광업 · 건설업 · 전기가스업 · 통신업 등에 대한 다양한 업종의 정보가 상업정보교육의 대상이 될 수 있다.

이와 같이 상업계고등학교의 상업정보교육은 상업의 범위를 산업분류상 규정된 것뿐만 아니라 특정의 범위도 포함되고 있으므로 내실의 과오를 범하는 결과를 초래하게 되는 경우도 있다. 그리고 공적인 분류에 의하면 상업의 의미, 내용을 나타내고 있으나 관점에 따라, 컴퓨터 및 통신기술의 발전에 따라 다양한 직업인으로서 직무수행에 관한 내용을 사무종사자, 판매종사자, 서비스업 종사자 중심으로 전문적 · 기술적 · 관리적 업무를 담당할 수 있는 능력을 배양하는 데 초점을 두어야 한다. 이와 같이 광범위한 내용을 지닌 교육을 상업정보교육이라고 할 수 있다.

02 상업정보교육의 목적

학교교육은 가정이나 사회에서 인간생활을 영위하고 국가 사회에 필요한 바람직한 인간으로 성장 발달할 수 있도록 바람직한 환경을 조성하여 교육의 목표, 즉 홍익인간의 이념을 구현하기 위해 계획적으로 시행하는 것이다.

학교는 국가제도로 운영되어 그 목적에 알맞은 인간을 육성하고, 그 목적에 알맞도록 갖추고 운영되는 기관인 것이다. 그러나 오늘날의 사회에는 평생교육을 바탕으로 인간을 육성하는 기능을 갖는 곳은 학교 이외에도 있는 것이다. 인간을 육성한다는 전제에서 볼 때 가정교육과 직장교육, 사회교육 등도 교육의 일부로 볼 수 있다.

상업교육의 개념도 시대에 따라 변화하여 지식정보화 사회에서 상업정보교육으로 바뀌게 되었다. 처음에는 상품 및 재화의 교환에서부터 출발하여 그에 따르는 부수적 관리 및 사무에 대한 서비스를 포함시켜 해석하였으나, 컴퓨터 및 통신업의 발달에 따른 복잡한 산업정보의 구조를 상행위적 관점에서 관찰하여 그에 대한 정보를 식별하고, 분류하고, 교환하는 일체의 행위에 대한 범위를 포함하는 것으로 변천되어 왔다. 경제재의 생산으로부터 소비 사이의 장소적 · 시간적 · 인적 분리를 극복하는 것을 상업의 기능으로 볼 수 있다면 그 기능상에서 그러한 정보를 효율적으로 관리하기 위한 정보매체를 포함하게 되었다. 이러한 기능상의 확대와 변화에 대한 것이 현대의 상업교육의 개념으로 이해될 수 있다.

아울러 상업교육의 목적도 종래의 상업교육의 목표에서 정보화에 따른 내용이 보완되어 설정되고 있다. 원래 목적(objective)은 목표(goal)에 대한 수단이다. 그러므로 교육의 목표를 홍익인간으로 볼 때 교육의 목적은 홍익인간이 될 수 있는 인재를 양성하는 것이다. 상업정보교육의 목표는 사회경제일반을 이해하고 개인의 실무, 즉 사무나 판매, 정보처리 등을 합리적으로 처리하기 위한 능력과 태도를 기르는 것으로 본다면 상업정보교육의 목적은 이에 대한 전문지식인을 양성하는 것으로 볼 수 있다.

03 상업정보교육의 필요성

현대사회가 산업사회로부터 정보화 사회 지식기반 사회로 이행되고 있고 평생교육을 통한 생애교육시대, 인간존중시대, 우주인 경쟁시대, 다양화 시대, 세계화 시대로 전개되고 있으므로 이러한 시대적 사명과 더불어 경제생활을 합리적으로 이행하는데 전문적 소양과 지식을 갖춘 인재가 필요하게 되었다.

그러므로 상업정보교육이 필요하게 되었고 그 내용도 다변화되게 되었다. 우리나라는 이러한 상업정보교육에 대한 필요성을 인식하여 제7차 교육과정 개정과 더불어 1997년 12월30일 교육부 고시 제 1997-15호에 의거 상업계열 고등학교 전문교과 교육과정을 고시하여 2002 학년도부터 시행하였다.

이에 대하여 상업계 고등학교에 있어서 상업정보교육의 의의가 상업정보교육을 받음으로써 인간형성상 변화를 주게 되는 학생의 진로와 관련하여 기대되는 것은 다음과 같다.

첫째, 학생이 상업계 고등학교 졸업 후 산업계에 진출하여 사무나 판매 등의 직업에 종사하는 준비로서 상업정보교육은 크게 도움을 주게 된다. 이것은 상업계 고등학교 졸업 후 취직하여 사무 및 판매의 분야에 활약하는 경우 고등학교 시절에 적절한 상업정보교육을 받은 졸업생은 직장에 들어가게 되어도 용이하게 적응하며, 스스로 진보, 발전하게 되며 기업 내 신입사원에 대한 직장교육을 하는 경우에도 이미 받은 기초적·일반적인 상업정보의 소양에 의해 아무 저항 없이 새로운 지식·기술을 습득하게 된다.

둘째, 학생이 상업계 고등학교 졸업 후 상급학교인 전문대학이나 대학에 진학해도 많은 도움이 된다. 오늘날 상업계 고등학교를 졸업한 학생들은 전문대학이나 대학에 진학하여 상업정보교육과, 경영학과, 무역학과, 회계학과 등의 사회과학계의 학부나 학과에서 배우고 있다. 이 경우에 고등학교 단계에서 미리 상업정보교육을 받았다면 그 성과를 기초로 하여 일반적인 어려운 대학의 강의 내용을 빨리 소화하고 보다 고도의 이론, 복잡한 정책론의 연구나 특정의 전공분야를 원활하게 교육받을 수 있다. 또한 전문대학 등에서 배우는 경우에도 상업정보의 기초가 있다면 그 실무성을 추구하는 데 매우 용이하게 된다.

셋째, 고등학교 졸업 후 진로에 구애됨이 없이 고등학생의 시절에 상업정보를 배워두게 되면 장래 사회인으로서 생활하는 데 도움이 된다. 현대사회는 경제를 초월한 마음의 시대라고 말하지만 그 정도로 사람들의 일상생활 중에 경제의 제 문제가 깊게 침투하는 것이 오늘날 사회의 특징이다. 또한 개인의 생활실무를 합리적으로 처리하는 데는 상업정보의 지식이나 기술은 많은 도움을 주게 된다. 그럼에도 불구하고 초등학교의 실과나 중·고등학교의 상업 등에 있어서의 상업정보교육을 불충분하기 때문에 중학교 졸업자 등은 상업계 고등학교 등에 진학하여 일반적 교양으로서 상업정보교육과 전문교육을 시행하는 것이 학생에게는 극히 중요하며 학생의 학교생활이나 가정생활에 있어서도 학습 후 활용하게 된다.

넷째, 학생이 고등학교 졸업 후 진로를 결정하는 데는 상업계 고등학교 재학 중 상업정보에 대해 배우는 것이 귀중한 경험으로 도움이 된다. 현대의 청년은 장래 자기 진로에 대해 깊이 연구하여 목표를 세워서 노력하게 된다. 또한 일단 진로를 선택하기 위해서는 예비지식이나 진로처의 성격, 각종 정보의 입수 등을 고려하여 진로를 선택해야 한다. 이 경우에 취직을 하거나 진학을 하는 데는 상업정보교육에 의해 얻은 경험은 무엇보다도 귀중하다.

이와 같이 진로지도나 학생의 인간형성상 상업정보교육은 특히 현대사회가 요구하는 상업의 일반적 이해력 및 상업실무를 처리하는 기본적인 능력이나 합리적인 태도를 기르는 의미에서 많은 공헌을 하게 된다. 그리고 상업정보교육의 과정에 있어서 일반적 소양을 보강하고 교사의 노력과 연구에 의해 상업정보 교재를 통해 인간으로서 필요한 판단력 분석, 구성력, 추리력, 문제해결능력, 논리성, 창조성 등을 신장시켜 주어야 할 것이다.

제2절 상업정보교육의 목표와 특성

01 상업정보교육의 목표변화

중학교 상업정보교과 및 상업계 고등학교 상업정보교육목표는 그 목표달성이 용이한 것으로부터 점차 고차적인 수준으로 세워나가야 한다.

상업정보교육의 목표와 상업교과 목표는 그 동안 수차례의 교육과정 개정으로 인하여 변모되었는데 그 동안 우리나라 상업계 고등학교의 교육목표 및 교과목표를 간추려보면 다음과 같이 나타나고 있다.

첫째, 사회경제일반을 이해하고 개인의 생활실무를 합리적으로 처리하기 위한 능력과 태도를 기른다.

둘째, 진로에 있어서 사무나 판매 등의 개발적 경험을 쌓아 자기에게 적합한 진로를 주체적으로 선택하는 능력과 태도를 기른다.

셋째, 상업에 관해 졸업 후 다시 진학하여 학습을 계속하기 위하여 필요한 능력과 태도를 기른다.

넷째, 사무나 판매 등의 직업에 종사하고 진보향상을 도모하여 사회에 공헌하기 위한 능력과 태도를 기른다.

상업정보교육의 목표는 응용성이나 발전성에 있어야 하며 기초적 능력과 기본적 태도의 육성에 있어야 한다. 그리고 개개의 구체적인 능력이나 태도에 있어서는 상업정보교육의 실천의 장이 되는 각 과목의 목표에 합치되어야 한다. 이것을 그림으로 표시하면 [그림 1-1]과 같다.

그림 1-1. 상업정보교육의 목표

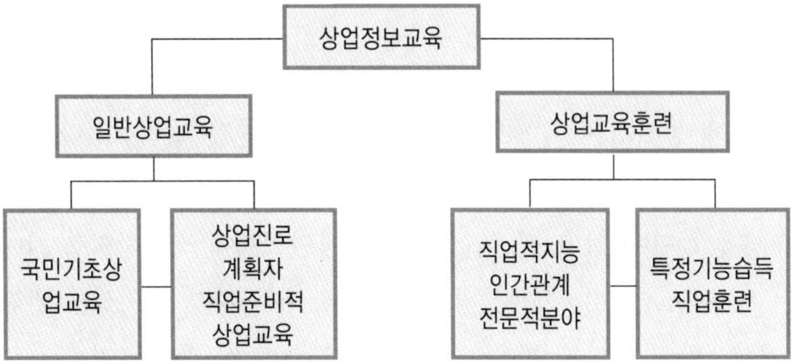

02 상업교육의 목표

1) 제1차 교육과정

제1차 교육과정(1953.4.20 ~ 1963.2.15)은 교과중심 교육과정 시기이므로, 교육목표는 상업정보교육의 목표와 상업교과 목표가 일치하고 필수교과목과 선택교과목으로 나누었다.

2) 제2차 교육과정

제2차 교육과정(1963.2 ~ 1973.1)에서는 상업, 경영관리 및 사무에 종사하는 자에게 필요한 지식과 기술을 습득시키고, 경제생활에 있어서의 상업의 기능과 상업에 있어서의 경영관리의 중요성을 인식하게 하고 실업인으로서의 신념과 자각을 가지게 한다. 또한, 일반경제 생활을 합리적, 능률적으로 영위하는 능력과 태도를 기르는 교육목표로 나누었다.

3) 제3차 교육과정

제3차 교육과정(1973.2 ~ 1981.12)의 교육목표는 첫째, 상업, 경영관리 및 사무에 종사하는 자에게 필요한 지식과 기술을 습득시킨다. 둘째, 경제생활에 있어서의 상업의 기능과 산업사회에 있어서의 경영관리의 중요성을 깨닫게 하고 직업인으로서의 국민경제에 적극적으로 기여하려는 태도를 기른다. 셋째, 경제생활에 있어서 항상 창의성을 발휘하고 일상생활에 있어서 합리적으로 생활할 수 있는 태도를 기르는 교육목표를 정의하였다.

4) 제4차 교육과정

제4차 교육과정(1981.12 ~ 1987.2)에서 제시하고 있는 목표는 상업 및 경영의 각 분야에 종사할 유능한 인재를 양성하고, 산업사회 발전에 능동적으로 대처하며 국가발전에 기여할 수 있도록 하는데 두고 각 전공학과별 목표를 구체적으로 표시하였다.

첫째, 상업과는 상업전반에 관한 지식과 기능을 습득하게 하여 상업 및 경영실무에 종사할 자를 양성한다.

둘째, 회계과는 경리·회계실무에 관한 지식과 기능을 습득하게 하여 경리·회계 사무에 종사할 자를 양성한다.

셋째, 무역과는 무역 업무에 관한 지식과 기능을 습득하게 하여 무역 업무에 종사할 자를 양성한다.

넷째, 정보처리과는 전자계산기의 이용에 관한 지식과 기능을 습득하게 하여 정보처리업무에 종사할 자를 성한다.

한편 제3차 교육과정과 다른 점은 전문계 고등학교와 일반계 고등학교의 보통교과내용을 다시 합본하여 공통으로 구성한 점이다. 그래서 제4차 교육과정은 과거의 학문중심이나 경험중심 교육과정보다 전인교육에 비중을 두었다. 즉, 제4차 교육과정은 구조중심 탐구학습을 강조하였다.

5) 제5차 교육과정

제5차 교육과정(1987.3 ~ 1992.9)에서는 제4차와 상업계 교육과정은 대동소이하므로 교육목표가 일치하였다. 특히 제5차 교육과정에서는 학문적 발전과 사회 경제 환경변화에 맞추고자 하였다.

교육목표는 첫째, 산업사회에서 필요한 직무소양교육의 함양, 둘째, 미래 고도산업사회에서의 다양한 직업군에 대처할 수 있는 전공학과의 전문성 제고, 셋째, 상업과 경영활동에 종사하는 데에 따른 경영, 경제 교육을 강화하여 합리적인 의사결정과 문제 해결력을 기르는 교육, 넷째, 컴퓨터를 중심으로 새로운 경영기술 혁신 진전과 정보화 사회에 대비할 수 있는 기능 기술 교육의 강화, 다섯째, 장차 산업현장에 종사하게 될 학생들의 직업교육훈련 경험을 위한 상업 실천과목의 경험적 학습 활동의 고양, 여섯째, 전문지식 및 기능을 기르기 위하여 전공과목 확대를 두고 있고 과별 학과별 목표를 따로 두었다.

6) 제6차 교육과정

제6차 교육과정(1992.3 ~ 1996)에서는 상업에 관한 전공 선택과목을 확대함과 동시에 교육과정의 운영을 탄력적으로 운영토록 함과 동시에 학과를 폐지하고 학과별 교육목표를 없앴다.

7) 제7차 교육과정

제7차 교육과정(1997.12 개정)은 기본지침으로 국민공통 기본 교육과정(1학년 - 10학년)과 고등학교 선택 중심 교육과정(11학년 - 12학년)으로 편성 운영하도록 하였으며, 전문계와 기타계 고등학교의 교과편성 운영은 고등학교 선택중심 교육과정에 포함시키고 있다. 그러므로 상업계 교육목표는 선택중심 교육과정상의 전문교과 교육목표와 일치한다.

그 내용의 공통점을 열거해 보면 상업 및 경영에 관한 기초 지식과 기술을 습득하여 자신에게 맞는 진로를 선택할 수 있고, 급변하는 정보화 사회에서 창의적으로 적응하여 자아를 실현하며, 나아가 국민경제 발전에 기여하려는 적극적인 태도를 가진다.

또한, 공통점은 정보화 사회에 대한 폭넓은 이해와 소양을 지니고, 상업 및 경영의 각 분야에서 장래 우수한 직업인으로서 활동하는 데 필요한 기초 지식과 태도를 가지며, 상업 및 경영의 각 분야에서 다른 국가의 기업과의 교류를 통하여 국제협력을 도모하고, 국가 경제 사회 발전에 공헌하는 책임의식과 태도를 가지는 공통점을 내포하고 있다.

03 미국상업정보교육의 목표

미국의 상업정보교육론에서 상업정보교육의 목표를 보면 H.A. Tonne와 L. C. Nanassy의 저서인 『상업정보교육의 원리(*Principles of Business Education*)』에서 상업정보교육의 최종목표를 다음과 같이 논하고 있다.

첫째, 상업교육의 제1목표로서 상업정보교육은 특정기능을 습득하여 그 습득력을 상업에 대한 직업에 이용하는 지능인 직업적 기능을 기른다. 이와 같은 직업적 지능은 상업분야에 있어서 특히 인간관계를 유지하는 능력이 중요하다.

둘째, 상업정보교육의 제2목표로서 상업의 서비스를 이용할 수 있는 유능한 소비자를 길러 국민경제에 대해 이해할 수 있도록 하는 목표로서 비기술적인 것이 있다. 그 내용은 진로지도의 일환으로서 상업에 대한 진로정보의 제공 내지 계발적 경험을 포함해야 한다. 또한 1954년에 R. G. Walters와 C. K. Nolan의 공저인 『상업정보교육의 원리 및 제 문제(*Principles and Problems of Business Education*)』는 상업정보교육론으로서 유명하다.

그 후 제3판이 C. A. Nolan, C. K. Hayden & D. R. Malsbary 등 3인의 손에 의해 속간되었으며 상업정보교육의 목표를 직업적 능력, 상업을 개인적으로 이용하는 능력, 소비자로서 필요한 상업의 능력, 사회 · 경제적 능력 등으로 나타내고 있다.

04 상업정보교육의 특성

1) 상업정보교육의 기초성 · 실무성

상업정보교육은 기초를 중시해야 하는데 이것은 학생에 있어서도 본격적으로 상업을 하게 되거나 졸업 후 상업정보교육을 받게 되는 기회가 있을 것이다. 상업정보교육은 이러한 상업정보교육의 필요성이라는 관점에서나 상업정보교육의 성과라는 관점에서도 강조할 필요가 있다.

상업정보교육에서는 많은 기호에 제 현상 면을 취급할 경우 학생들의 흥미를 유발하여 그 배후에 있는 기본적인 조직, 역사적 흐름, 현상을 지배하는 원리나 법칙을 이해하기 쉬운 수단을 강구해야 한다. 또한 기초가 없는 곳에 발전은 기대할 수 없고 기초가 확고하지 않으면 응용도 불가능하다.

학생은 기초적 내용을 충분히 익히게 되면 보다 진보된 단계의 지식도 흡수하기가 쉽고 모든 활동의 특수성도 약속할 수 있다. 이러한 의미에서 상업정보교육의 성과는 올릴 수 있게 된다. 인간의 생애에 있어서 장기간에 상업정보교육의 성과를 높이기 위해서는 기초교육이 중요하다.

무엇보다도 교재를 정선하는 것이 교육계에서는 중요하므로 그 필요성에 있어서 상업정보교육도 예외는 아니다. 교육내용의 전반에 있어서도 기초적인 것을 중요시해서 평가를 해야 한다. 그런데 상업은 원래 실무성이 강조됨으로써 상업정보교육에서도 다분히 실무성이나 현실성에 입각해야 한다.

2) 전문교육 · 직업교육 · 산업교육

중등학교 교육기관인 고등학교 교육은 보통교육과 전문교육으로 분류할 수 있으며 상업계 고등학교는 이를 병행하여 실시하고 있다. 전문교과 과정은 그 분야가 직업교육과 연계되어 실시하고 있다. 이러한 전문교육은 농업이나 공업 등의 교육에 비하면 약간 희박하다. 이것은 상업이 사회과학의 계열에 속하여 이공계와 같은 기술성이 결핍되어 있으며, 직업분야에서도 상업은 농업이나 공업 등과 상이한 자격요건을 구비해야 하기 때문이다.

직업교육과 산업교육이 있다. 이것은 주로 산업교육진흥법과 관계를 가지고 교육해야 한다. 산업교육기관으로는 우리나라에서는 별도로 한국표준협회(KSA), 한국능률협회(KMA), 한국생산성 본부(KPC) 등 많은 산업교육기관이 있다. 각 기관에서는 많은 교육훈련에 필요한 교육과정을 실시하고 있다. 산업교육의 범위는 직업교육과 반드시 일치하지 않으며 명확한 특정산업분야를 형성하지 않는 부분의 직업인을 양성하는 교육까지 포함할 수 있으므로 양자를 구별하는 것은 곤란하다.

제 2장 상업정보교육과 교육과정의 변천과정

제 2 장
상업정보교육과 교육과정의 변천과정

제1절 상업정보교육의 발전

01 고대의 상업정보교육

사회형태가 가장 단순한 원시시대에 있어서 상업은 행하여지지 않았으므로 물론 상업교육도 없었다고 추측하고 있다.

그 후 종족 또는 부족 간에 교환이 행해지게 되었다. 정상적인 교환이 상업으로 행해진 것은 B.C. 3~4천년 경 구석기시대와 신석기시대의 중간경이라고 추측하고 있다. 교환경제가 발달함에 따라 화폐상품인 가축에서 금속화폐가 사용되었으며, 철기시대에 들어와서는 수공업이 농업과 분리되어 상업생산으로 발전하였다. 그리하여 상인들은 대상(caravan)을 이용하여 상품의 교환정도로 상업에 종사하였으나 그 후 대토지소유, 대농경영, 노예제도 등을 토대로 한 대외상업이 번창

하였다. 상업은 생산에 직접 종사하지 않는 상인이 생산자의 중개자가 되었으며 고대 상업은 주로 지방 상업으로서 지방적 생산물의 정기적 교환과 상업도시와 상업민족의 대외활동으로 지중해를 중심으로 해상무역이 발달하였다.

그런데 당시에 향락적 부의 소유자, 귀족, 전제군주 등이 상인의 주된 거래처이므로 고대 상업은 자유형평의 거래가 될 수 없었다. 일반적으로 사기, 기만, 모략, 약탈, 정복 등에 의한 교환에 지나지 않았다. 이와 같이 고대도시에서 행한 상업은 약탈로부터 시작하여 발전하였으며, 전 세계적으로 발달하여 갔으나 고대말기 4세기경에는 각 지역에 자급자족의 경향이 나타나서 상업은 점차 쇠퇴하였고 특히 German 민족의 침입은 축적한 부를 파괴하였으며 상업을 혼란시켰다.

02 중세의 상업교육

중세에 들어가서는 봉건사회가 확립되자 상업은 도시를 중심으로 발전되고, 대외상업은 지중해 선박제국이 행하고 농업의 발전은 수공업이 발전됨에 따라 상업의 발전으로 화폐경제를 발전시켰다. 상업은 초기에는 행상으로 시작하였으나 점차 정기적으로 일정한 장소에서 모여 주시, 연시, 대시 등이 일어났다. 도시에 집중한 상인들은 Guild와 종교 Hansa동맹을 조직하였다.

14세기부터 도시동맹의 성격에서 무역특권을 향유하다가 16세기에 영국과 그의 제국이 전폐하게 되어 몰락하게 되었다. 특히 상업은 십자군(Crusade 1096 ~ 1291)의 동서연락에 의해 동양 상품이 유럽에 유입되어 북Italia도시, 북유럽의 Hansa동맹도시의 상업은 대단히 번창하게 되었다.

이때에 상인의 자제들을 위한 실무적인 초등 기초교육기관이 세워졌으며 이들 상업도시간에 급속히 확대되었다. 즉 14세기 이전에 유럽에는 귀족, 부르주아(bourgeois)의 자제를 위한 사원학교로 학교가 있었다. 라틴어의 교수를 주로 하였으므로 문법학교 또는 라틴학교로 세워졌다.

이 시민학교는 도시의 발달과 시민계급의 발흥으로 세워졌으나 경제적 세력은 아직 미약하였다. 그리하여 사원교육이나 기사교육을 받을 수 없는 상공업시민의 요망으로 직업교육기관이 있었다. 시민교육의 이상은 종래의 초현세적인 천국생활을 이상으로 한 교육에 대해 현세생활 그 자체의 가치를 알고 충족하기 위한 교육이었다. 그래서 시민학교는 실제생활에 필요한 인물을 육성하는데 있었으며 그 교육과정도 라틴어를 사용하지 않고 자국어로 읽고 쓰고 했으며 실무계산 등의 실학적 방향으로 발전하였다.

그러나 시민학교의 교수는 교직담당을 겸직으로 하는 승려가 대다수이었으며, 사원학교와 같은 교수법으로 하였다. 즉 그 당시에는 서적의 입수가 곤란했으므로 학생은 먼저 암창한 후 그것을 분석하여 설명하고 필기하는 지도방식을 채택하였다.

미국에서도 최초의 상과대학은 1881년 Pennsylvania 대학 내에 설립된 Wharton 재정 및 상업학교(Wharton School of Finance and Commerce)로서 수업연한은 2년간이었으나, 1895년에 4년제로 되었다. 이 대학은 약 20년간 미국 유일의 상과대학이었으나 1900년경에 New York, Chicago, Harvard 대학을 비롯하여 기타 대학에서 상업학교가 설치되어 상과대학이 동시에 일어나게 되었다.

03 각국의 상업교육

1) 미국의 상업교육

미국에서는 산업혁명을 통한 기계화 및 기술진보에 따라 남북전쟁 이후 미국기계기사협회(American Society of Mechanical Engineers)가 창설되어 능률증진운동이 일어났다. 그 후 과학적 관리법의 창시자인 테일러(F. W. Taylor)의 공장관리론(Shop management)이 1903년에 발간되었고, 1911년에 과학적 관리법의 원리(The Principles of Scientific Management)가 발간되어 상업교육학의 시초가 되었다.

미국의 상업교육의 특성은 실용주의(Pragmatism)를 기초로 생성 시초부터 실천적 경향으로 나타났다. 그리고 기업경영의 대규모화로 전문적 지식이 필요함으로써 전문경영자의 양성을 위한 상업교육이 필요하였다.

일찍이 미국에서는 경영실무교육의 한 가지 방법으로 등장한 사례연구법(Case Method)이 있다. 이 케이스 스터디는 1871년 하버드 대학의 랑델(C. C. Langdell) 교수에 의해 창안되었다.

미국의 작업관리에서 관리의 과학화에의 연구 확대를 위한 교육은 1930년대에 거의 전면적으로 전개되었으며 그 다음에 테일러 시스템으로서의 과업관리나 포드시스템의 동시관리는 인간을 기계 장치화한 나머지 인간성은 소외당하여 불만과 마찰을 가져오게 되었다. 그리하여 하버드 대학의 Elton mayo 교수의 그룹은 호손 실험을 계기로 인간관계론으로 발전하게 되었다.

이러한 학문적 연구를 배경으로 한 교육제도에서 학교교육에 관한 권한은 각주에 위임되어 있으며 전국적으로 공통된 획일적인 교육제도는 없지만 연방정부에서는 교육총국(Office of Education)을 중심으로 전국이 교육수준을 높이기 위해 조사연구, 봉사적인 교육활동, 국고보조관리 등을 광범위하게 활동을 전개하고 있다. 각주의 교육행정기관에는 보통 공립의 초등, 중등교육에 대한 주교육위원회 → 주교육장 → 주교육소를 중심으로 직업교육, 고등교육, 특수교육 등을 위한 약간의 행정기관이 있어 조언과 지도, 기준의 작성, 관리와 운영의 3대 기능을 가지고 있다.

상업교육이 농업교육, 공업교육, 가정교육 등과 같이 직업교육법의 대상이 되고 교육조성을 위한 보조금을 받을 수 있도록 하는 George Deen Act(1936) 및 George Barden Act(1946)가 있다. 여기서 대상으로 하는 상업교육은 Distributive Occupation's Education(유통의 교육)으로서 종래의 상업교육(Commercial Education)에는 포함되지 않았다.

그리고 유통교육은 정시제 및 야간학교에 한하며 그 학생은 현재 이와 같은 직업에 종사하고 있는 자 또는 종사하려고 하는 자에 한정되어 있는 것이다. 그러므로 이 교육은 극히 전문적인 교육으로 특정의 유통 등에 대한 전문적인 직업인을 육성하는 것을 목표로 되어있다. 즉 과정으로서 가구상 코스, 식육점 코스 등으로 되어 있다.

여기에서 타자, 속기, 상업부기, 상업경제, 부기 등은 일반교육으로 취급되고 있다. 이와 같은 상업실무교육은 직업교육법의 대상이 아니라 일반교육(General Education)의 일종으로서의 기초적 정도로 마치게 된다. 전문적인 타자수, 공인회계사로서의 전문교육은 직업교육으로서의 직업코스에 대한 고도의 교육을 시키고 있다.

2) 일본의 상업교육

일본의 상업교육의 시작은 상업의 직업화를 이룩한 중세 이후라고 한다. 고대는 농업이 유일한 산업이고, 상업은 생산물의 필수품과 잉여품의 교환인 상인이 아닌 상업이었다. 그 교환에 종사하는 것은 행상이며 교환 장소로서 시장이 나타났지만 아직 상업을 직업으로 하는 상인계급은 발생하지 않았다.

대부분 사람들은 농업에 종사하였으나 공업이나 상업도 겸업하였다. 중세 이후 차차 농업 이외에 공업이나 상업도 하나의 직업으로 하는 직업적 신 계급이 사회적 직위를 차지하게 되고 상인은 수공업자로부터 분리된 특허상인으로서 일정점포를 갖춘 점포상인이 되었다. 여기서 특허상인의 특권이란 상품의 판매권, 영업의 세습권에 의해 상인의 자제가 받은 교육은 직업계승으로 양친, 선배의 모범과 경험적 관습을 중심으로 한 모방과 습득으로 상업에 필요한 지식, 기능을 수습하게 되는 것이다.

1874년에 상법강습소, 1877년에 공립신호강습소, 삼강상업강습소, 1879년에 대판상업강습소 등을 비롯하여 뒤이어 각지에서 개설되었으며, 주로 경영지도자의 양성기관이었다. 일반인에 대한 상업교육기관은 1892년에 실업보습학교규정, 1893년에 수상중학교 실과규정으로부터 시작되었다.

1893년에 실업교육국고비조법이 제정되고 청일전쟁 이후 상업교육도 크게 발달되었다. 그 후 1898년 실업학교 령이 공포되어 제도적으로 체계화된 것이다. 뒤이어 1902년 전문학교령이 발포되고 실업학교령이 개정되어 제도적으로 보다 완비되었으며, 1919년 12월에 실업학교

령이 대폭 수정되었다.

그 후 상업교육은 해마다 크게 확장되어 오다가 1932년 만주사변이 발발된 뒤에 제2차 세계대전으로 1944년 교육에 관전시비상조치방책에 의한 남자 상업학교의 대다수가 공업학교로 전환되고 재학연한도 단축, 학도근로조원으로 실질적으로 야간상업학교 정도로 수업을 계속하게 되었다. 전시에 전환했던 공업학교가 종전 이후 상업학교로 재전환 되었다. 1947 교육기본법이 제정되고 학교교육법이 공포되었다.

그리고 산업사회의 요구에 의해 1951년 6월에 산업교육진흥법이 제정되어 상업교육은 세계경제시장을 배경으로 크게 발전하게 되었다.

상업학이 시장조직론으로 발전된 것은 미국의 마케팅의 영향이라 하겠으며, 1909년 당시 동경고등상업학교에서 독자적으로 상전정차랑(上田貞次郎) 박사가 상공경영론구좌를 개설하였으며, 제1차 세계대전 이후 독일에 유학하여 독일의 경영경제학을 일본에 이직하였던 것이다.

1925년을 전후로 하여 독일의 경영경제학을 처음으로 소개한 것은 증지용차랑(增地庸次郎) 박사의 경영경제학원론을 들 수 있다. 그 후 1928년에 동경대학에 경영경제학 강좌를 개설하였으며 그 후 각 대학에 상업부, 경제학부의 강좌가 개설되고 고등상업학교에서 상업학이 교과과정에 들어갔으며 그러다가 1944년 10월에 신호상업대학에서 상업박사과정이 개설되었으며, 1951년에 일본상업학회가 창설되어 전전의 판매·배급론 등에 대신하여 판매관리론, 마케팅 연구가 시작되었다.

제2절 우리나라 상업교육의 발전

01 개화기 이전의 상업교육

이조시대 교육의 주된 관심과 대상은 양반, 치자(治者) 계급을 위한 것이었다. 민중을 위한 교육은 애초부터 관심이 없었고, 세습적 직업교육 역시 하천한 것들로 취급되었다.

이와 같이, 국가와 사회의 풍조가 문관이나 무관이 아닌 기술관에 대해서는 모든 면에서 차등을 두었고, 더구나 국가의 대다수를 차지하며 직접 생산에 종사하고 있는 농·어·공·상인들을 상인(常人)계급으로 분류하였다. 이들은 피치자(被治者)의 입장에서 국가에 대하여 공역 등의 의무를 수행하지만, 이들에겐 학문을 할 기회가 좀처럼 주어지지 않았으며, 과거에서의 진출은 폐쇄되어 있음과 다름이 없었다.

그리하여 기술·실업교육이 성행할 수 없었고 실업이 번창할 수 없었으므로 전 국민의 소수계층을 제외하고는 언제나 빈곤을 면할 길이 없었던 것이다.

02 개화기 이후 근대교육의 시작과 상업교육

오랫동안 쇄국정책으로 일관해오던 조선왕조는 1876년 일본과 강화도조약을 맺고, 이후 계속 서구 미제국과도 수호조약을 맺게 되어, 마침내 우리나라는 세계열강의 각축 속에 휘말리게 되었다.

1894년의 갑오경장은 서정혁신을 단행함과 동시에 교육제도도 개혁하게 되어 1895년 1월 홍범14조를 선포하였으니, 이는 우리나라 최초의 헌법과도 같은 것이었다. 그 안에 신교육을 실시할 것이 명백히 포함되어 있으며, 또한 2월에 공포된 고종 황제의 교육입국 조서에서 강령과 목적이 제시됨으로써 더 한층 근대적 교육이 구체화되었다.

그 당시의 교육제도는 교육령, 학교령으로 일률적으로 제정된 것이 아니고, 관제니 규제이니 하는 여러 형태로 되어 있었다.

그 뒤 1904년(광무 8년) 6월 8일 농·공·상학교 관제가 공포됨과 동시에 상공학교 관제가 발기되고 교명은 농·상·공학교로 변경되었는데 동년 8월에 학부령 제16호로 농·공·상학교 규칙이 제정 공포되었다.

당시 유일의 관립상공학교는 1904년에 과별로 각각 분리되어 농과는 관립 수원농림학교(서울대 농대 전신)로, 상과는 사립 선린상업학교(현재의 공립 선린 중·상업고등학교 전신)로, 공과는 관립 공업 전습소(서울공고, 서울대 공대 전신)로 각각 전문적인 교육기관으로서 출발하게 되었다.

관립 농상공 학교에 상과는 다시 을사보호조약(1905년 12월)후, 1906년 2월에 일인이 사재를 정부에 기부함으로써 설립된 선린 상업학교로 분리 발전하였다.

당시 상업학교로서 1906년 4월에 일본인 거류민을 위한 일본인 상업학교인 부산상업전수학교(경남상고 전신)가 설립되었고, 따라서 1907(광무 11년) 3월 22일에 칙령 14호로써 농·상·공학교는 폐지되었다.

1909년 4월에 실업교육령이 공포됨에 공립 부산실업학교(현 부산상고 전신)와 동년 5월에 관립 인천실업학교(인천상업, 인천고 전신)가 설립되었다. 1910년 4월에는 보습학교(덕수정보과학고 전신)가 설립되고, 전문교육 수준의 교과목을 교수한 보성학교(보성법률 상업학교, 보성전문학교 및 고려대 전신)에 수업연한 3년의 상과가 설치되었다.

03 일제강점기의 상업교육

1911년 8월 23일에 한국식민지 교육에 알맞은 조선 교육령을 칙령 제229호로 공포하고 이 령에 의하여 한국인에 대한 교육을 해 나갔던 것이다.

조선 교육령 제20조에 "실업학교는 농업 · 상업 · 공업 등 실업에 종사하려는 자에 필요한 교육을 하는 곳으로 한다."고 하였다. 그런데 초기 일정하의 교육에서 실업교육은 일어 교육과 더불어 초보적인 교육에 치중하였다는 점이다.

실업학교의 수업연한은 2년 내지 3년으로 하고, 입학자격은 당시 4년제인 보통학교(소학교) 졸업자로 하였고, 간이 실업학교는 수업연한을 별도로 하였다.

1917년에는 연희전문학교(현 연세대학교 전신)가 설립되어 상과가 설치됨으로써 정규 전문교육으로서의 고등상업교육이 처음으로 실시되었다.

교육령 시대의 상업교육은 일반 고등학교 규정에 따르는데, 교육 목적은 철저한 일본화 교육과 교육의 전시체제화에 있었다. 즉 모든 교육은 일본의 전쟁완수를 위해 1938년 3월 3일 칙령 제103호로써 세 번째 교육령을 개정하였다. 이때 소위 전시 하의 조선 교육 3대 강령의 내용은 첫째 국체명징(國體明徵) 둘째, 내선일체(內鮮一體) 셋째로 인고단련(忍苦團練)이었는데 그들은 전시하의 교육체제를 통하여 황국신민화 교육을 추진하는 동시에 교육제도를 고쳐 종전의 한국인 교육과 일본인 교육과의 차별대우를 철폐할 것을 공인하게 되었으니 제3차 교육법의 개정에 나타나게 된 것이다.

〈표 2-1〉 일제 식민치하의 3개 전문학교 상학교육과정: 1922~1942년

연도	1922			1942		
학교	보성전문	연희전문 (1921)	경성고등상업	보성전문	연희전문	경성고등상업 (1943)
경제 관련	경제원론 재정학 화폐론 통계,실전 은행론	경제원론 재정학 통계학 경제정책 화폐론	경제학 재정학 통계학 동양경제사정	경제학 재정학 화폐론 무역급위체 은행론 (사회정책) (경제사) (농업정책) (공업정책) (경기론) (동양경제사정) (경제학사) (경제지리)	경제원론 재정학 통계학 경제정책 금융론 경제사 (동양경제사정) (일본산업론) 경제지리	경제학 재정학 통계학 동양경제사정 금융론 경제정책 교통론 동양경제사 (조합론) (경기론) 경제사 일본산업론 (금융각론) 경제지리연습
상업학 관련	상업부기 은행부기 상업산술 주산 상업통론 운송기관 상업지리 상업역사 상품학 보험 상업정책	상업부기 회사부기 은행부기 은행론 취인소 창고급해관론 인자법 상업실천 주산 상업산술 상업지리 상업학 상품학	상업작문 상업수학 부기회계학 상업학 실업실천 상품지리 상업사 상품학	상업부기 은행부기 상업산술 주산 경영경제학 상업통론 세관창고 상업지리 상업역사 상품학 보험론 상업실천 상용문 회계학	상업부기 회계학 원가회계 급 은행부기 실천주산 주산 상업산술 상업개론 상품학 (보험론) 상업정책 배급론	주산 급 상용문 상업개론 (실업실천) 상품학 (보험각론) 경영경제학 (회계학) (회계감사) (보험론) (배급론) (공업경영론) 공업개론
법 관련	법학통론 민법 상업파산법	민법 상법 형법 국제사법	법률학	법학통론 민법총론 상법	민법 상법 경제법 법학통론 헌법	법학통론 민법 상법

자료: 이순룡·이영민, 「한국 경영학의 재조명과 교육방향」, 한국경영학회, 1996. 11. p. 10.

1940년대 초 일본 위정자는 상업교육은 물론 모든 교육을 전시체제에 맞추어 소모되는 병력을 보충하고 소비물자를 강제 공출시키는 수단으로 이용하면서 공포정치를 자행하던 중 교육정책에서도 급기야는 1943년 3월 제4차 한선 교육령 개정을 보게 되었다.

04 해방 이후부터 정부 수립 전 상업교육

우리나라는 고래(古來)로 상공업의 천시로 상업에 관한 지식이 비공개 속에 전수되었기 때문에 문헌이 전혀 없으며 독자적인 발전은 일본의 식민지 정책으로 억압되어 있었다. 그러다가 1945년 8·15 해방 이후 내외 정세의 극심한 불안정으로 이렇다 할 업적은 없었으나 각 대학에 상업 통론, 상업 개론 또는 상업 경제 등의 강좌를 개설하였다.

그런데 당시 우리나라의 상업교육은 8·15 해방 전까지 일본의 상업교육이 그대로 뿌리 깊이 남아 있어 아직 독자적으로 발전하지 못하였다.

1945년 8월 15일 해방이 되고 동년 9월에 미군정 하에서 학무국이 각 급 학교의 교과과정을 각도에 지시한 후 10월 1일부터 각급 학교가 재개되었다. 1946년 3월에는 학무국에서 각 급 학교의 교수요목을 제정하여 발표하고, 동년 6월에는 일제말엽에는 중등학교 수업연한이 4년제로 되었던 것을 5년제로, 또 9월에는 6년제로 되었다.

05 정부 수립 후 상업교육

1948년 정부가 수립된 후 1949년 2월에 교육법이 제정되었는데 교육법에 의하면 실업학교는 전문교과를 30% 이상해야 한다는 내용으로 되어 있어, 그에 의하여 실업학교의 교육과정이 운영 실시되었던 것이다.

1950년 학제가 개편되어 실업중학교를 포함한 중학교를 4년제로 하고, 중학교 3년 수료자를 입학자격으로 하는 3년제 고등학교를 기설중학교 중에서 선정하여 설치인가 함으로써 이 제도가 5월부터 시행되었다. 그 후 1951년 3월 현행 학제로 변경되었다.

1954년 4월(제1차 교육과정에서) 교육과정 시간배당 기준령이 제정되어 이에 의하여 상업학교의 교과운영이 실시되었으며, 1963년 2월(제2차 교육과정에서)에는 실업고등학교 교육과정이 별도로 제정 공포되었는데 이에 의하여 전문 교과목 전체의 50% 이상을 이수하도록 되어 있다. 그 후 1971년에 실업고등학교의 교육과정이 전면 개편되었고, 1973년 제3차 교육과정 및 1977년에 일부분이 수정되었다.

1981년 12월에 제4차 교육과정에서 문교부고시 제422호에 의하여 유치원, 국민학교, 중학교 및 고등학교 교육과정이 공포되었는데 고등학교 교육과정은 일반 고등학교와 전문계 고등학교의 교육과정을 통합한 것으로 1984학년도부터 시행되었으며, 1987년 제5차 교육과정 및 1988년 3월 31일에 약간의 내용이 개정되어 1990년 3월 1일부터 시행되었고, 1992년 10월 30일에 제6차 교육과정이 공포되어 1996년 3월 1일 신입생부터 시행하게 되었다. 한편 현행 제7차 교육과정은 1997년에 개정되어 2000년대부터 시행되도록 하였다.

제3절 우리나라 상업교육의 교육과정 변천

01 상업학교로서의 상업교육의 효시

오늘의 중등 상업학교의 효시는 1904년(광무 8년) 4월에 유일의 사립학교로 개교된 선린상업학교의 상업계 고등학교로서의 교육과정은 1909년 4월 칙령 제56호로 당시에 공포된 시행규칙을 들 수 있는 바, 이를 예시하면 〈표 2-2〉와 같다.

〈표 2-2〉 상업학교 학과 과정 및 주당 교과

학년 학과목	제 1 학년		제 2 학년		제 3 학년	
	시수	정도	시수	정도	시수	정도
수 신	1	실천 도덕	1	동 상 급 실업도덕	2	동 상
국어 및 한문	4	구독, 작문, 습자	2	구독, 작문	2	동 상
일 어	10	독법, 해석 회화, 작문, 습자	8	독법, 해석, 회화, 작문	7	동 상
지 리	2	본국 지리, 외국 지리				
수 학	5	산술, 주산	4	기하, 대수	3	동 상
이 과	4	박물, 물리	4	물리, 화학	2	지문 생리위생
도 화	1	자재화	1	용 기 화		
법 규					1	상업에 관한 법규 대요
상 업	6	상업에 관한 사항	13	동 상	13	동 상
실 습					3~6	상업 실습
체 조	1	학교 체조	1	동 상	1	동 상
계	34		34		30	

자료: 1909년 4월 칙령 제56호 시행 규칙

02 교육과정의 변천

1) 교수 요목기(course of study, 1945, 8 ~ 1954. 4)

'교수요목'이란 학생들에게 가르칠 내용을 열거하는, 즉 학교의 지도 하에 학생들이 가진 경험의 총체를 의미하는 개념으로 해석할 수 있다.

미군정시대인 1945년 11월 23일에 조선교육심의회 직업교육분과는 우리나라 상업학교를 단선형 학제의 실업고등학교로 발족시켰다.

그리고 정부 수립 이듬해인 1949년 12월 31일에 법률 제86호로 교육법을 제정, 공포하였는데, 이 법은 상업고등학교의 법적 기준이 중학교 또는 고등학교 중에서 전학과의 30% 이상을 실업과목으로 하는 학교는 실업중학교 또는 실업고등학교로 명칭을 과할 수 있다고 되어 있어 별도의 상업고등학교를 설립할 필요가 없었다.

교수요목으로는 각 분야의 가르칠 내용을 선정하여 심화 지도할 수 있어, (1) 교수 요지, (2) 교수 방침, (3) 교수상의 주의, (4) 교수 사항으로 구성하고, 교수 사항, 즉 오늘날 교과 내용은 학년별, 대단원, 중단원, 소단원으로 구분하여 편제되었다. 교수 요목기의 교육내용은 상업경제, 부기회계, 주산, 무역론, 경영경제학, 상품학, 통계학, 법규, 상업수학 등이 포함되었다.

2) 제1차 교육과정(1954. 4 ~ 1963. 2)

제1차 교육과정은 교과중심 교육과정 시기로, 1954년 4월 20일 '문교부령 제35호'로 제정, 공포된 '고등학교 교육과정 시간 배당 기준령' 이후부터 1963년 2월 15일 '문교부령 제122호'로 개정된 교육과정 개정령이 공포되기까지를 말한다.

1954년 4월 20일 개정된 교육과정은 6·25 전쟁으로 인하여 교육적 실효를 거두지 못하다가, 1958년 6월 5일 '문교부령 제76호'인 '실업고등학교 교육과정 시간 배당 기준표'에 의하여 비로소 상업고등학교 나름의 교육과정이 정립되기에 이르렀다.

당시 '문교부령 제76호'에 의한 상업계 고등학교 교육과정의 내용을 요약·정리하면 〈표 2-3〉, 〈표 2-4〉와 같다.

〈표 2-3〉 교과내용 및 단위 시수

교 과 목	총 시간수	내 용
상업 경제	210~215(6-9)	상업 대의와 각종 업무 배급기구 상업 정책과 제정, 화폐금융, 경영 경제에 관한 연구
상업 부기	105~140(3-4)	복식 부기의 원리를 중심으로 부기의 기초 지식
공업 부기	70~105(2-3)	원가 계산을 토대로 장부의 연구
은행 부기	70~105(2-3)	상업 부기의 기초위에 은행 부기장의 기능
주산	210~315(6-9)	한국 특유의 계산 능력 실습을 통한 기능
상업 연습	105~140(3-4)	타자, 속기, 인서, 상업문, 상업 실천
경제 지리	70~105(2-3)	상업 경제에 관한 지리적 연구
상 품 학	70~105(2-3)	상품의 규격, 품질, 등급, 상품 감정과 생산 과정 연구
상업 법규	70~105(2-3)	상법, 회사법, 수표 및 어음법의 이해
무역	70~105(2-3)	무역에 관한 기초 지식과 그 실천
회계학	70~105(2-3)	회계제도 계리법 재무의 여러 가지 표의 연구
상업 수학	140~210(4-6)	상업 관습에 의하여 상업 계산 방법 및 수리적 연마

※ 이 표의 총 시간수는 전학년간 총 시간수를 표시하며, (　)안은 전학년간 배당할 주당 누계 시수를 표시함.

〈표 2-4〉 선택 및 필수 교과목

구 분	교과목 명칭
필수 교과목	상업경제, 상업부기, 은행부기, 회계학, 주산, 상업연습, 경제지리, 상업수학, 상업법규
선택 교과목	상업, 미술, 경제학, 금융론, 상품학, 무역 실습, 통계조사, 상업문, 상업사, 상업영어

3) 제2차 교육과정(1963. 2 ~ 1973. 1)

제2차 교육과정은 1963년 2월 15일 '문교부령 제122호'로 개정된 교육과정에서부터 1971년 8월 14일 '문교부령 제286호'로 개정되기까지의 경험중심 교육과정의 시기이다.

당시의 교육 이념은 5·16군사 정변 이후 경제적·사회적 배경에 따라 '민족중흥과 교육'이라는 목표에서 주체성, 자주성, 생산성 및 유용성을 강조한 실용주의 철학에 의한 경험을 중시하였다.

특히 상업계 고등학교를 비롯한 전문계 고등학교의 교육과정 운영은 국가와 민족의 현실을 이해하게 하고, 장차 직업에 종사할 유능한 생산인을 양성하기 위하여 실업 교과목의 전공과목을 중심으로 한 교육과정을 마련하였다.

실업고등학교에서의 교육목표 달성은 수업량의 50% 이상을 실험·실습 중심으로 한 실업교과 학습활동에 충당하도록 규정하였다. 또, 지역성의 강조를 통하여 지역사회의 절실한 요구와 학생생활에 필요 불가결한 과제를 중심으로 융통성 있는 교육과정을 구성하도록 하였다.

제2차 교육과정에서 나타난 전문교과 편제 및 단위배당기준은 〈표 2-5〉와 같다.

〈표 2-5〉 전문 교과 편제 및 단위 배당 기준(1963년)

교과목 및 단위	교 과 내 용 (지도 내용)
상업대요 (8-12)	1. 경제생활과 상업 2. 매매 업무 3. 배급 4. 금융 5. 운송·통신 6. 보관 7. 보험 8. 무역 9. 상업의 사명과 상인의 업무
경영대요 (4-8)	1. 기업의 경영 2. 기업의 형태 3. 기업의 집중 4. 경영 관리 5. 생산 관리 6. 업무 관리와 사무 관리 7. 노무 관리 8. 재무 관리 9. 분권 관리와 사업부제
상업 법규 (4-8)	1. 사회생활과 법규 2. 권리와 의무 3. 재산권 4. 계약 5. 영업과 법규 6. 상행위 7. 회사 8. 어음·수표 9. 분쟁의 방지와 해결
경제 지리 (4-6)	1. 풍토와 생활 2. 경제분포 3. 산업별 구분 4. 국토개발
상업 부기 (6-10)	1. 부기 원리 2. 계정과목 3. 장부조직 4. 재무제표
회계학 (4-8)	1 회계학의 개념 2. 기업자산 3. 기업자본 4. 손익 5. 재무제표
주산 (12-18)	1. 주산용어 2. 주산의 목적 및 연혁 3. 주산의 기초 4. 기초계산 5. 연습문제 6. 응용계산 7. 환산 8. 잔액계산 9. 비율셈 10. 이자셈 11. 할인료계산 12. 수수료 계산 13. 보험료 계산 14. 개평법 15. 개립법 16. 계산기의 여러 가지 기능
상업실천 (8-16)	1. 어음 및 수표 2. 보통 매매 업무 3. 위탁 매매 업무 4. 기초계산 5. 기업창설 6. 은행업무 7. 보험업무 8. 창고업무 9. 운송업무
은행 부기 (4-6)	1. 은행 부기의 개념과 특징 2. 계정 3. 전표 4. 장부조직 5. 은행업무 6. 지점회계 7. 결산 및 재무제표
공업 부기 (4-6)	1. 공업부기의 개념과 특징 2. 원가계산 3. 원가소요 4. 원가의 포착 5. 원가집계 6. 결산과 재무제표 7. 공업부기의 특수문제
상업 문서 (2-6)	1. 상업문 2. 사교적 상업문 3. 사무적 상업문 4. 인쇄 5. 문서의 취급과 정리
통계 조사 (4-6)	1. 통계의 효용 2. 통계조사 3. 통계현상 4. 통계표, 통계도표 5. 도수분포 6. 평균산포도 7. 통계비율 8. 지수 시계열 9. 상관계수 10. 추정검정 11. 경영과 경영통계 12. 경영과 경제통계

상업수학(4-6), 타자(4-12), 상품학(4-6), 상업영어(4-6), 상업서예(4-6),
무역실무(2-6), 속기(4-6), 기타 5과목 이수단위 총계 : 102-120

그리고 교육목표는 다음과 같다. 첫째, 상업, 경영관리 및 사무에 종사하는 자에게 필요한 지식과 기술을 습득시킨다.

둘째, 경제생활에 있어서의 상업의 기능과 상업에 있어서의 경영 관리의 중요성을 인식하게 하고 실업인으로서의 신념과 자각을 가지게 한다.

셋째, 일반 경제생활을 합리적·능률적으로 영위하는 능력과 태도를 기른다.

4) 제3차 교육과정(1973. 2 ~ 1981. 12)

제3차 교육과정은 1971년 8월 14일 '문교부령 제286호'에 의하여 개정되었다. 상업계 고등학교의 교육과정은 일반계 고등학교보다 3년을 앞당겨 전문계 고등학교 교육과정 전반을 함께 묶어 전면 개편하기에 이르렀는데, 그 이유는 경제개발계획의 성공적 목표달성에 따르는 산업화 과정에서의 실업교육의 진흥과 새로운 직업기술 교육의 전문성을 제고시키는데 그 목적이 있다.

특히 새로운 정보화 산업사회의 도래와 함께 문명 이기로 등장한 컴퓨터 교육의 필요성이 강조되기 시작함에 따라 전자계산일반, 코볼, 포트란, 어셈블리 등의 교과목이 새로이 추가되었다. 이는 모든 전문계 고등학교 교육에 획기적 전기를 마련하였음은 물론 교육과정 운영에 새로운 전기를 마련하는 계기가 되었다.

제3차 교육과정이 제 2차 교육과정과 다른 점은 교과목표를 그대로 두되, 교육과정 운영과 학생진로의 전문성을 가지도록 한 점이다. 즉, 교과편제 및 단위배당 기준을 보통 필수과목 58단위, 보통 선택과목 10-44단위, 전문과목 102-154단위로 조정하였다.

교육과정 제정 방침으로는 첫째, 산업기술교육 진흥을 목적으로 보통교과의 구성과 그 내용은 대학 진학을 목표로 하는 일반계 고등학교와 달리 구성하고 실업교육 진흥 및 그 전문성 제고를 위한 직업교육의 심화에 있으며 정보화 사회에 적응할 수 있는 컴퓨터 교육의 심화 발전 및 직업진로 지도의 강화에 두었다. 둘째, 교육 목표로는 장차 직업인으로서 지녀야 할 창의성을 길러 국가경제 발전에 적극적이며 능동적으로 기여하는 진취적인 태도와 자질을 함양하는 데 두었다.

교육목표 설정의 기본 방향은 국민적 자질의 함양, 인간교육의 강화, 지식・기술 교육의 쇄신에 중점을 두었다.

이상에서 나타난 제3차 상업교과 교육목표는 다음과 같다.

첫째, 상업・경영 관리 및 사무에 종사하는 자에게 필요한 지식과 기술을 습득시킨다.

둘째, 경제생활에 있어서 상업의 기능과 산업사회에 있어서 경영 관리의 중요성을 깨닫게 하고, 직업인으로서 국민경제에 적극적으로 기여하려는 태도를 기른다.

셋째, 경제활동에 있어서 항상 창의성을 발휘하고, 일상의 경제생활을 합리적, 능률적으로 영위하는 태도를 기른다.

제3차 교육과정에서 나타난 교과 편제 및 단위 배당 기준은 〈표 2-6〉과 같다.

〈표 2-6〉 교과 편제 및 단위 배당

필수과목	단위수	선택 과목	단위수
상업 대요	4~6	부기Ⅱ	4~8
경영 관리	4~6	공업 부기	6~8
상업 법규	4~6	은행 부기	4~6
부기 Ⅰ	6~9	세무 회계	4~6
기업 회계	2~4	판매 관리	6~8
상업 계산	12~18	상품	4~6
한글 타자	4~8	경제 지리	4~6
전자 계산 일반	4~6	무역 업무	4~6
상업 실천	4~10	통계 조사	4~8
주산	12~18	코볼 프로그래밍	8~10
타자	8~16	포트란 프로그래밍	4~6
	4~12	어셈블리 프로그래밍	4~6
		상업 서예	2~6
		무역 실무	4~6
		속기	4~6
		*선택 교과목은 5과목 이상	
이수 단위(필수 및 선택)		102~120	
총 계		204~224	

5) 제4차 교육과정(1981. 12 ~ 1987. 2)

1976년 '문교부령 제379호'로 부분 개정되었던 교육과정은 1981년 12월 31일에 '문교부 고시 제442호'로 개정되어 1988년 3월 31일 '문교부 고시 제 88-7호'로 초등학교, 중학교, 고등학교 교육과정이 개정되기까지를 제4차 교육과정 시기로 본다. 제4차 교육과정과 다른 점은 전문계의 교육과정과 일반계 고등학교의 보통 교과의 내용을 다시 합본하여 공통으로 구성한 점을 특색으로 가진다.

교육 철학적인 면에서는 과거의 학문중심이나 경험중심교육보다 전인교육에 큰 비중을 두었다

한편, 교육과정 개정에서 가장 특징적인 면으로 평가의 방법과 내용을 제시함으로써 교수-학습활동의 효과와 교육적 피드백을 가지게 한 점을 들 수 있다.

제4차 교육과정에서 제시하고 있는 상업과 교육 목표는 상업 및 경영의 각 분야에 종사할 유능한 인재를 양성하고, 산업사회 발전에 능동적으로 대처하며, 국가발전에 기여할 수 있도록 하는데 두고 각 전공과별 교육목표를 세부적으로 제시하였으며 전문 교과목 편제 및 단위 배당을 요약하면 〈표 2-7〉과 같다.

〈표 2-7〉 과별 목표와 전문 교과목 편제 및 단위 배당

<table>
<tr><th>목표
과목학과</th><th>교육목표</th><th>필 수 과 목</th><th>선 택 과 목</th></tr>
<tr><td>상업과</td><td>상업전반에 관한 지식과 기능을 습득하게 하여 상업 및 경영 실무에 종사할 자를 양성한다.</td><td>상업 대요, 경영대요, 상업부기, 전자 계산 일반, 상업계산, 상업 실천, 타자</td><td rowspan="4">상업법규, 상업계산, 마케팅, 상업실천, 상품, 부기회계, 공업부기, 세무회계, 무역업무, 상업영어, 경제. 지리, 문서사무, 타자, 전자계산 실무, 경영통계, 자료처리, 상업미술, 상업서예, 기타과목</td></tr>
<tr><td>회계과</td><td>경리·회계실무에 관한 지식과 기능을 습득하게 하여 경리·회계사무에 종사할 자를 양성한다.</td><td>상업 대요, 경영대요, 상업부기, 전자 계산 일반, 상업계산, 부기 회계, 공업 부기</td></tr>
<tr><td>무역과</td><td>무역업무에 관한 지식과 기능을 습득하게 하여 무역업무에 종사할 자를 양성한다.</td><td>상업 대요, 경영대요, 상업부기, 전자 계산 일반, 무역업무, 상업영어, 타자</td></tr>
<tr><td>정보 처리과</td><td>전자계산기의 이용에 관한 지식과 기능을 습득하게 하여 정보처리업무에 종사할 자를 양성한다.</td><td>상업 대요, 경영대요, 상업부기, 전자 계산 일반, 프로그래밍, 자료 처리, 타자</td></tr>
<tr><td>이수 단위</td><td></td><td>40~64</td><td>42~82</td></tr>
<tr><td>이수단위
합계</td><td></td><td colspan="2">82~122</td></tr>
</table>

자료: 교육부, 「고등학교 전문계 교육과정 해설(상업계열)」, 1995. p.54.

6) 제5차 교육과정(1987. 3 ~ 1992. 9)

제5차 교육과정은 1988년 8월 31일 문교부 고시 제88-7호에 의거하여 개정되었다. 제5차 교육과정의 개정은 제4차 교육과정 이후 일정한 주기를 기준으로 학문적 발전과 사회·경제적 환경변화에 맞추고자 하는데 그 목적이 있었다.

오늘날 학문적 변화의 속도가 가장 빠른 경영학과 컴퓨터에 관한 교육을 주요 대상으로 하는 상업계 고등학교에서의 교육은 산업사회의 변화추세에 가장 민감하게 대응할 필요가 있다.

이에 따라 제5차 교육과정에서 찾을 수 있는 상업계 고등학교의 교육과정 개정의 기본방향으로 첫째, 산업사회에서 필요한 직무, 소양교육의 함양, 둘째, 미래 고도산업사회에서의 다양한 직업군에 대처할 수 있는 전공학과의 전문성 제고, 셋째, 상업과 경영활동에 종사하는데 따른 경영교육을 강화하여 합리적 의사결정과 문제 해결력을 기르는 교육, 넷째, 컴퓨터를 중심으로 새로운 경영 기술혁신 진전과 정보화 사회에 대비할 수 있는 기능기술 교육의 강화, 다섯째, 장차 산업현장에 종사하게 될 학생들의 직업교육 및 훈련경험을 위한 상업실천 과목의 경험적 학습활동의 고양, 여섯째, 전문지식 및 기능을 제고하기 위하여 전공과목 선택 기회의 확대에 두고 있다.

교육목표는 상업 및 경영의 각 분야에 종사할 유능한 인재로서의 자질과 능력을 길러 산업사회화에 능동적으로 대처하며, 국가발전에 기여할 수 있도록 하는데 있으며, 구체적으로는 상업 및 경영에 관한 기본적인 지식과 기능을 습득하게 하고 산업사회의 발전에 맞추어 창의성을 발휘하고 합리적이며 능률적인 경제생활을 할 수 있는 능력과 태도를 기르게 하며 상업 및 경영의 중요성을 깨닫게 하고 신념과 긍지를 지닌 직업인으로서 국민경제 발전에 이바지하는데 있다.

제5차 교육과정에서 나타난 전문 교과목 편제 및 단위 배당은 〈표 2-8〉과 같다.

〈표 2-8〉 전문 교과목 편제 및 단위 배당

<table>
<tr><th>구분
학과</th><th>필 수 과 목</th><th>선 택 과 목</th></tr>
<tr><td>상업과</td><td>상업 대요
경영대요
상업부기
전자계산일반
상업 계산
상업 실천
타 자</td><td rowspan="4">상업 법규
상업 계산
마케팅
상업 실천
상 품
부기 회계
공업 부기
세무 회계
무역 업무
상업영어
경제 지리
문서 사무
타 자
경영 통제
경제 지리
문서 사무
타 자
경영 통계
프로그래밍
자료 처리
전자계산기 실무
상업 미술
상업 서예
기타 과목</td></tr>
<tr><td>회계과</td><td>상업대요
경영대요
상업부기
전자계산일반
상업 계산
부기 회계
공업 부기</td></tr>
<tr><td>무역과</td><td>상업대요
경영대요
상업 부기
전자계산일반
무역 업무
상업영어
타 자</td></tr>
<tr><td>정보처리과</td><td>상업대요
경영대요
상업 부기
전자계산일반
프로그래밍
자료 처리
타 자</td></tr>
<tr><td>이수 단위</td><td>38~64</td><td>44~84</td></tr>
<tr><td>이수 단위 합계</td><td colspan="2">82 ~ 122</td></tr>
</table>

7) 제6차 교육과정(1992. 3. ~ 1996: 2001년까지 적용)

(1) 성격 및 추구하는 인간상

제6차 교육과정은 제5차 교육과정의 기본구조를 가능한 그 골격을 유지하면서 산업사회의 변화와 학문적 발전에 맞도록 개정하는 것을 기본원칙으로 하였다.

한편 교육과정 설정의 기본방향으로는 첫째, 교육내용 구성의 획일성·경직성 및 폐쇄성을 해소하고 교육과정 운영에 자율성을 확대함으로써 최대한도로 분권화를 꾀하도록 하였다.

둘째, 교과 이수단위·운영과정을 다양화시킴으로써 선택의 폭을 확대하였고, 미래 산업사회의 다양화·다극화에 대한 사회적 요구를 반영하는데 역점을 두는데 있다.

셋째, 학생들의 학습부담을 가급적 줄이도록 한다는 방침 아래 학습의 양과 학습수준을 조정함과 동시에 이수내용에 있어서는 교수-학습내용과 활동에서 학생들과 성차별의 폐해를 줄이기 위한 교육과정 구성에 유의하였다.

끝으로 지방자치제 실시에 따라 각 시·도 교육청에 교육과정 결정의 분권화와 그 운영의 자율성을 신장시키는데 초점을 두었다.

제6차 교육과정에서는 산업사회의 고도화에 따른 다양한 전문영역이 확대되고 아울러 직업의 종류도 다양화되어 가고 있음에 유의하여 관광경영과·상업디자인과·비서과를 확대·개설하여 관광 서비스산업의 발달과 경영정보 처리 및 사무자동화 증가 추세 및 전문적 비서직 수요의 증대에 대처할 수 있도록 하는 전공학과의 전문성 제고에 중점을 두었다.

제6차 교육과정의 목표로 상업 및 경영에 관한 기초 지식과 기능을 습득하게 하여, 상업 및 경영의 각 분야에 종사할 수 있는 자질과 능력을 기르고, 경제 사회 발전에 기여할 수 있게 하는데 두고 그 운영상의 유의점으로는 첫째, 전문교육을 주로 하는 고등학교 각 계열에 필요한 전문과목을 82단위 이상 이수시키고, 둘째, 전문교육을 주로 하는 고등학교에서는 상업 경제, 상업 부기, 전자 계산 일반 과목을 필수적으로 이수토록 하였다. 셋째, 전문교육의 각 과목별 이수단위는 12단위 이하로 배당하도록 하고, 넷째, 상업에 관한 교과의 실습과목에 대한 이수단위는 시 · 도가 정하며 학과는 상업과, 회계과, 무역과, 정보 처리과, 상업디자인과, 관광경영과, 비서과, 기타로 하였다.

상업에 관한 전문 교과목으로는 상업 경제, 상업 부기, 전자 계산 일반, 상업 법규, 상업 계산, 상업 실무, 마케팅, 상품, 문서 실무, 유통 관리 일반, 기업 회계, 원가 회계, 세무 회계, 무역 업무, 상업 영어, 국제 경제, 프로그래밍Ⅱ, 자료 처리, 전자 계산 실무, 경영 통계, 상업 미술, 상업 디자인 일반, 그래픽 디자인, 컴퓨터 그래픽, 비서 일반, 비서 실무, 속기, 실습, 사무 자동화 일반, 기타 등이다.

상업 실습의 내용은 각 학과별 전공 실습으로 구성되어 있으며, 그 내용으로는 상업 일반 실습, 회계 실습, 무역 실습, 자료 처리 실습, 프로그래밍Ⅱ실습, 상업 디자인Ⅰ실습, 상업 디자인Ⅱ실습, 관광 경영 실습, 비서 실습 등이다.

제6차 교육과정을 통해서 추구하는 인간상을 첫째, 몸과 마음이 건강한 사람, 둘째, 개성 있고 자율적인 자주적인 사람, 셋째, 창의성을 가지고 실천하는 창의적인 사람, 넷째, 옳고 그름을 판단하고 선한 일을 실천하는 도덕적인 사람으로 하였다. 이러한 인간상은 한국교육 이념과 목적, 교육방침을 기초로 하였고, 21세기 한국의 사회상과 교육적 필요를 고려하고, 제5차 교육과정에서 제시한 인간상의 연계 위에 설정되었다. 우리가 제6차 교육과정을 통하여 추구하는 인간상을 그림으로 나타내면 [그림 2-1]과 같다.

그림 2-1. 교육과정을 통하여 추구하는 인간상

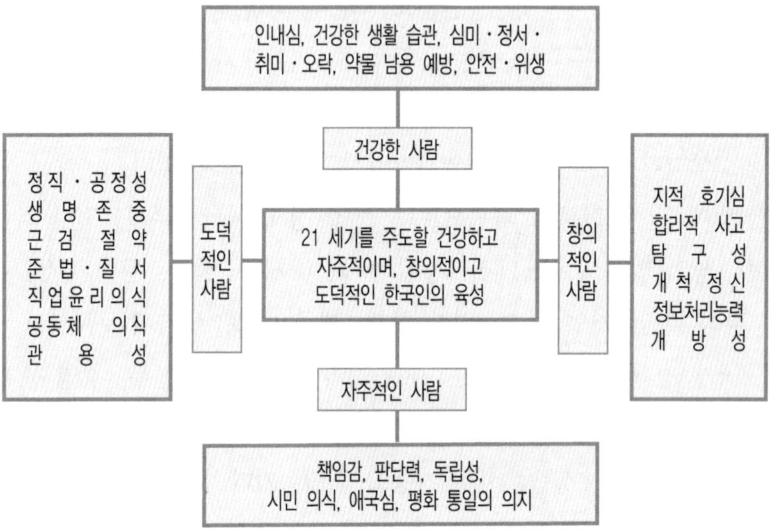

(2) 편제와 단위 배당 기준

(가) 편 제

첫째 교육과정은 교과와 특별활동으로 편성한다.

둘째, 교과는 보통교과와 전문교과로 한다.

셋째, 특별활동은 학급활동, 클럽활동, 단체 활동의 4개 영역으로 편성한다.

(나) 단위 배당 기준

〈표 2-9〉 보통교과

교 과	공통 필수 과목	과정별 필수 과목	과정별 선택 과목
1. 윤 리	윤 리(6)		과정별 필수 과목에서 제외된 교과목 중에서 선택(8)
2. 국 어	국 어(10)	화법(4), 독서(4), 작문(6), 문법(4), 문학(8)	
3. 한 문		한문Ⅰ(6), 한문Ⅱ(4)	
4. 수 학	공통 수학(8)	수학Ⅰ(10), 수학Ⅱ(10), 실용 수학(8)	
5. 사 회	공통 사회(8) 국 사(6)	정치(4), 경제(4), 사회·문화(4), 세계사(6), 세계지리(6)	
6. 과 학	공통 과학(8)	물리Ⅰ(4), 물리Ⅱ(8), 화학Ⅰ(4), 화학Ⅱ(8), 생물Ⅰ(4), 생물Ⅱ(8), 지구 과학Ⅰ(4), 지구과학Ⅱ(8)	
7. 체 육	체 육 Ⅰ(8)	체육Ⅱ(6)	
8. 교 련		교련(6)	
9. 음 악	음 악 Ⅰ(4)	음악Ⅱ(4)	
10. 미 술	미 술 Ⅰ(4)	미술Ⅱ(4)	
11. 실업·가정		기술(8), 가정(8), 농업(6), 공업(6), 상업(6), 수산업(6), 가사(6), 정보 산업(6), 진로·직업(6)	
12. 외국어	공통영어(8)	영어Ⅰ(8), 영어Ⅱ(8), 영어독해(6), 영어회화((6), 실무영어(6), 독일어Ⅰ(6), 독일어Ⅱ(6), 프랑스어Ⅰ(6), 프랑스어Ⅱ(6), 에스파냐어Ⅰ(6), 에스파냐어Ⅱ(6), 중국어Ⅰ(6), 중국어Ⅱ(6), 일본어Ⅰ(6), 일본어Ⅱ(6), 러시아어Ⅰ(6), 러시아어Ⅱ(6)	
13. 교양선택			철학, 논리학, 심리학, 교육학, 생활경제, 종교, 환경과학, 기타 중에서 선택(4)
이수단위	70	106	12
특별활동	학급활동 클럽활동 (12) 단체활동 (4)		

〈표 2-10〉 전문교과

교 과	과 목			학 과
농업에	농업발전	농업 실습	농업생산환경	농업과
관한	농업 경영	농업 기계	생물 공학	임업과
교과	환경 보전	농업 공작	작 물	축산과
	임 업	산림 토목	임업 경영	원예과
	임산 가공	축 산	영양·사료	잠업가
	채 소	과 수	화 훼	자영 농과
	시설 원예	양 잠	견섬유	농업 토목과
	농업 토목 설계	농업토목재료·시공	농업 수리	식품 가공과
	농지 개발	식품가공	식품과학	농업 기계과
	식품 위생	식품 미생물	식품 가공 기기	생활 과학과
	농업 동력	농작 업기	농업기계요소·제도	조경과
	농업 기계 공작	생활과학	농가 경영	농산물 유통과
	생활 원예	농촌 보건 위생	원예·조경	기타 학과
	조경 계획	조경 시공·관리	농산물 유통	
	농산물 판매 관리			
공업에	공업 입문	제 도	공업 실습	기계과
관한	기계 일반	전기 일반	공업 영어	전기 기계과
교과	기계 설계	기계공작	판금·용접	금속과
	기계 재료	금형 설계	공업역학	자원과
	유체 기기	원동기	공기 조화 설비	전기과
	전자 기계	전자 기계 회로	금속 재료	전자과
	금속 제련	주 조	금속 열처리	통신과
	금속 표면 처리	소성 가공	제선·제강	전자 계산기과
	자원개발	자원 탐사	자원 처리	토목과
	화약·발과	자원 개발 기계	석재 가공	건축과
	전기 이론	전기 기기	전 력	디자인과
	전기 설비	산업 전자	전기·전자 재료	화학 공업과
	전기·전자 측정	전기 응용	전자 이론	세라믹과
	자동 제어	전자 기기	공업 계측	식품 공업과
	전자 응용	계 장	통신 이론	섬유과
	데이터 통신	통신 관계 법규	전자 계산기 구조	인쇄과
	시스템 프로그램	프로그래밍 I	측 량	자동차과
	역 학	토목 재료·시공	토목 설계	조선과
	수리·토질	토목 계획	건축 구조·시공	항공과
	건축 계획	건축 재료	건축 법규	기타 학과
	디자인 일반	디자인 재료	색채 관리	

교 과	과 목			학 과
공업에 관한 교과	광고 · 사진	공업 화학	화학 공학	
	제조 화학	화공 계측 제어	환경 기술	
	세라믹 이론	세라믹 재료	세라믹 공정	
	세라믹 공업	도자기	발효 공업	
	식품 제조 공정	섬유 재료	방적 · 방사	
	제 직	편성 · 봉제	염색 · 가공	
	인쇄 일반	인쇄 재료	평판 인쇄	
	특수 인쇄	인쇄 사진	자동차 구조	
	자동차 전기	자동차 정비	차량 법규	
	중장비 구조 정비	선박 이론	선박 구조	
	선박 건조	선박 의장	항공기 일반	
	비행 원리	항공기 기체	항공기 기관	
	항공기 장비	항공 전자 장치		
상업에 관한 교과	상업 경제	상업 실습	경영대요	상업과
	상업 부기	전자 계산 일반	상업 법규	회계과
	상업계산	상업 실무	마케팅	무역과
	상품	문서 실무	유통 관리 일반	정보 처리과
	기업 회계	원가 회계	세무 회계	상업 디자인과
	무역 업무	상업영어	국제 경제	관광 경영과
	프로그래밍 Ⅱ	자료 처리	전자 계산 실무	비서과
	경영 통계	상업 디자인 일반	상업 미술	기타 학과
	그래픽 디자인	컴퓨터 그래픽	비서 일반	
	비서 실무	속 기	사무자동화 일반	

① 전문 교육을 주로 하는 고등학교는 〈표 2-8〉에서 필요한 전문과목을 82 단위 이상 이수한다.

② 전문교육을 주로 하는 고등학교에서는 다음 과목을 필수적으로 이수한다.

㉮ 농업 계열 : 농업 발전, 농업 실습, 전자 계산 일반

㉯ 공업 계열 : 공업 입문, 제도, 전자 계산 일반

㉰ 상업 계열 : 상업 경제, 상업부기, 전자 계산 일반

㉱ 수산 · 해운 계열 : 수산 일반(수산), 해운 일반(해운), 수산 · 해운 실습, 전자 계산일반

㉲ 가사 · 실업 계열 : 가사 · 실업 실습, 전자 계산 일반

㉳ 과학 계열 : 물리 실험, 화학 실험, 지구 과학 실험

㉴ 체육 계열 : 체육 개론, 육상, 체조, 수영

㉵ 예술 계열 : 시창 · 청음, 음악 이론(음악과), 소묘, 미술 이론(미술과), 동작법, 무용 이론(무용과).

㉶ 외국어 계열 : 각 학과 해당 외국어 각 과목 Ⅰ 및 청해

(3) 제6차 고등학교 과정의 특징

(가) 공통과목 축소 및 선택과목 확대

지금까지 교육부가 고등학교에서 이수할 교과목 전체를 획일적으로 결정해 온 중앙집권형 교육과정을 지방분권형 교육과정으로 개선하여, 계열, 과정에 관계없이 모든 고등학교 학생이 이수해야 하는 보통 교과의 공통필수과목을 12개 과목(78 ~ 84단위)에서 윤리, 국어, 공통 사회, 국사, 공통 수학, 공통과학, 체육 I, 음악 I, 미술 I, 공통 영어 등 10개 과목 70 단위로 축소 조정하고, 선택과목은 34개 과목에서 60개 과목으로 확대하였다. 또, 전문교과는 338개 과목이던 것을 유사과목은 통폐합하고, 새로운 영역의 과목은 신설하고 378개 과목을 제시하였다.

특히, 보통교과의 체육Ⅱ, 음악Ⅱ, 미술Ⅱ는 체육 및 예술에 관한 전문교과 중에서 학교가 선택하여 이수할 수 있도록 하였다.

(나) 교육과정 편성 · 운영의 역할분담체제 확립

교육과정 편성 · 운영권은 보통교과의 경우, 공통필수 10 과목 70단위와 특별활동 16단위(단체 활동 4단위 포함)만 교육부가 결정하고, 과정별 필수과목 106 단위는 시 · 도 교육청이 과정별 필수 과목군 53개 과목 중에서 인문 · 사회 과정, 자연과정, 직업 과정, 기타 과정에 적합한 과목을 선정하며, 전문계 · 기타계 고등학교에도 필요한 과목을 선정, 제시하고, 과정별 선택과목 12단위는 과정별 필수과목으로 선정되지 못한 과목과 교양 선택 과목 중에서 학교가 선정하여 운영하도록 위임하였다.

전문교과는 현행의 학과별 필수과목과 학과별 선택과목으로 구분하여 학과별 필수과목은 교육부가, 학과별 선택과목은 학교가 결정하던 것을 제6차 교육과정에서는 계열별 필수과목, 학과별 필수과목 및 학과별 선택과목으로 구분하고, 계열별 필수과목은 교육부가, 과목별 필수과목은 시·도 교육청이 결정하여 제시하고, 학과별 선택과목은 역시 학교가 결정하도록 하였다. 이를 표로 제시하면 다음과 같다.

〈 일반계 고등학교 〉

공통 필수 과목	70 위	교육부
과정별 필수 과목	106 위	시·도 교육청
과정별 선택 과목	12 위	학 교
특별 활동	16 위	교육부

〈전문계·기타계 고등학교〉

보통교과(82단위~)	공통필수과목	교육부
	선택과목	시·도교육청,학교
전문교과(82단위~)	계열별 필수과목	교육부
	학과별 필수과목	시·도 교육청
	학과별선택과목	학 교
특별활동(16단위~)		교육부

(다) 직업교육 강화를 위한 전문교과 편제 운영 개선

고등학교 교육과정 편제를 현행 계열별(일반계, 전문계, 기타계) 고정 폐쇄형 체제에서 개방형 통합 체제로 개선하여 보통 교과(70과목)와 전문교과(378 과목)로만 구분, 제시함으로써, 고등학교의 설립 목적과 성격, 교육적 요구에 따라 필요한 과목을 계열에 관계없이 융통성 있게 선택하여 편성·운영할 수 있게 하였다.

한편, 지금까지 설립되지 아니한 공예 고등학교, 디자인 고등학교, 관광 고등학교를 설립하여 운영할 수 있는 교육과정까지도 고려하였다.

이는 급속한 사회의 변동과 지역의 특성, 학교의 실정, 첨단 기술의 발전, 산업계의 요구 등을 고려한 보다 특성 있는 고등학교와 다양한 학과의 신설, 운영을 용이하도록 지원함으로써 미래사회에 대응한 후기 중등학교의 효율적이고 융통성 있는 운영을 촉진하기 위한 것이다.

(라) 학생의 적성, 능력, 진로를 고려한 교과목 신설, 통폐합 조정

첫째, 새로운 교과목의 신설이다. 제6차 교육과정에서는 학생의 다양한 개성, 적성, 능력과 진로에 적합한 교육을 실시하기 위하여 다양한 수준별, 특성별 과목을 개설하고, 시대적, 사회적 적합성을 제고하기 위하여 새로운 과목을 신설하였다.

둘째, 특별활동 영역의 신설로 제6차 교육과정에서 초·중등학교의 활동영역을 '학급활동, 학교활동, 클럽활동'으로 일원화하고, 고등학교에서는 강인한 인내력과 호연지기를 기르기 위하여 따로 단체 활동을 신설하였다.

셋째, 전문 교과과목의 통폐합으로 미래사회의 산업구조와 정보화, 첨단기술의 발전에 대비한 새로운 전문교과를 추가하여 224과목으로 조정하였다. 이를 구체적으로 예시하면 다음과 같다.

(마) 교육내용의 시대적, 사회적, 개인적 적합성 제고

첫째, 인성교육 강화로 지금까지 이데올로기 중심의 '국민윤리' 교과명을 '윤리'로 바꾸고, 인간관계, 사회윤리, 직업윤리를 중심으로 하는 내용으로 개정하였으며, 교양 선택과목을 교양교육의 중요성을 감안하여 '환경과학'을 신설하고, 체육, 음악, 미술과에 민속놀이, 전통 음악, 전통 미술을 적극 반영하여 전통문화에 대한 관심을 고취시키며, 특별활동에 신설된 단체 활동을 통하여 심신을 연마하고, 인내하고 절제하며, 호연지기를 가지도록 하는 등 인성교육을 강화하였다.

둘째, 과학 · 환경 교육 강화로 탐구하는 자세, 과학 하는 습관을 형성하기 위해 '공통과학'을 탐구활동 중심으로 구성하여 모든 고등학교에서 필수로 이수하도록 하였으며, 전문교과로 환경 보전, 환경 기술 과목을 신설하였다.

셋째, 세계화 · 개방화 대비 교육으로 세계화, 개방화 시대에 적응하고 대비할 수 있도록 정확성보다 의사소통 중심의 외국어 교육으로 개편하고, 비진학자 또는 전문계, 기타계 고등학교 학생에게 적합한 과목으로 영어 독해, 영어 회화, 실무 영어 등을 신설하여 이수하도록 하였다.

(바) 교육과정 운영 개선 및 교육의 질 향상

첫째, 학교 교육과정 편성 · 운영의 의무화이다. 교육부가 고시한 국가수준의 교육과정은 전국 공통이며, 포괄적으로 이루어져 지역의 특성이나 학교의 여건, 학생의 실태가 반영된 구체적인 교육과정은 아니기 때문에 시 · 도 교육청은 각 학교가 국가 수준교육 과정의 기본이념에 입각한 구체적이고 효율적인 교육활동을 전개하는 데 필요한 치밀하고 상세한 지침을 제공해 주어야 하며, 학교는 이를 바탕으로 하여 학교 교육과정을 치밀하고 정교하게 구체적으로 편성하여 운영함으로써 교육의 질을 높이고자 하였다.

둘째, 새로운 이수과정의 설치이다. 시·도의 지리적, 문화적, 경제적 여건과 학교 분포, 학생·학부모의 요구를 참작하여, 일반계 고등학교에 인문·사회과정, 자연과정, 직업 과정 이외에 필요한 과정을 설치하여 운영할 필요가 있다고 판단되면, 그 필요성과 목적에 맞는 과정을 설치하여 일정한 기준에 이른 학교가 선택하여 운영할 수 있다.

셋째, 새로운 교과목의 신설이다. 시·도 교육청이 산업의 발달, 학문적, 추세, 시대적 요구에 따라 교육과정에 표시되지 아니한 새로운 계열이나 교과목을 신설하여 운영하고자 할 경우, 정해진 절차에 따라 교육과정을 결정하고, 학교로 하여금 선택, 운영하도록 할 수 있으며, 또 학교가 필요하다고 판단하여 새로운 계열이나 교과목을 신설하여 운영하고자 할 경우, 시·도 교육 과정 편성·운영 지침에 따라 적정한 절차를 밟아 신설, 운영할 수 있다.

넷째, 과목 선택의 운영 융통성을 부여하였다. 일반계 고등학교는 공통 필수과목, 과정별 필수과목, 과정별 선택과목으로 편성하되, 시·도 교육청이 지정한 과정별 필수과목은 학생들의 진로, 적성, 교원조직, 사회적 요구에 따라 동일 교과 내 다른 과목으로 교체하여 이수할 수 있다. 전문계, 기타계 고등학교에서도 과정별 필수과목군 중에서 전문교과의 기초가 되는 과목을 선택하여 이수하고자 하나 단위, 수가 초과되어 이수하기 곤란할 경우, 이를 공통 필수과목 이수로 간주하고 공통 필수과목을 이수하지 않아도 무방하다.

〈표 2-11〉 신·구 교육과정 비교

구분	제5차 교육 과정	제6차 교육 과정	비 고
추구 하는 인간상	·건강한 사람 ·자주적인 사람 ·창조적인 사람 ·도덕적인 사람	·건강한 사람 ·자주적인 사람 ·창의적인 사람 ·도덕적인 사람	·제5차 교육 과정과 교육 개혁 심의회 심의 결과를 반영하여 지속적인 추구
교육 과정의 성격	·미제시	·성격을 제시함 -국가수준 교육과정의 법적 근거 마련 -학교 교육 과정의 공통적, 일반적 기준 제시 -각 시·도 교육청의 편성·운영 지침 필요	·국가 수준 교육 과정의 성격 명료화 ·학교 교육 과정 편성 의무화 ·시·도 교육청 역할, 기능 부여
교육 과정의 구성 방침	·구성 방향 (문장 서술)	·구성 방침(4개항목) -도덕성, 공동체 의식: 민주시민 육성 ·창의적 능력 개발 ·교육 내용, 방법의 다양화 ·편성·운영	·교육 과정의 구성 방침을 목표, 내용, 방법, 운영면에 걸쳐 명확하게 제시
편성·운영의 기본 지침	가. 계획(14개 항목) ·수업일수 ·학교 교육 과정 운영 계획 ·교양 선택 과목 ·특수 목적 학교, 학과 ·전문 교과의 기타 과목 ·중점 과제 반영 ·교재·교과·시설 ·교육 상담 ·교과의 교체 이수 ·새로운 계열, 학과의 교육 과정 등 나. 지도(11개 항목) ·교육의 연계성 ·교육 내용의 재구성 ·학습 자료 활용 ·심신 장애자 학습	가. 편성(17개 항목) ·시·도 교육청 ·교육 과정 편성·운영 지침 작성 내용 ·기초 조사 ·연구 기관, 연구 위원회 ·학교 ·학교 교육 과정 편성 ·일반계 고등학교 ·전문계, 기타계 고등학교 ·학기당 이수 과목 수 ·특별 활동, 교양 선택 과목 ·연구 체제 ·기초 조사 활용 ·새로운 계열의 교육 과정 등 나. 운영(25개 항목) ·시·도 교육청	·교육 과정 편성·운영의 역할 분담 명시 -교육부 : 제정, 고시 -시·도 교육청: 편성·운영 지침, 지도·조언 -학교 : 학교 교육 과정 편성·운영, 실제학생 지도 ·교육 과정 편성·운영에 연구 기관, 지역 사회 유관 기관의 참여 유도

구분	제5차 교육 과정	제6차 교육 과정	비 고
편성·운영의 기본 지침	·실험·실습 강화 ·현장실습 등 다. 평가(6개 항목) ·평가의 목적, 방법 중점 ·교양 선택 과목 평가 ·실험·실습의 평가 라. 기타(3개 항목) ·야간 수업 학교 ·방송 통신 고등학교 ·산업체 특별 학급, 부설 학교	·지도·조언 ·교육 자료 보급 ·특수아 교육 대책 ·교원 연수 및 인사 ·학교 ·학습 지도 방법 ·교육 자료 활용 ·학생 진로 지도 ·특수아, 장애아 지도 ·실험·실습·실기 강화 ·현장 학습 ·특별 활동 운영 ·중점 과제 지도 ·이수 단위 증배 운영 등 다. 평가(7개 항목) ·평가의 의의 ·평가 방법 ·실험·실습 평가 ·교양 선택 과목 평가 ·학교 교육 과정 운영 평가 등 라. 기타(4개 항목) ·기타 학교 ·야간 수업 학교 ·방송 통신 고등학교 ·산업체 특별 학급 및 부설 학교	
교육 과정 체제	[총 론] 제1장 교육 과정 구성의 방향 제2장 고등학교 교육과정 총론 1. 교육 목표 2. 편제와 단위 배당 3. 교육 과정 운영 지침 1) 계획 2) 지도 3) 평가 4) 기타 제3장 고등학교 교육 과정 각론	[총 론] 제1장 교육 과정 편성과 운영 1. 교육 과정의 성격 2. 교육 과정의 구성 방침 3. 편제 4. 단위 배당 기준 5. 편성·운영의 기본 지침 가. 편성 나. 운영 다. 평가 라. 기타 제2장 교과와 특별 활동	·국가 수준의 교육 내용 기준으로서 체제 ·교육 과정의 성격 제시 ·편성·운영 기본 지침 제시 ·교과의 성격을 명시 ·목표-내용-방법-평가의 일관성 있는 기준 제시 ·내용체계제시(교과의 내용 기준 명확히 파악 가능) ·교수·학습방법 및 평가에 대한 상세한 지침

구분	제5차 교육 과정	제6차 교육 과정	비 고
교육 과정 체제	·보통교과 ·전문교과 ·특별활동 [각 론] 가. 교과 목표 (과목) 가. 목표 나. 내용 다. 지도 및 평가상 유의점 1) 지도 2) 평가	(교과) 1. 성격 2. 목표 (과목) 1. 성격 2. 목표 3. 내용 가) 내용 체계 나) 내용 4. 방법 5. 평가	

(4) 제6차 교육과정에 있어서 상업계열 교육과정의 개정 내용

우리의 교육은 기회균등을 그 근본이념으로 지속적인 국민의 교육열, 그리고 이의 수용을 위한 교육정책에 힘입어 양적인 측면에서 세계적 수준으로의 괄목할 만한 성장을 이루어 왔다.

교육의 발전이란 양적인 측면뿐만 아니라, 질적인 측면에서의 발전도 수반되어야 한다. 교육의 질적 제고는 학교교육의 목표와 교과의 편성 및 교수-학습 방법과 활동 내용의 지침이 되는 교육과정에 의하여 가능하다.

교육과정은 교육내용의 조직으로서, 학생들이 공부해야 할 주제, 배워야 할 기능, 외워야 할 사실뿐만 아니라, 학교가 학생들에게 제공하는 제 경험을 중심으로 구성되어야 한다는 문제가 제기된다.

오늘날의 교육의 환경은 시공간을 초월하여 급속도로 다양화된 여러 변수들이 자극하고 있을 뿐만 아니라, 산업 및 국민 경제의 발전에도 지대한 영향을 받고 있다.

세계적인 경영학의 권위자이며 미래 학자인 미국의 드러커(Peter, Druker) 교수는, 1990년 Time지에 기고한 글에서 "21세기는 지식이 최고의 가치로 인정되는 경영 중심(post business) 사회가 되며, 경제적 이윤을 전제로 한 경제 블록이 급진전되고, 개인이나 기업은 컴퓨터(computer) 등을 통해 스스로 정보를 수집하고 결정하며 행동하는 정보화 사회가 될 것이다."라고 지적한 바 있다.

뿐만 아니라, 이미 세계적으로 그 명성이 높은 미래학자 앨빈 토플러(Albin Toffler)도 그의 저서 『권력의 이동(*power shift*)』에서 "21세기는 경영의 이윤이 갈수록 정보력에 의하여 좌우되는 정보전 시대가 올 것이다."라고 했음은, 미래사회의 구조와 사회 경영 등의 면에서 정보화 사회를 예견한 것으로 볼 수 있다. 이와 같이, 세계적 석학들의 현대사회의 분석과 미래사회에 대한 예견은 〈표 2-12〉에 의하여 뒷받침되고 있다.

〈표 2-12〉 한국 · 미국 · 일본의 산업구조의 시대 비교

구 분	한 국	미 국	일 본
농업 인구(40%전후)	1977년	1860년	1955년
농업화 시대	1984년 이전	1905년 이전	1962년 이전
공업화 시대	1984～1993(추정) (9년간)	1905～1956(추정) (51년간)	1962～1971 (9년간)
정보화 시대	1993년 이후(추정)	1956년～현재	1971년～현재
서비스화 시대	21세기에 형성		

(가) 교육과정 구성변수 요인

이러한 국제적 환경의 변화와 예측을 상업계열 고등학교의 교육과정

구성변수 요인으로 요약하여, 이를 구체적으로 살펴보면 다음과 같다.

첫째, ME(micro electronics)화의 시스템화의 진전이다. 급속하게 이루어지고 있는 ME화의 시스템화로 말미암아 그 응용분야인 OA(사무자동화), FA(공장자동화), 산업 로봇 등의 생산 분야를 비롯해서 유통 분야에 이르기까지 그 범위가 확대되고 있으므로, 이러한 환경 요인들이 우리 산업사회에 지대한 영향을 끼칠 것이라는 예상이 그리 어렵지 않을 것이다.

둘째, 경제의 서비스화와 소프트화의 진전이다. 산업구조의 변화에 따라 가속화되고 있는 서비스산업의 발전은 국민의 소비생활 구조의 변화를 가져오고 있으며, 이로써 서비스 수요는 한층 증가할 것이다.

셋째, 정보화의 추진이다. 통신기술의 발달로 인해 INS(고도 정보 통신 시스템), VAN(부가 가치통신망) 등이 새로운 통신 시스템으로 개발됨으로써 정보화의 추진은 더욱 가속화되고 있다.

넷째, 국제화의 추진이다. 오늘날의 세계는 지구촌이라는 불리어질 만큼 시간적, 공간적 한계를 극복하여 국경의 경제적 개념은 점진적으로 없어지고 있으며, 심지어는 정치적, 문화적, 사회적 국경의 개념이 사라지고 지역권 통합으로 촌락화 되고 있는 것이 현실이다.

다섯째, 선진국에서의 상업교육 전문화 추세이다. 선진국에서는 직업의 다양화에 걸 맞는 교육과정 프로그램을 경쟁적으로 개발함으로써 사회적 요구에 부응하고 있다.

(나) 제6차 교육과정의 구성방향

이상의 상업계열 고등학교 교육과정 개정에 따르는 환경적 요인과 국제적 상업교육의 추세를 골격으로 한 제6차 교육과정의 구성방향을 제시하면 다음과 같다.

첫째, 상업계열 고등학교의 교육목표를 명확히 하고, 교육 체계를 미래 산업사회에 적응할 수 있도록 세운다.

둘째, 시대적 요구에 맞는 전공학과를 다양하게 설치하고, 전공학과 명칭과 전공교과 선택의 폭을 확대, 조정한다.

셋째, 상업 및 경영 활동을 촉진하고 활력을 줄 수 있는 전문과목을 신설하고, 과목의 지도 내용을 기능(function) 중심으로 조정한다.

넷째, 미래지향적인 첨단 산업분야의 기능과 기술을 중심으로 교육의 질적 향상을 높일 수 있는 교육경험을 가지도록 한다.

다섯째, 학과 간의 전문과목 이수에 융통성을 부여하기 위하여 전공 분야별, 학년별 학문적 위계와 연계성 및 계열성(sequence)을 적절히 고려하여 교육목표와 다양한 전공 선택 기회를 부여할 수 있도록 과목별로 지도상의 유의점을 상세화 한다.

끝으로, 제6차 상업계열 고등학교 교육과정이 개정되기까지의 과정은 다음과 같다.

(5) 상업교육의 목적 및 특성

(가) 교육 목적과 중요성

상업교육의 목적에 대한 정의는 시대와 학자들에 따라 그 견해를 달리하고 있으나, 이스터(Elvin S. Eyster)는 상업계열 고등학교 교육 목적을 '기업경영을 담당할 전문인을 양성하는 교육과정'으로 정의하고 있음에 비추어 상업계열 고등학교 수준에서의 교육목적을 다음과 같이 제시할 수 있다.

첫째, 현대 산업 민주 사회에서 상업 및 경영 환경에 적응할 수 있는 사고력과 문제해결력을 기르는 데 그 목적을 둔다.

둘째, 상업 및 경영에 종사하는 데 필요한 기초적인 지식과 기본적 기능을 지녀 합리적이고 객관적인 의사결정을 할 수 있는 자질을 지니는 데 목표를 둔다.

셋째, 급변하는 미래 정보화 산업사회에서 스스로 자기를 개발할 수 있는 미래지향적 경험을 제공하는 교육내용의 구성과 교육환경에 중점을 둔다.

넷째, 학생들의 적성과 개인적 환경 및 자질에 알맞은 진로교육 선택 기회의 폭을 넓히고, 이를 산학 연계가 가능한 실험・실습에 중점을 둔다.

다섯째, 기업경영은 이윤의 추구에 있으나 그 수익은 사회로부터 창출됨을 인식하고, 사회와 국가 경제발전에 기여하는 자세와 자질을 기르는 데 역점을 둔다.

상업정보교육의 중요성을 들 수 있다. 오늘날 상업교육의 중요성은 경제적인 측면에서 뿐만 아니라, 교육철학적 측면, 사회교육적 측면, 기술교육적 측면, 그리고 경제사회 발전을 위한 인력공급 측면에서 인식되어져야 할 것이다.

첫째, 교육철학적인 면에서 상업계열 고등학교에서의 상업교육을 통하여 건전한 국민정신을 지닌 책임 있는 국민으로서 자기의 진로를 스스로 개척할 수 있는 유능한 인재를 양성한다.

둘째, 상업교육은 국가 산업기능인력의 양성에 공헌하는 바가 크다. 오늘날, 기술의 혁명적 혁신은 상업경영 등의 모든 분야에서의 정보화를 촉진하고 있다. 이에 따라 상업계열 고등학교에서는, 상업경영의 사무처리와 기업경영의 과학화에 도구로 이용되고 있는 컴퓨터 교육을 직업교육기능 양성을 위한 제일요건으로 다룬다.

셋째, 상업교육은 교육투자에 대한 경제적 효과가 매우 크다. 일반적으로, 교육에 대한 투자는 소비적 성격과 반소비, 그리고 투자적 성격으로 구분할 수 있다. 이러한 관점에서 상업교육은 자기 스스로의 생산성을 높이기 위하여 갖추어야 할 직업기술교육이라 할 수 있다.

넷째, 상업교육은 사회생활을 위한 기본요소 중의 하나는 모든 개개인이 생활유지를 위해 직업을 가진다는 것이다.

그 밖에도 우리나라가 선진 경제권으로 도약하게 된 것은, 상업계열 고등학교 졸업생의 우수한 산업인력의 기여에 있음을 간과할 수 없다. 그 중에서도 유통 서비스 분야는 물론 국제무역을 담담한 상업인의 역할은 지대하였다.

(나) 상업정보교육의 성격

오늘날 상업정보교육에 관한 개념은, 상업교육(commercial education)에서 경영교육(business education)으로 변화하고 있다. 이는 산업자본주의 사회의 경영주체가 기업을 중심으로 발전하고, 이에 따른 기업경영이 합리적 사고와 학문적 과학화에 기초한 경영 경제에 기반을 두고 있는 데 따른다.

이에, 상업계열 고등학교에서의 상업교육 성격을 규명함에 있어서는 기존의 상업적 영역과 경영 경제적 영역을 포괄하여, 이를 학습함에 따르는 상업교과 도구와 상업경영 활동과 연계된 일체의 영역을 새롭게 체계화한 측면에서 밝힐 수 있다. 그러므로 상업교육이란, 상업, 경영 및 경제에 관한 모든 영역을 체계적으로 과학화한 학습경험을 가지게 하는 학교교육을 의미한다.

이와 같은 관점에서 상업교육을 분류하면, 위의 [그림 2-2]와 같이 상업 교육의 성격을 규명할 수 있다.

그림 2-2. 상업교육의 성격

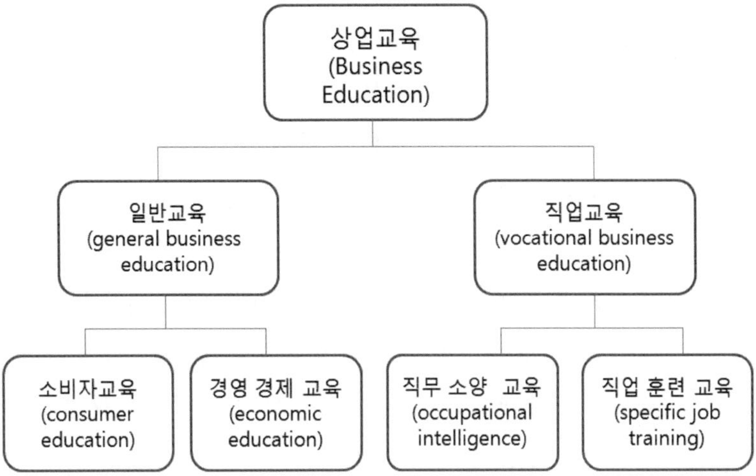

상업 교육의 일반적 성격은 상업계열 고등학교 수준에서의 일반적 교육성격은, 소비자 교육과 경영경제 교육으로 나누어 그 성격을 분류할 수 있다.

소비에 관한 교육은 비록 상업교육에서만 이루어지는 것은 아니라, 가정과 사회생활이 연계된 모든 교과영역에서 다루어진다. 그러나 생산 활동에서부터 상품의 유통 및 소비에 이르는 일련의 과정과 연계를 담당하는 주된 주체는 상업인이며, 이에 관한 주요 기능과 지식은 상업교과교육의 교수학습 활동에서 경험을 가지게 하는 교육이 주로 이루어진다.

아울러, 모든 교육이 국민생활의 향상에 기여하고 있으나, 생산과 유통 및 소비에 관한 교육은 주로 상업교육에 의하여 이루어지고 있다.

따라서, 상업교육은 국민 모두에게 생산, 유통 및 소비에 관한 이해를 높이고, 합리적이며 건전한 소비생활을 계도하는 교육적 성격을 가지게 되며, 이는 곧 국민생활과 국민경제를 향상시키는 주된 교육적 역할을 담당하게 된다. 또, 상업교육의 일반적 성격은 모든 소비자 개인의 편익면에서 찾을 수 있다.

본래 진로교육(career education)은 미국에서 발달하기 시작한 교육으로서, 직업교육에서부터 발전된 것이다. 말랜드(S. Marland)는 현시점에서 다음과 같은 사항들이 필요한 것이라고 제안하였다.

첫째, 진로교육의 중핵으로 실업교육이 교양교육보다 더 강조되어야 한다.

둘째, 고등학교 수준부터 교육은 학생, 개인의 진학 또는 생산적인 일에 취업할 수 있도록 교육되어야 하다.

셋째, 다양한 전달체계에 의하여 일을 위한 또는 일에 관한 교육이 필요하다.

넷째, 개인에게 개방된 진로교육의 기회가 증대되어야 한다. 결국, 진로교육은 생업에 중점을 둔 종합적인 교육 프로그램인 셈이다.

진로교육은 일의 정보(job information)와 기술발전을 제공할 뿐 아니라, 학생에게 개인적, 심리적, 사회적, 경제적인 일의 중요성과 윤리성을 대변하고 있다. 그렇기 때문에, 진로교육은 단순한 직업준비교육에 지나지 않는다는 학자들도 있으나, 실제로 진로교육은 정규학교교육에서 파생되는 문제점과 사회에서 요구하는 문제점을 종합하여 교육현장을 내용으로 구체화하고, 일의 선택권 확대를 목표로 하는 전 생애의 교육을 의미한다.

상업교육(business education)은 경영학의 기본개념인 인간의 전반적 경영, 경제 활동에서 관리능력을 길러 주는 학문적 성격을 지닌 교육으로 정의할 수 있다. 미국의 H. A. TONNE와 L. C. NANASSY 및 R. G. WALERS와 C. K. NOLAN의 상업교육원리(principles of business education)에서 상업교육의 학문적 성격을 찾을 수 있다.

첫째, 상업교육의 제1목표는 특정 기능을 습득하여 각종 직업에 이용하는 지식과 기능을 기른다. 이와 같은 직업적 기능은, 상업의 경우 인간관계를 유지하는 능력이 특별히 강조된다.

둘째, 상업교육의 제2목표는 상업 활동에서 요구되는 서비스 활동을 통한 유능한 상인을 길러 국민경제의 발전에 공헌할 수 있는 능력과 자질을 배양시키도록 한다. 또, 상업교육은 학생들의 진로선택과 취업지도를 위하여 각종 진로 및 취업정보 제공으로 그들 스스로를 계발할 수 있는 학습경험을 학교교육에서 얻을 수 있는 교육 활동을 요구하고 있다.

기본적으로 상업교육(business education)에서의 경영학은 인간의 경제활동 중에서도 개별경제인 기업의 제 경제적 활동(경영)을 연구 대상으로 삼고 있다.

기업의 경영활동은 주기능, 보조기능 그리고 관리기능으로 구분되는데, 상업교육(commerce education)에서는 주로 구매, 판매, 재무의 기능에 중점을 두어 다루어 왔다.

그림 2-3. 경영학의 인식영역

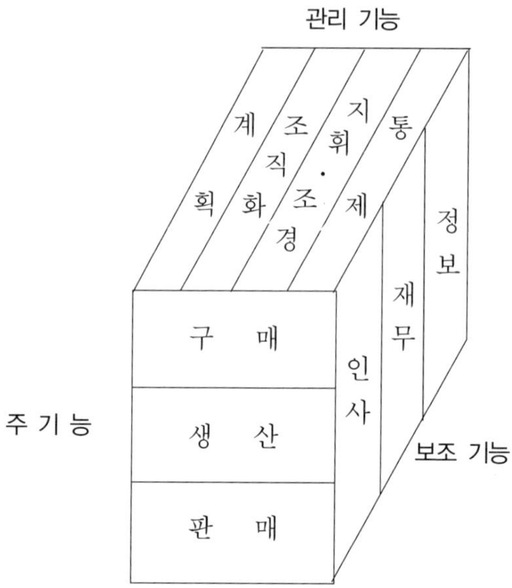

그러나 상업교육(business education)에서는 경영학의 인식영역의 주기능, 보조기능 및 관리기능을 모두 포괄하는 이론적인 면과 실천적인 면을 상업계열 고등학교 수준에 맞도록 경영법칙을 합리적으로 이해하기 위한 기초 행동 윤리나 방법, 경영목적을 실현할 수 있는 기술 및 관리 방법을 교육과 연계시켜 교수-학습 경험을 얻을 수 있도록 하는 데에서 주된 목적을 가진다.

또, 현대 산업사회에서의 상업교육은 학생들에게 각 분야의 과학적인 정보와 지식, 그 분야에 소요되는 기초적인 기술을 습득하게 하여 고도 산업사회에 적응은 물론, 자기 자신에 가장 적합한 진로분야를 스스로 선택하고 개척하도록 교육시켜야 한다.

상업정보교육 내용의 변화는 상업계열 고등학교에서의 상업교육은 상업 및 경영학의 발전과 그 활용대상인 산업사회의 변화, 발전과 맥을 같이하고 있음에 비추어, 상업학이 학문적 영역의 변화, 발전과정을 밝혀 보는 것은 상업교육 내용 변화를 예측하는 데 필요하다. 현대적 의미에서의 경영학인 상업은 기업의 생성 발전과 그 맥을 같이하고 있다.

기업의 발전에 결정적 영향을 끼친 사건은 산업혁명으로, 기업은 그 후부터 전문화 대량생산 체제화, 그리고 대규모화되어 왔다. 이와 관련하여 상업교육과 연관된 경영학의 그 발전과정을 크게 나누어 보면 다음과 같다.

제1기는 산업혁명 이전의 상업학 시대로, 중세기 십자군 원정 때 무역의 발전에서 시작할 수 있겠으나, 이것이 학문으로 정립되기 시작한 때는 서양의 르네상스 시대이며, 구체적으로 프랑스 학자 사바리의 저서 『완전한 상인』이 출간된 이후이다. 상업학이 체계화된 시기는 19세기로, 독일의 관방학자인 로이크스의 상업체계에서 볼 수 있다. 과거의 상업학에서는 주로 상인이라는 인격에 연구의 핵심이 주어져 왔으며, 상업기능 등 상업학의 모든 다른 문제를 폭넓게 체계적으로 다루었다.

제2기는 공업경영학의 발전시대로서, 산업혁명에 따른 여러 가지 생산방식의 개발로 말미암아 세계를 주도하는 상업학에 대한 전문계의 관심이 차차 생산을 주도하는 공업경영학으로 바뀌었다. 이 시대는 일반 소비층조차 상업기술보다 공업기술의 습득에 더 많은 흥미를 가지게 되었다.

제3기는 경영학의 체계화 시대로, 20세기 초 근대 자본주의의 발전과 함께 생산 및 판매가 모두 중시되는 동시에, 이를 지원하는 학문 연구의 체계화가 이루어졌다. 소위 테일러의 '과학적 관리'의 주류에서 사이몬의 '의사 결정 이론'을 중심으로 경영현상에 접근하려는 시도가 형성되었다.

제4기는 경영 경제학 영역의 확대 및 다양화시기로, 1960년대 말부터 오늘에 이르고 있다. 제4기에 속하는 오늘날 상업 및 경영학의 특징을 보면, 첫째, 경영현상을 보는 시각이 기업과 환경과의 관계를 중시하고, 주요 관심영역으로는 기업경영의 미래예측 강화를 들 수 있다.

둘째, 상업경영분야를 제품 및 서비스에 대한 전통적 매매활동에서 추가적으로 금융분야에 대한 관심이 고조되고 있다.

셋째, 컴퓨터의 등장과 함께 모든 분야를 경영정보와 연계시키는 관리활동으로 전환을 들 수 있다.

넷째, 기업조직의 정신적 기반 및 가치관을 강조하고 있다.

다섯째, 정보기술의 발달로 인해 모든 경영활동은 한 국가에 국한하는 것이 아니라, 국제화의 진전이 가속화되어 가는 추세이다.

따라서, 오늘날 상업 및 경영은 학문적 측면뿐만 아니라, 인접학문인 경제학, 사회학, 수학 등과 연계된 분화현상으로, 회계학, 경영 정보, 관리, 국제경영 등을 중심으로 이에 관한 지식과 그 방법의 적용이 활발히 발전하고 있다.

이상의 상업학과 경영학의 학문적 추세 변화는 산업사회의 발전과 함께 그 학문적 영역과 내용이 맥을 같이하고 있음에 비추어, 이를 기초로 하는 고등학교 수준에서의 상업교육의 교과내용과 그 구조도 그 이론은 기본적 지식의 이해와 적용을 중심으로 병행 변화하여 왔고, 변화되는 추세를 예측할 수 있다. 이에 따라, 우리나라 상업계열 고등학교에서의 교과내용 구성과정을 예시하면 [그림 2-4]와 같다.

그림 2-4. 상업계열 고등학교 교육과정 개정에 영향을 끼치는 변수

그러므로 오늘날 상업계열 고등학교 수준에서의 상업교육은 고전적 의미의 매매업을 중심으로 주체인 상인과 그 역할이 교과내용 구성의 중심이 된다. 또, 사회적 발전변화에 따른 상업 및 경영학의 주요 관심 영역이 주요 학습대상으로 변화하는 추세에 있다.

(6) 교육의 범위

학교교육에 있어서 그 교육의 방향을 선정하는 근간은 교육과정으로부터 비롯된다. 각 학교 급별로 구성되는 교육과정의 기본원리는 학습경험을 조직, 즉 교과내용의 구성범위인 영역과 전공분야별, 학년별 교과의 학문적 위계와 연계성 및 계열성을 적절히 고려하는 데 있다.

그러므로 현대 산업사회에서의 학교교육의 기본목표는, "학생들에게 각 분야의 과학적인 정보와 지식, 그 분야에 소요되는 기본적인 기능을 습득하게 하여 고도 산업 사회에서의 적응은 물론, 자기 자신의 적성과 개성에 맞는 진로를 스스로 개척하도록" 학습경험을 제공하는 데 있다.

즉, 상업계열 고등학교의 교육목표는 상업과 경영에 관한 기초적인 이론과 원리를 이해하고, 이를 경영, 경제 활동에 적용할 수 있는 능력과 자질을 길러 주는 교육으로서 정의할 경우, 상업교육의 범위는 전술한 바 있는 상업교육의 일반적 성격과 학문적 성격 및 직업적 교육 성격으로 크게 나눌 수 있다.

일반적 성격으로서의 상업교육 범위는, 교양교과로서의 소비자교육과 자아실현을 구현할 수 있는 진로교육 및 경제교육을 담을 수 있어야 한다. 과거의 상업교육의 범위는 좁은 의미로서 생산과 유통만의 교육을 주된 대상으로 강조하여 왔으나, 오늘날의 상업교육은 생산, 유통, 소비와 경영의 주요기능과 보조기능까지를 강조하기에 이르렀다.

따라서, 상업 일반경영, 정보처리를 위한 컴퓨터 교육 및 인접 학문으로서 경제교육의 비중을 높임과 동시에, 이를 통하여 국가경제와 국제경제 질서 및 그 상황을 인식하고, 이에 대응할 수 있는 기초적 지식과 이해를 증진시키는 데 큰 비중을 두고 있다.

또, 상업교육은 개인적으로 합리적인 소비생활이 국가경제에 미치는 영향과 국제경쟁 속에서 국가경제의 나아갈 길을 밝히고, 경제현상의 문제점을 해결하며, 이를 적용할 수 있고, 관리하는 지식과 기능을 교수-학습 활동의 주된 영역으로 삼는다.

오늘날의 상업교육은 교과내용을 구성하는 학문적 체계나 그 범위는 물론, 직업교육의 방법도 기능(skill : 技能)보다 기능(function : 機能)을 중시하고 있다. 이는, 학교교육이 산업사회의 다양한 전문직종에 따라, 그에 알맞은 기술과 기능을 익힐 수 없는 한계성과 급속하게 변화하는 산업사회의 기술을 소화할 수 없기 때문이다.

(7) 제6차 교육과정의 기본방향과 중점사항

(가) 개정의 기본방향

교육과정의 개선과 변화는 일반적으로 동의어로 쓰인다. 교육과정의 개선은 교육과정이 기본적인 개념이자 조직의 변화 없이 교육과정의 한 측면의 변화를 의미한다. 이런 맥락에서 이루어진 제6차 교육과정의 개정은, 교육과정의 목표, 교육내용, 배우는 행위, 영역 및 디자인 등을 포함하는 전체 교육과정의 변형과 개선을 의미한다. 그 중에서도 가장 중요한 것은 교육과정의 기초가 되는 교육목표의 변화이다.

교육목표는, 교육목적이 교육이 지향하는 기본적인 방향제시의 포괄적 표현인 데 비하여, 구체적이고 세부적이며 실제적인 학교교육에서의 교수-학습 활동으로 학생에게 지적, 정서적, 신체적 및 기능적 경험의 종합으로 국가수준에서 의도적으로 계획된 교육 활동의 조직이다.

새 교육과정은, 21세기의 미래 고도산업사회와 국가사회 교육 정책, 학생의 발달과 요구 수준 및 상업계열 고등학교 교육의 성격과 학문적 특성을 근간으로 하여, 다음과 같은 기본적 방향을 가지는 교육과정을 구성한다.

첫째, 새로운 교육목표의 설정과 수정 보완은, 상업교육의 학문적 발달 추세와 사회적 환경변화에 부응할 수 있는 내용을 담는다.

둘째, 교육내용의 체계는 교육 목적과 목표 및 교육의 내용과 질적 수준과의 연계성을 유지하도록 한다.

셋째, 시대적 변화에 따라 다양성과 전문성을 제고시키며, 학생들로 하여금 진로선택의 폭을 넓힐 수 있도록 전공학과를 확대 개설한다.

넷째, 전문 필수과목과 선택과목을 조정, 신설하여 각 전공학과별 전문성을 제고시킬 있도록 한다.

다섯째, 지역사회와 학교의 특성, 학생의 능력 및 적성에 따라 교수-학습 활동이 이루어질 수 있도록 교육과정 운영의 자율성을 제고한다.

여섯째, 기초 기술교육인 컴퓨터 교육을 상업교과교육 도구로 활용할 수 있는 교육내용을 선정하고, 그 기본적 기능을 강화하도록 유도한다,

일곱째, 학과간의 전문과목 이수에 융통성을 부여하고, 과목별 지도상 유의점을 제시한다.

(나) 중점사항

이번 제6차 교육과정은, 제5차 교육과정의 기본구조를 가능한 한 그 골격을 유지하면서, 산업사회의 변화와 학문적 발전에 맞도록 개정하는 것을 기본원칙으로 하였다. 이번 교육과정을 개정함에 있어서 특히 강조된 점이나 특징으로 나타난 점 등을 일일이 열거하기는 어려우나, 그 중에서도 특히 중요하다고 생각되는 기본방향을 교육내용면과 운영면에서 간추려서 제시하면 다음과 같다. 첫째, 교육 내용 구성의 획일성, 경직성 및 폐쇄성을 해소하고 교육과정 운영에 자율성을 확대함으로써 최대한도로 분권화를 꾀하도록 하였다. 둘째, 교과이수 단위, 운영과정을 다양화시킴으로써 선택의 폭을 확대하였고, 미래 산업사회의 다양화, 다극화에 대한 사회적 요구를 반영하는데 역점을 두었다. 셋째,

학생들의 학습부담을 가급적 줄이도록 한다는 방침 아래 학습의 양과 학습수준을 조정함과 동시에, 이수 내용에 있어서는 교수-학습 내용과 활동에서 학생들의 성차별의 폐해를 줄이기 위한 교육과정 구성에 유의하였다. 끝으로, 학생의 적성과 능력 및 진로에 알맞은 교육방법과 평가활동이 이루어지도록 교육과정 운영의 효율화를 도모하는 데 제6차 교육과정 개정의 중점을 두었다.

이상과 같은 전반적인 교육과정의 개정 중점에 의지하여 상업과 교육과정에서 중점을 둔 것은 다음과 같다.

① 교육과정 운영의 자율성 제고

교육의 지방자치제 실시에 따라 각 시·도 교육청에 교육과정 결정의 분권화와 그 운영의 자율성을 신장시킨다.

② 학과 전문성 제고

제6차 교육과정에서는 산업사회의 고도화에 따른 다양한 전문영역이 확대되고 아울러 직업의 종류도 다양화되어 가고 있음에 유의하여, 관광 경영과 상업 디자인과, 비서과를 확대 개설하여 관광 서비스산업의 발달과 경영 정보 처리 및 사무 자동화 증가 추세 및 전문적 비서직 수요의 증대에 대처할 수 있도록 하는 전공학과의 전문성 제고에 중점을 두었다.

③ 다양한 전공 선택 과목의 확대

상업계열 고등학교의 제6차 교육과정에는, 제5차 교육과정과는 달리 상업에 관한 전공 선택 과목을 확대함과 동시에, 전공 필수과목과 전공 선택과목의 구분을 최소화 하였다.

④ 경험적 학습활동 고양을 위한 실험·실습의 강화

모름지기 상업계열 고등학교에서의 전문교육은 직업교육에 관한 교육으로 정의할 수 있다. 직업교육은 기능교육에 기초하는 것으로, 그 기능은 학교 교육활동과 현장실습의 경험에 의하여 학생들에게 제공되어서 터득되고 연마된다.

⑤ 경영 경제 교육의 강화

상업교육은 경제현상의 원리를 바탕으로 상업과 경영활동에 따른 여러 문제들을 파악하고, 합리적인 의사결정을 할 수 있어야 한다. 또, 개인적으로 사회생활을 함에 있어서도, 소비, 저축, 생산, 투자 등에 관한 원리를 알며, 종사하는 기업과 국가 경제발전에 공헌할 수 있어야 한다.

그러므로 상업교육에 있어서의 경영 경제 교육은 원리의 이해와 문제해결 능력을 바탕으로 상업활동에 적용할 수 있도록 이를 더욱 강화하였다.

(8) 제6차 상업계 교육과정의 교과목표

(가) 교육목표의 설정

모든 교육활동은 설정된 교육목적과 교육목표로부터 출발한다. 그리고 모든 교수-학습 활동은 설정된 교육목적과 교육목표의 달성을 위하여 행하여진다.

교육목표는 일반적인 목표(goals)와 구체적인 목표(objectives)로 구분되는데, 일반적인 목표는 상위개념으로 하위개념인 구체적인 목표의 범주를 규제하고 비교적 질적인 성격을 가진다.

이에 따라 설정된 상업계열 고등학교의 제5차 교육목표는, “상위개념으로 상업 및 경영의 각 분야에 종사할 유능한 인재로서의 자질과 능력을 길러, 산업사회 변화에 능동적으로 대처하며, 국가발전에 기여할 수 있도록 한다.”로 설정하였고, 하위개념으로는 다음 세 가지 항을 들 수 있다.

첫째, 상업 및 경영에 관한 기본적인 지식과 기능을 습득하게 한다.

둘째, 산업사회의 발전에 맞추어 창의성을 발휘하고, 합리적이며 능률적인 경제생활을 할 수 있는 능력과 태도를 기르게 한다.

셋째, 상업 및 경영의 중요성을 깨닫게 하고, 신념과 긍지를 지닌 직업인으로서 국민 경제발전에 이바지하게 한다.

제6차 교육과정의 교과목표

상업 및 경영에 관한 기초 지식과 기능을 습득하게 하여, 상업 및 경영의 각 분야에 종사할 수 있는 자질과 능력을 기르고, 경제 사회 발전에 기여할 수 있게 한다.

위의 상업계열 고등학교 목표설정은, 고등학교 교육과정 총론에서 제시하고 있는 교육목적과 교육목표를 바탕으로 각 지역별, 학교별 자율성 신장을 위해 탄력적으로 적용되며, 상업교육 내용의 광범한 영역을 포괄적으로 수용할 수 있는 교육목표 설정의 필요성에 그 원인을 둘 수 있다.

이에 따라, 제6차 교육과정의 상업계열 고등학교 교육목표에서 실현하고자 하는 기본적 조건을 열거하면 다음과 같다.

첫째, 전공영역에 대한 지식의 이해도 중요하거나, 기능과 기술의 습득의 중요성이 그 목표가 되어야 한다.

둘째, 시대적 요구에 적응할 수 있는 자질의 함양과 함께 상업 및 경영활동의 각 분야의 환경에 부응할 수 있게 설정되어야 하고, 지역이 가지는 여건이나 교육적 요구를 충족할 수 있어야 한다.

셋째, 초·중·고 교육 간의 연계성을 고려하고, 교육체계의 일관성을 기하여 교육효과를 높일 수 있는 목표가 설정되어야 한다.

아울러, 사회 및 국민 경제발전에의 공헌을 반영하기 위해서 '경제 사회 발전에 기여'라는 표현으로 서술하여 상업계열 고등학교 교육의 광의적 영역을 포괄하고, 산업기술 변화에 대응할 수 있는 교육목표 구현에 초점을 두었다.

(나) 학과의 편제

상업계열 고등학교에 있어서 편제를 상업과, 회계과, 무역과, 정보 처리과 외에 새로운 전공학과를 편성하게 된 동기와 목적은, 고도 산업사회에서 전문화된 직무에 능률적이고, 합리적으로 대처하며, 학생의 적성과 진로에 따라 체계적, 집중적인 교육의 극대화를 기하는 데 있다.

또, 산업사회의 구조변화와 인적 자원의 수급상황 및 지역사회, 학교환경의 실정에 따라 자율적으로 적응하고자 하는 발전적 시각의 관점에서 새로운 전공 학과를 신설하게 되었다.

이를 구체적으로 살펴보면 다음과 같다.

첫째, 상업교육의 범위를 확대 적용하겠다는 필요성 때문이다.

둘째, 상업교육은 산업사회의 미래를 예측하고, 자신의 취미, 적성, 능력 등을 고려하여 폭넓은 진로교육이 이루어지도록 배려되어야 한다.

셋째, 상업교육의 전문성을 제고하도록 현대 산업사회의 다양한 직업군에 적응할 수 있는 내용을 학과편제에 반영하여 국제화, 다양화 추세에 대비하도록 해야 할 필요성이 있다.

넷째, 실험 · 실습 위주의 교육으로 산업현장의 요구를 충족시킬 수 있도록 해야 한다.

다섯째, 교육의 구체적 질적 경쟁력을 높여야 한다.

이상의 필요성에 따라, 제6차 교육과정에서는 제5차 과정에서 설치된 4개학과(상업과, 회계과, 무역과, 정보 처리과)외에 상업 디자인과, 관광경영과, 비서과 등 3개 학과를 추가로 신설하고, 지역과 학교의 재량에 따라 기타 학과를 설치할 수 있게 하였다.

(다) 학과별 목표

제6차 교육과정에서는 기존의 각 전공학과별 목표를 삭제하고, 신설학과의 목표도 설정하지 않았다. 이는 그 목표의 설정 유용성과 변화하는 교육내용 및 사회적 요구수준과, 학교교육 목적 및 목표와의 괴리로 발생하는 오류를 적게 하는 데 있다.

(9) 제7차 교육과정의 확대(1997년 개정)

제7차 교육과정은 자율성과 창의에 바탕을 둔 학생 중심의 교육 과정으로 1997년 개정되었다. 그 목표는 건전한 인성과 창의성을 함양하는 기초 기본교육의 충실에 두고 있으며 내용으로는 세계화, 정보화 시대에 적응할 수 있는 교육과 학생의 능력, 적성, 진로에 적합한 학습자 중심의 교육으로 운영하도록 하였다.

교육과정 편성 및 운영에 대한 지역 및 학교의 자율성 확대라는 기본방향을 설정하여 사회변화를 주도할 수 있는 기본능력을 육성하고 개인차에 따른 수준별 교육과정을 도입하여 재량시간, 특별활동시간 등이 주어져 학생들에게 다양한 교육기회를 제공하는 데 있다.

직업교육에 있어서는 직업인으로서의 갖추어야 할 소양을 함양하고, 상업 및 경영의 각 분야에 대한 기초 지식과 기술을 습득하여 능력 있는 평생 직업인으로서의 태도를 갖출 수 있도록 한다.

제7차 교육과정에서 추구하는 인간상은 전인적 성장의 기반 위에 개성을 추구하는 사람, 기초능력을 토대로 창의적 능력을 발휘하는 사람, 폭넓은 교양을 바탕으로 진로를 개척하는 사람, 우리 문화에 대한 이해의 토대 위에 새로운 가치를 창조하는 사람, 민주시민의식을 기초로 공동체 발전에 공헌하는 사람으로 설정하고 있다.

그 교육과정 내용으로는 제6차 교육과정상의 총 70과목을 총 90과목으로 확대하고 선택의 폭을 넓혀 능력, 흥미, 적성, 진로를 고려한 다양한 교과목을 개설하였으며 그 단위수는 204단위에서 216단위로 학생에게 교과목 선택권을 부여하여 학생중심의 교과과정으로 대폭 개정하였다.

제7차 교육과정에 나타난 상업관련 교과목을 보면 〈표 2-13〉과 같다.

〈표 2-13〉 상업에 관한 전문 교과목 및 기준 학과

과 목	기 준 학 과
상업경제, 회계원리, 컴퓨터일반, 경영대요, 상업법규, 사진, 상업계산실무, 경영실무, 기업회계, 원가회계, 세무회계, 회계실무, 국제경영, 무역영어, 국제상무, 자료처리, 전자계산실무, 프로그래밍 실무, 시각디자인 일반, 시각디자인 실무, 그래픽디자인, 컴퓨터그래픽, 관광경영실무, 비서일반, 비서실무, 사무자동화일반, 사무자동화실무, 문서실무, 마케팅, 광고일반, 유통관리일반, 유통정보실무, 기타. (_)은 7차 교육과정에서 신설된 과목임)	경영정보과, 회계정보과, 통상정보과, 정보처리과, 시각디자인과, 관광경영과, 비서과, 사무자동화과, 유통경영과, 기타 학과

제3장 상업정보교육의 학습평가

제3장
상업정보교육의 학습평가

전문계 고등학교의 전문 교과평가방법은 크게 이론평가와 실기평가로 구분할 수 있다. 이론평가는 지금까지 실시해 오고 있는 정기고사의 지필시험에 의한 객관식(선택형) 평가와 주관식(단답형 및 서술형)평가로 실시되어 학생 개개인의 교수・학습 결과를 평가해 왔으며, 실기평가는 학생 개개인의 실기능력을 실험・실습 평가와 감정 평가 등으로 실시되어 왔다.

선택형 중심의 이론평가에서는 객관성을 중시하기 위하여 교사의 전문적인 판단능력에 의존하지 않으며, 학생이 그 반응을 선택하게 되는 인지과정 및 문제해결과정을 평가하기 어렵다. 최근 들어 이러한 평가의 방법을 보완하기 위하여 수행평가 방법이 제시되었는데, 수행평가란 "학생 스스로가 자신의 지식이나 기능을 나타낼 수 있도록 답을 작성(서술 혹은 구성)하거나, 발표하거나, 산출물을 만들거나, 행동으로 나타내도록 요구하는 평가방식"이라고 정의할 수 있다. 여기서 말하는 행동이란 단순히 신체를 움직이는 것만을 의미하는 것이 아니라 말하거나, 듣거나, 쓰거나, 그리거나, 만들거나하는 인간의 모든 행동을 말하는 것이다.

따라서 수행평가란 교사가 학생이 학습과제를 수행하는 과정이나 결과를 보고 그 학생의 지식이나 기능이나 태도 등에 대해 전문적으로 평가하는 방식이라고 할 수 있다. 수행평가에서는 학생이 배우고자 하는 지식이나 기능을 평가함에 있어서 선택형 검사나 단답형 검사와 같이 정답을 선택할 수 있는 능력이나 단순한 지식이나 정보를 기억하는 능력이 곧 '지식을 안다'거나 '기능을 습득했다'고 가정하는 것을 부정하고, 학생이 답을 작성(구성)하거나 행동으로 나타내는 것을 통해 지식이나 기능을 직접적으로 측정・평가하고자 한다.

제1절 수행평가의 특징

첫째, 학생의 지식이나 기능이나 태도 등에 대해 평가함에 있어서 교사의 전문적인 판단에 크게 의존하는 평가방식이다. 따라서 객관성보다는 오히려 타당성이나 적합성을 강조하기 때문에 상황과 맥락을 고려한 교사의 전문적인 판단을 매우 중요시한다.

둘째, 학생이 문제의 정답을 선택하는 것이 아니라 자기 스스로 정답을 작성(서술 혹은 구성)하거나 행동이 문제의 정답을 선택하는 평가방식이다. 수행평가는 학생들의 단순한 기억력과 같이 낮은 사고기능보다 창의성, 문제 해결력, 비판력, 판단력, 정보수집 및 분석력, 통합력과 같은 고등 사고기능을 파악하는 것을 중요시 한다.

셋째, 추구하고자 하는 교육목표의 달성 여부를 가능한 실제상황에서 직접 관찰할 수 있는 방식으로 평가하고자 하는 평가방식이다. 즉, 추상적인 상황에서 정답을 선택하게 하여 평가하기 보다는 실제적인 상황에서 직접 관찰할 수 있는 방식으로 평가한다.

넷째, 교수·학습의 결과뿐만 아니라 교수·학습의 과정도 함께 중시하는 평가방식이다. 급변하는 현대사회 속에서 과거의 지식이나 가치관을 그대로 암기하거나 무조건 암기하는 것보다 '학습하는 방법을 학습하는 것'도 대단히 중요하다. 따라서 수행평가에서는 선언적 지식(무엇에 대해 아는 것, 내용적 지식이라고도 함)의 습득수준뿐만 아니라 절차적 지식(어떻게 하는지 아는 것, 방법적 지식이라고도 함)의 습득수준을 파악하는 것도 매우 중시하는데 이는 학생들이 아는 것뿐만 아니라 아는 것을 실제로 적용할 수 있는지의 여부를 파악하는 것도 중요하기 때문이다.

다섯째, 학생의 학습과정을 진단하고 개별학습을 촉진하려는 노력을 중시하는 평가방식이다. 즉, 수행평가는 학생의 선발·분류·배치를 위한 목적에 사용할 수도 있지만, 학생의 지적 수준을 진단하고 학생의 이해수준을 높이며 개별학습을 촉진하는 데 일차적인 목적이 있다. 따라서 수행평가에서는 평가를 하는 과정이 교수·학습의 과정과 분리되기 보다는 서로 통합된 형태가 된다고 할 수 있다.

여섯째, 개인을 단위로 해서 평가하기도 하지만 집단에 대한 평가도 중시하는 평가방식이다. 예컨대 하나의 연구 과제를 주고, 팀을 이루어서 공동으로 그 과제를 해결하도록 한 후 팀을 단위로 해서 평가하는 것이다. 아울러 개인이나 집단을 평가할 때, 다른 사람이나 다른 집단과 비교해서 평가하는 것(상대평가)이 아니라 객관적인 평가기준에 근거하여 평가하는 성취수준평가(절대평가)형태를 취하게 된다. 따라서 수행평가는 학생 상호간의 지나친 경쟁을 유도하는 것이 아니라 학생 상호간의 협력을 유도하며, 학생의 사회성을 신장시키는데 기여하게 된다.

일곱째, 단편적인 영역에 대해 일회적으로 평가하기보다는 학생 개개인의 변화·발달과정을 종합적으로 평가하기 위해 전체적이면서도 지속적으로 이루어지는 것을 강조하는 평가방식이다. 예컨대 어떤 한 시점에서 일부 영역에 대해 포괄적으로 평가를 하는 기말시험이나 대학수학능력시험 보다는 교실에서 교사가 학생 개개인의 변화·발달과정을 진단·평가하기 위해 수시로 관찰하거나 면담을 통해서 그 결과를 누적적으로 기록하는 형태의 평가가 수행평가의 입장에 부합한다고 하겠다.

여덟째, 학생의 인지적인 영역(창의성이나 고등 사고기능을 포함) 뿐만 아니라 학생 개개인의 행동발달 상황이나 흥미·태도 등 정의적인 영역, 운동 등의 심동적인 영역에 대한 종합적이고 전인적인 평가를 중시하고 있다. 교사와 학생간의 신뢰와 사랑을 바탕으로 하여 학생의 지식이나 기능이나 태도 등에 대해 교사가 직접 평가하여 자연스럽게 전인교육의 이념이 실현될 가능성이 높아질 것이다.

결국 수행평가란 단순한 평가방법이 아니라, 정보화 시대를 위한 교육평가의 새로운 방향을 제시하는 하나의 관점이라 할 수 있다.

전문계 고등학교의 전문교과에서 지금까지 실시해 오고 있는 실기평가의 방법도 결국 수행평가의 한 방법에 속하며 좀 더 세분되고 지속적인 관찰과 평가를 통해 이를 보완해 가야 할 것이다.

제2절 수행평가의 실제

01 수행평가의 방법

현재 널리 사용되고 있는 수행평가의 방법으로는 서술형(주관식)검사, 논술형 검사, 구술시험, 찬·반 토론법, 실기시험, 실습법, 면접법, 관찰법, 연구보고서, 자기평가(self-evaluation)보고서, 동료평가(peer-evoluation)보고서, 포트폴리오(portfolio) 등이 있다.

첫째, 서술형 및 논술형 검사에서 서술형 검사는 흔히 주관식 검사라고 하는 것으로 문제의 답을 선택하는 것이 아니라 학생들이 직접 서술(구성)하는 검사이다. 논술형 검사도 일종의 서술형 검사이기는 하지만 개인 나름의 생각이나 주장을 창의적이고 논리적이면서도 설득력 있게 조직하여 작성해야 함을 강조한다는 점에서 차이점이 있다.

이때, 서술형 및 논술형 문항을 제작할 때의 유의점은 서술형 및 논술형 문항은 선다형의 문항을 통해서 잴 수 없는 사고력, 추리력, 종합력, 비판력, 응용력, 표현력, 창의력 등과 같은 사고기능을 쉽게 측정할 수 있다. 따라서 이러한 고등 사고기능을 측정하기에 적절한 문항을 제작하여야 한다. 구체적인 목적을 평가할 수 있도록 문항을 구조화시키고 제한성을 갖도록 출제해야 한다. 서술형이나 논술형 검사를 선발·분류·배치를 하기 위한 선발형 평가에 사용할 경우에는 여러 문항 중에서 선택하여 응답하게 하는 것을 지양해야 한다.

둘째, 구술시험은 학생으로 하여금 특정 교육내용이나 주제에 대해서 자신의 의견이나 생각을 발표하도록 하여 학생의 준비도, 이해력,

표현력, 판단력, 의사소통능력 등을 직접 평가하기 위한 방법이다. 즉, 구술시험은 주로 인지적인 영역을 중심으로 한 학업성취도를 평가하는 방법이다.

셋째, 토론법은 교수·학습 활동과 평가활동을 통합적으로 수행하는 대표적인 방법으로 특정 주제에 대해 학생들이 서로 토론하는 것을 보고 평가하는 것이다. 특히 수행평가에서는 찬·반 토론법을 많이 사용한다. 찬·반 토론법은 사회적으로나 개인적으로 서로 다른 의견을 제시할 수 있는 토론주제를 가지고 개인별로 찬·반 토론을 하도록 하거나 집단으로 나누어 집단별 찬·반 토론을 하도록 한 다음, 찬성과 반대의견을 토론하기 위해 사전에 준비한 자료의 다양성이나 충실성, 그리고 토론내용의 충실성과 논리성, 반대 의견을 존중하는 태도, 토론 진행방법 등을 총체적으로 평가하는 방법이다.

넷째, 종래의 실기시험과 수행평가에서 말하는 실기시험의 차이는 시험을 치르는 상황이 통제되거나 강요된 상황인가, 아니면 자연스러운 상황인가의 차이에 기인한다. 종래의 시험에서는 평가가 이루어지는 상황이 통제되거나 강요되는 경우가 대부분이다. 수행평가를 위한 실기시험에서는 가능한 교수·학습활동과 평가활동을 분리하지 않고 수업시간에 자연스러운 상황 하에서 평가하는 것이 바람직하다. 따라서 별도의 시험시간을 정하지 않고 교사가 학생들에게 가르치는 수업시간에 개별학생들을 관찰하면서 지도·조언해주는 과정이 곧 평가활동이다. 또한 잘 못하는 학생이 잘하는 학생을 보고 배울 수 있도록 학생들 간의 상호작용을 적극적으로 장려하기도 한다.

다섯째, 실험·실습법은 자연과학 분야에서 많이 사용하는 것으로 예를 들어 어떤 과제에 대해서 학생들로 하여금 직접 실험·실습을 하게 할 수도 있고 팀을 구성하여 공동작업을 하게 할 수도 있다. 평가자는 학생들의 실험 · 실습과정을 직접 관찰함과 아울러 제출된 결과보고서를 동시에 고려하여 평가하게 된다. 이러한 방법은 실험 · 실습을 위한 기자재의 조작적인 능력뿐만 아니라 지식을 적용하는 능력이나 문제해결 과정을 포괄적이면서도 종합적으로 평가할 수 있다.

여섯째, 면접법은 평가자와 학생이 서로 대화를 통해서 얻고자 하는 자료나 정보를 수집하여 평가하는 방법이다. 즉 평가자가 학생과 직접 대면하여 평가지로 질문하고 학생이 대답하는 과정을 통해 지필식 시험이나 서류만으로는 알 수 없는 사항들을 알아보고 그것을 평가하는 방법이다. 이 방법은 주로 정의적인 영역이나 신체적인 영역에 대한 것을 평가하기 위한 방법이라 할 수 있다.

일곱째, 관찰법은 관찰은 학생을 이해하고 평가하기 위한 가장 보편적인 방법 중의 하나이다. 교사들은 늘 학생들을 접하고 있으며 개별 학생 단위로나 항상 관찰하게 된다. 예컨대 학생들 간의 사회적 관계 구조를 파악하기 위해 한 집단 내에서 개인 간 또는 소집단 간의 역동적 관계를 집중적으로 관찰할 수 있다.

여덟째, 자기평가 및 동료평가 보고서법에서 자기평가(self-evaluation) 보고서법이란 특정 주제나 교수 · 학습 영역에 대하여 자기 스스로 학습과정이나 학습결과에 대한 자세한 평가보고서를 작성 · 제출하도록 하여 평가하는 것이다. 동료평가(peer-evaluation)보고서법이란 동료학생들이 상대방을 서로 평가하도록 하는 것이다.

아홉째, 연구보고서법이란 각 교과별로나 통합교과적으로 여러 연구주제 중에서 학생의 능력이나 흥미에 적합한 주제를 선택하되 그 주제에 대해서 자기 나름대로 수집하고 분석 · 종합하여 연구보고서를 작성 · 제출하도록 하여 평가하는 것이다. 이때 연구의 주제나 범위에 따라 개인적으로 할 수도 있고 관심 있는 학생들이 함께 모여서 단체로 할 수도 있다.

열 번째, 포트폴리오(portfolio)법이란 자신이 쓰거나 만든 작품을 지속적이면서도 체계적으로 모아 둔 개인별 작품집 혹은 서류철을 이용한 평가방법이라 할 수 있다.

이상의 다양한 수행평가 유형들은 상호 배타적인 관계가 아닌 상보적 관계로 이해되어야 한다. 또한, 교과의 특성에 따라서 적절한 평가 유형을 선별적, 차별적으로 적용해 가야 할 필요가 있다. 10여 가지의 다양한 유형들을 어느 교과에나 적용하려는 접근은 결코 바람직스럽지 못하며, 교과의 특성에 가장 적합한 유형을 중심으로 수행평가 도구를 개발하여 활용해 가야 할 것이다.

기본적으로 평가의 유형은 평가 장면, 평가주체, 평가과제, 평가시기 등의 여러 가지 준거에 비추어 다양하게 분류될 수가 있다. 그런데 위에서 소개된 수행평가 유형은 그러한 속성이 반영되지 못한 채로 여러 가지 평가유형들이 혼재되어 있는 것 같다. 따라서 여기서는 수행평가에서의 평가과제의 속성에 비추어 크게 네 가지 유형으로 범주화하고 각각의 특성과 예시를 제시해 보고자 한다. 보다 구체적으로 수행평가는 지필고사에 의한 수행평가, 실기 · 실험 · 실습에 의한 수행평가, 연구 프로젝트에 의한 수행평가, 마지막으로 포트폴리오에 의한 수행평가로 구분될 수가 있다.

1) 지필고사에 의한 수행평가

비록 수행평가 체제가 도입되었다손 치더라도, 기존의 지필고사에 의한 평가관행은 결코 가벼이 여길 수 없다. 중요한 것은, 어떻게 기존의 지필고사 유형들을 맥락적이고 수행중심의 과제로 개선할 수 있느냐의 문제이다. 이 유형에는 개선된 선다형 문항, 단답형, 개념 지도 및 서술·논술형 문항 등이 속하며, 특정한 교과내용 영역에 속하는 기본 개념, 절차, 관련성, 및 사고기능 등에 관한 학생의 학습 정도를 확인하기 위한 것이다.

(가) 단답식 개방형 과제

개방형 과제에서는 학생들에게 자극을 던져 주고 그것에 대한 자신의 반응을 표현하도록 한다. 물론 반응은 필답일 수도 있고 그림일 수도 있고, 수학문제의 풀이일 수도 있다. 과제의 개방성은 반응안내문에 나오는 제약조건이나 지시사항에 따라 달라진다. 그래서 간혹은 아주 개방적인 문항을 보고 자유반응문항(free-response)이라고도 한다.

개방형 과제는 잘 설계만 하면 학생들을 매우 흥미진진하게 만들 수가 있다. 과제 자체가 열려져 있기 때문에 동일한 과제를 다양한 방식으로 접근할 수 있게끔 허용할 수 있으며, 따라서 학생들도 자신의 반응을 구조화하기 위해 서로 색다른 길을 걸어갈 수도 있다. 대부분의 단답형 평가과제는 학생의 관심을 유도하기 위한 자극으로 시작하는데, 이때의 자극은 문제 상황일 수도 있고, 만화, 지도, 다이어그램, 사진일 수도 있다. 자극이 나온 뒤에는 그것을 이용하여 학생들이 수행할 과제에 대한 설명이 나온다. 예를 들어, 무엇을 해석해 보라든지, 특정한 실험을 실행하라든지, 혹은 어떤 일을 예측해 보는 설명이 나온다.

또한 상당수의 단답형 평가과제에는 어느 정도의 도약판 혹은 반응 안내문(scaffolding)이 나오기도 한다. 이것은 학생들에게 자신의 반응을 구조화 할 수 있도록 도와주는 안내자로서, 반응에 반드시 포함시켜야 할 핵심관념의 목록이나 그것의 설명, 혹은 수행반응을 평가하는 데 활용될 평가준거 등을 제시해 주는 경우를 가리킨다. 결국 반응안내문은 학생들의 문제해결 사고를 촉진시켜 줄 목적으로 마련된 것이다.

(나) 개선된 선다형(multiple-choice type) 과제

일반적으로 선다형 과제는 수행평가의 과제로서 적절하지 못하다고 느끼고 있다. 선다형 중심의 평가는 학생의 단순 암기력이나 추측력만 측정해 낼 뿐이지 지식의 활용능력을 평가하지 못한다는 것이다. 그러나 기존의 형태와는 달리 잘만 재구성한다면 선다형도 좋은 수행과제가 될 수 있다는 주장도 있다. 선다형도 단답형 수행과제와 마찬가지로 학생의 개념 이해도나 고차적 사고기능을 평가해 낼 수가 있다는 것이다.

개선된 선다형 문항들이 개발되기 시작하였다. 이 과제는 문제 자체가 전통적인 검사문항보다는 훨씬 더 현실생활의 반영정도가 뛰어나며 정확한 반응을 결정짓기 위하여 요구되는 사고과정이 훨씬 더 도전적이라는 점에서 볼 때 수행과제로서 유용하다고 받아들여진다. 물론 학생들에게 자신의 반응을 설명하고 정당화하도록 요구함으로써 개방형의 형식을 갖출 수도 있다.

(다) 개념지도 작성(concept mapping)

최근에는 학생들의 관념 이해력과 관계성 파악능력을 확인하기 위해

서 개념지도 작성법이라는 새로운 평가도구들이 활용되고 있다. 개념지도는 학생들이 개념 및 개념간 관련성에 대한 자신의 이해정도를 표현하기 위해서 스스로 만들어 낸 정보의 묶음 혹은 집을 가리킨다. 개념지도는 종이의 중앙에 핵심개념을 적어 넣고 그 개념과 관련 있다고 생각되는 개념들을 선이나 단어로써 연결하여 하나의 관념 망을 그려 간 것이다.

개념지도 작성법은 작문능력이 뛰어 나지 못하거나 가정의 문화적 배경과 학습능력에 차이가 있는 학생들이 한데 어우러져 있는 교실에서 특히 유용한 평가도구이다. 또한 이 방법은 시간이 지남에 따라 개념들 간의 관계에 대한 학생의 이해가 어떻게 변화해 가고 있는 지를 평가해 보는 데에도 유용하다. 요즈음 개념지도 작성법은 그 응용범위가 넓어 사고력 중심의 두뇌개발 프로그램인 마인드 맵(mind-map)에까지 널리 이용되고 있다.

(라) 서술형 · 논술형 수행평가

주관식 검사라고 하는 것으로 문제의 답을 선택하는 것이 아니라, 학생들이 직접 서술하는 검사의 형태이다. 보통은 모범답안을 상정하고 있는 경우가 대부분이나, 학생들이 단순히 암기하고 있는 수준이 아니라 문제해결의 과정을 제대로 이해하고 있는지를 파악하기 위한 경우가 많다.

한편, 논술형 검사란 일종의 서술형 검사이기는 하지만 특별히 상정하고 있는 정답이 없는 상태에서 개인 나름의 생각이나 주장을 창의적이고 논리적이면서도 설득력 있게 조직하여 작성해야 함을 강조한다는 점에서 서술형과는 구별된다. 논술형 검사는 서술된 내용의 깊이와 넓이뿐만 아니라 글을 조직하고 구성하는 능력을 동시에 평가하게 된다. 이러한 논술형 검사를 통해서 학생들의 창의력, 문제 해결력, 비판력, 조직력, 정보수집 및 분석력 등 고등 사고기능을 제대로 평가할 수 있게 된다.

2) 실험 · 실기 · 실습에 의한 수행평가

수행 평가에서 언급되는 실기시험과 기존의 실기시험의 가장 큰 차이점은 실기를 하는 상황의 성격이 다른 것이다. 기존의 실기시험에서는 평가가 이루어지는 상황이 통제되거나 강요되는 경우가 대부분이다.

실험 · 실습법은 자연과학 분야에서 많이 사용되는 것으로 어떤 과제에 대해서 학생들로 하여금 직접 실험 · 실습을 하게 한 후, 그 결과 보고서를 제출하게 한다. 이때 개인단위로 실험 · 실습을 하게 할 수도 있고 팀을 구성하여 공동작업을 하게 할 수도 있다. 평가자는 학생들의 실험 · 실습 과정을 직접 관찰함과 아울러 제출된 결과 보고서를 동시에 고려하여 평가하게 된다. 채점표를 이용하여 상황과 필요에 따라 적절한 형태의 채점표를 나름대로 작성하여 활용할 수 있을 것이다.

3) 연구 프로젝트에 의한 수행평가

학습자의 보다 포괄적인 역량을 평가하기 위해서 많이 응용되고 있다. 흔히 사건과제는 구체적인 교과영역에 근거하는 경우가 많은 데, 이때 특정 교과에 관한 지식을 확인하는 일 뿐만이 아니라 그 지식을 실제에 어떻게 적용할 것인지도 평가한다. 전형적으로 이러한 과제는 한두 시간씩 소요되기도 한다.

단답형 수행과제가 주로 개인적 차원에서 진행된다면, 사건과제는 집단으로 해결되는 경우가 많다. 평가는 학생의 수행에 대한 교사의 관찰, 학생의 과제수행 표본에 대한 채점, 자기평가, 동료평가, 혹은 이상의 방법들이 결합되어 활용된다.

(가) 문제해결 및 분석과제

사건과제는 흔히들 문제해결과 분석기술을 평가하기 위해 개발된 것이라고들 한다. 물론 문제해결과제는 그 종류나 복잡성이 다양하다. 그러나 공통적인 틀을 보면, 가장 먼저 학생들에게 현실생활 속의 문제나 상황을 던져 주고 계획을 세우도록 하며 나아가서는 해결책을 강구해 보도록 요구하는 형태를 띤다. 대개는 문제나 과제의 성격을 분명하게 규정해 준다.

그러나 간혹은 막연하거나 불완전한 문제를 던지기도 하며, 심지어는 과제 자체를 훨씬 더 현실적이게끔 약간은 혼돈스러운 정보를 던지기도 한다.

(나) 장기적(長期的) 복합과제

이 과제는 한 학기, 혹은 하나의 독립된 교육기간을 시작하는 시점에서 부과하는 장기적이고 다목적적인 수행평가과제이다. 그렇기 때문에 이 과제는 특정한 교과영역에서 볼 때에는 장기적인 프로젝트의 형태를 보이고 있으며, 학기가 종료되는 시점에 가서 통과 및 수료의 의식이나 전시행사로 평가되기도 한다. 이 가운데 장기 프로젝트는 학기 중간에도 활용할 수 있는 수행평가과제이다.

흔히 장기 프로젝트는 교육과정 내에서 볼 때 한 단원의 초점으로서의 역할을 한다. 교과내용과 실생활을 연결시켜 학습 및 평가를 위한 현실세계 같은 상황을 만들어 낸다. 예를 들어, 학생들에게 지역사회가 안고 있는 문제들을 직접 현장에 출동하여 자료를 수집 · 분석하고, 그 해결책을 제안하도록 요구한다면, 이 수행과제는 학생들의 생활 장면과 밀착된 과제를 통해 평가함으로써 그 만큼 현실성이 증대되는 것이다.

4) 포트폴리오에 의한 수행평가

최근 들어 초 · 중등학교에서 포트폴리오 평가방식이 자주 거론되고 있다. 원래가 포트폴리오 평가의 관행은 건축학, 광고, 예술, 사진학 및 언론학 등에서 널리 사용되어 오고 있었다. 이러한 직업에 종사할 사람들은 미래의 잠재수요자나 자신들의 고용주들에게 보여줄 목적으로 자신의 작품표본을 담아 두는 포트폴리오를 수집하곤 했다.

이러한 특성의 포트폴리오가 교육장면에도 적용될 수가 있다. 예를 들어 포트폴리오를 준비하고 평가하는 일은 학생개인의 실제수행에 초점을 맞춘다는 것이다. 포트폴리오의 초점은 학생의 최고작품과 함께 학생의 성취물을 강조하는 것이다. 학생작품의 평가는 교사와 학생이 동시에 관계한다는 점에서 협동적이다.

포트폴리오의 기본속성은 포트폴리오는 우리말로 작품집이라고 번역된다. 이 단어는 폴리오(folios)에서 생겨난 것이다. 폴리오는 학생작품을 복합적인 매체로써 집합시켜 놓은 것을 가리킨다.

폴리오에는 과정(process) 폴리오와 포트(port) 폴리오의 두 가지 유형이 있는데, 양자는 그 속에 담겨진 내용물에 차이가 있다. 과정 폴리오에는 학습 및 창작활동의 과정(초안까지도 포함)들이 기록되어 있으며, 그 과정에 대한 반성결과, 장애나 애로사항, 심지어 절망적이었던 일까지도 포함되어 있다.

포트폴리오는 최종적인 완성품에 초점을 맞추고 있다. 포트폴리오는 작품제작 과정의 특징과 범위보다는 오히려 성취물 자체의 질과 범위를 기록하고 반성하려는 목적을 지니고 있다.

이 평가방안은 학생을 자신의 작품평가과정에 참여시킴으로써 주인의식을 높이고 그들의 진보정도를 감각적으로 확인시켜 줄 수 있는 장점을 지니고 있는 것이다. 동시에 작품은 그만큼 교육내용 자체와 학생의 생활과의 적합성이 증가할 수 있는 장점을 지니고 있다.

학교 교실현장에서 활용될 수 있는 포트폴리오는 세 가지의 핵심요소로써 구성된다. 포트폴리오는 첫째, 작품의 표본(samples)으로 구성되어 있다. 이 작품은 곧 평가가 진행될 수 있는 원재료인 셈이다. 둘째, 포트폴리오에는 학생들이 성취하게끔 기대되고 있는 목표 진술문이 들어 있다. 마지막으로는 해석판이 포함된다. 이 해석판은 학생의 작품에 대한 교사와 학생의 평가결과를 기록하여 담아두는 부분이다.

작품표본(work sample)은 대개가 학습자에 의해서 선택된다. 그러나 각 표본은 학습자가 주어진 학습목표를 얼마나 잘 성취해 가는지를 보여주는 증거이기 때문에 목표를 벗어나서 임의적으로 선택할 수는 없다. 철저히 선택된 학생작품 표본이야말로 포트폴리오 평가의 핵심이다. 그러나 작품 표본은 단지 학생능력의 일부분만을 드러내 줄뿐이다. 비록 학생들이 포트폴리오를 선택하기는 하지만, 교사는 모든 포트폴리오에 공통적인 작품표본을 확인해 내어야 한다. 그래야 학습자간의 비교가 가능하기 때문이다. 또한 이 공통성이 학습자의 작품을 채점하는 기준이 되기도 한다.

포트폴리오에 포함되는 목표 진술문은 작품표본을 선정하고 평가하는 틀이 된다. 이 목록은 학생들이 성취하고자 노력하는 일이 무엇인지를 가리켜 주며, 포트폴리오를 통하여 학생들이 과시해 보여야 하는 기능의 종류와 수준을 명시해 준다. 포트폴리오에서는 목표 진술문이 가장 눈에 잘 뜨이는 위치, 즉 가장 앞자리에 나타나며, 따라서 학생과 교사가 포트폴리오를 개봉하였을 때 언제든지 쉽게 활용할 수가 있다.

마지막으로 해석판(annotations)을 들 수 있는 데, 이 부분은 교사와 학생이 작품을 평가한 결과가 담겨진 곳이다. 이 평가결과는 포트폴리오 속의 고정된 장소에 위치시켜야 한다. 이 해석판은 포트폴리오를 검토할 때마다 참조할 수 있는 자료가 된다. 그 좋은 방법으로는 각 목표마다 별도의 해석기록공간을 할애하는 것이다. 그런 연후에 전반적인 논평을 할 수 있는 공간을 비워두는 방법으로 대부분의 포트폴리오는 자기 평가적이고 반성적인 진술문을 포함하고 있다.

포트폴리오의 채점은 학생의 작품을 평가의 목적에 비추어 판단하는 일로서, 학생이 수업목표를 얼마나 성취하였는가를 확인하는 일이다. 따라서 포트폴리오에 담겨져 있는 작품표본 그 자체는 수업목표가 아니다. 작품표본은 학생이 수업목표를 달성하였는지 그렇지 못한지를 판단하기 위한 지표에 불과할 뿐이다.

포트폴리오 평가에서는 전통적인 지필고사 중심의 채점방식과는 전혀 다른 기법을 활용하게 된다. 컴퓨터와 같은 채점기계는 학생의 음악적 재능과 연기력, 과학적 실험능력, 문장력 등을 채점해 줄 수가 없을 것이며, 결국에는 인간에 의한 평가에 의존할 수밖에 없다. 물론 평가적 판단의 내용을 요약하기 위하여 숫자를 활용할 수도 있겠지만, 포트폴리오의 경우에는 숫자보다도 질적인 용어를 많이 사용한다. 점수로 80점, 90점이라고 채점하기보다는, "완벽한 또는 초보적, 멋진 또는 빈약한" 등과 같은 어구를 사용하거나 "좀 더 노력해야겠습니다.", "글의 표현이 분명합니다." 등과 같이 교사의 주관적 판단을 서술식 문장으로 기록하기도 한다.

일반적으로, 포트폴리오 평가에서는 두 가지의 채점기법을 많이 활용하고 있다. 첫째, 종합적·총체적 채점기법(holistic scoring)이다. 이 기법은 학생의 작품을 하나의 전체로서 이해하고 전반적인 인상에 대한 점수를 부과하는 절차이다. 이 기법은 대개가 4점 척도나 6점 척도 등을 활용하여 작품표본에 하나의 점수를 부과하며, 평가의 대상이 많고 비교적 신속하면서도 일관된 채점이 요구되는 장면에서 많이 활용된다.

둘째, 분석적 채점기법(analytic scoring)이 있다. 이 접근방식은 학생의 작품이 지니고 있는 상이한 특성이나 차원별로 점수를 할당하는 방법이다. 이 방법은 총체적 채점법보다 시간이 더욱 많이 소요되지만, 학생의 작품에 대해 훨씬 더 상세한 정보를 제공해 준다. 그렇기 때문에, 간혹은 진단적 목적으로 활용되어, 학생 자신의 강약점을 확인하거나 특정 프로그램의 개선을 위한 정보를 찾아내는 데 이용되기도 한다.

포트폴리오 평가에서는 어느 방법을 활용하든지 간에, 평가결과의 일관성 및 신뢰성을 유지하기 위해서, 채점판 또는 채점기준표(scoring rubrics), 수준별 모범답안(bench-marks)의 사용을 권장하고 있다.

포트폴리오 평가에서 채점법만으로는 신뢰로운 채점을 하기 곤란한 경우들이 많다. 이럴 경우 채점의 구체적이고 실질적인 안내자의 역할을 할 수 있는 수준별 모범답안(bench-marks)을 작성해서 활용하는 게 바람직할 수 있다. 일반적으로 벤치마크는 동일한 채점판 내에서 수준별로 수행능력을 구분하여 진술해 놓은 채점 안내자를 가리킨다. 따라서 한 채점반 속에 3-5개의 척도가 활용된다면 각 척도별로 알맞은 반응을 상세하게 진술하여 3-5개의 벤치마크를 작성하게 된다.

결국 포트폴리오 평가에서는 어떤 경우이든지 평가의 신뢰성과 타당성을 높이기 위하여 채점반과 수준별 모범답안을 작성하여 활용하여야 하며, 평가의 목적에 따라 총체적 채점기법과 분석적 채점기법을 적절하게 활용하여야 한다. 평가의 주목적이 총괄적인 성격을 강하게 띠고 있을 경우에는 총체적 채점기법이 적절하고, 포트폴리오에 대한 상세한 정보를 필요로 하는 경우나 학생의 수행능력상의 피드백 정보를 필요로 할 경우에는 분석적 기법이 더욱 유용할 것이다.

02 수행평가의 시행 방법 및 절차

학교현장에서 수행평가를 제대로 시행하기 위해서는 평가방법이나 절차만을 고려해야 하는 것이 아니라 교육목표 및 수업방법도 고려하여야 한다. 평가방법을 다양화, 전문화, 특성화하기 위해서는 우선 교수·학습 방법의 다양화, 전문화, 특성화가 선행되어야 한다. 학교 현장에서는 다음과 같은 절차에 의해 수행평가를 시행하는 것이 바람직할 것이다.

첫째, 각 교과목 담당교사들과의 상호협의를 거쳐 학기별 혹은 연간 '수업 및 평가 계획서'를 사전에 작성한다.

둘째, '수업 및 계획서'에 따라 수업을 진행하기 위해서는 학생들에게 무엇을 가르칠 것인가를 보다 구체화할 필요가 있다(성취 기준의 구체화).

셋째, '수업 및 평가 계획서'에 따라 앞서 개발한 성취기준을 이용하여 실제로 다양화, 전문화, 특성화된 수업을 하는 것이 필요하다.

넷째, 앞서 개발한 성취기준을 이용하여 수업을 한 후 학생들이 성취기준을 얼마나 성취했는지 그 성취정도를 파악하기 위하여 평가기준을 명확히 하는 것이 필요하다.

다섯째, '수업 및 평가 계획서', 성취기준, 평가기준 등을 충분히 고려하여 적절한 평가방법을 결정하고 평가도구를 실제로 제작한다.

여섯째, 개발한 수행평가 도구를 이용하여 실제로 다양화, 전문화, 특성화된 평가를 시행한다.

일곱째, 채점기준표에 따라 채점하고, 그 결과를 보고한다.

여덟째, 교사는 학생의 평가결과를 '수업 및 평가 계획서'로 작성하는데 활용하는 등에 피드백 한다. 〈표 3-1〉과 같다.

〈표 3-1〉 수행 평가의 시행 방법 및 절차

① 학기 별 혹은 연간 '수업 및 평가 계획서'를 작성한다.
② 가르치고자하는 '성취 기준'(교육 목표 및 내용)을 구체화 한다.
③ 실제로 다양화, 전문화, 특성화된 수업을 진행한다.
④ 성취 기준을 실제로 얼마나 성취했는지, 그 성취 정도를 파악하기 위한 '평가 기준'을 명확히 한다.
⑤ 적절한 평가 방법을 결정하고 적절한 평가 도구를 제작한다. (모범 답안 및 채점 기준표 작성 포함)
⑥ 실제로 다양화, 전문화, 특성화된 평가를 실시한다.
⑦ 채점 기준표에 따라 채점을 하고, 그 결과를 보고한다.
⑧ 평가의 결과를 교수 · 학습 활동에 피드백 한다.

〈표 3-2〉 수업 및 평가 계획서(예시)

항목	세 부 사 항									비고
분기	1/4 분기				2/4 분기					
대영역	Ⅰ○○○○			Ⅱ◇◇◇◇			Ⅲ□□□□		종합	
중영역 (교육내용)	1.○○	2.○○	3.◇◇	4.□□	5.△△	6.▽▽	7.☆☆	8.▷▷	참여도	
수업시기 (주차별)	1,2	3,4	5,6	7,8	9.10	11,12	13,14	15,16	-	
수업방법	강의	강의1/2 발표1/2	강의	실험 실습	강의1/2 실습1/2	강의1/2 실습1/2	실험 실습	강의	-	
평가방법	선택형	실기 발표	서술형	실기	실기	실기	실기	선택형	관찰,면담	
평가시기 (주차별)	9주차 (중간고사)	수업중	9주차 (중간고사)	수업중	수업중	수업중	수업중	17주차 (기말고사)	수시	
배점	10	10	10	15	10	15	10	10	10	
특기사항										
기타	중간고사는 9주차에, 기말고사는 17주차에 실시한다. 실험, 실습은 실험실 및 실습 포장에서 실시하며, 실험, 실습이 끝난 다음 보고서 및 실습 결과, 실습 태도 등에 대하여 평가한다.									

제3절 전문교과의 평가

제7차 교육과정에서는 전문교과를 이론 중심의 교과와 이론, 실습의 통합 교과 및 전문 실습교과로 분류하고 있다. 전문교과의 평가는 이러한 교과의 특성에 따라 이론과 실기의 평가의 비율을 조정하여 적용하여야 하며, 다양한 방법을 통한 수행평가가 이루어지도록 평가하여야 할 것이다.

첫째, 이론교과의 평가는 이론교과의 지도는 일반적인 사항의 이해 및 기본적인 개념과 원리를 중심으로 변화하는 산업사회를 이해하는데 중점을 두고 지도하며, 이론의 평가는 단편적이고 단순·직업적인 문제보다는 창의적인 사고의 실용적인 면에 중점을 두고 실시하며, 수행평가는 견학, 조사, 관찰 보고서 등으로 평가할 수 있으며 토론법, 보고서법 및 포트폴리오법 등 다양한 방법으로 평가할 수 있다.

둘째, 이론·실습 통합 교과의 평가에서 이론의 평가는 이론교과의 연계성에 유의하여 평가하되 실습의 기초 및 근거가 되는 내용을 창의적인 사고와 실용적인 면에 중점을 두고 평가하며, 실습의 평가는 실험·실습을 중심으로 평가하고 실험·실습의 세부 평가기준을 작성하여 단계별 평가와 종합적인 평가가 동시에 이루어지도록 하여야 한다. 이 교과의 평가에서는 실험·실습의 결과뿐만 아니라 준비도, 태도, 안전수칙의 이행, 정리정돈 등의 정의적인 영역의 평가도 반영하도록 한다.

셋째, 전문 실습교과의 평가는 교과의 평가를 산업체의 현장 적응성을 고려하여 실습요소를 추출하고 지도하며, 실습요소별 세부평가 기준을 작성하여 평가한다. 실습요소에 대한 실험·실습이 어려운 경우에는 견학 또는 과제학습의 결과물로 평가할 수 있으며, 관찰 또는 감별 등을 활용하여 평가할 수도 있으나 가급적 실물자료를 이용하여 지도 평가할 수 있도록 한다. 개인과제의 평가는 개인과제 및 공동과제 등으로 부과하여 그 결과 및 과제 이수과정 등을 종합적으로 평가한다. 또한 현장실습의 평가를 평가에 반영할 수 있다.

01 상업에 관한 교과

기초 이론교과 교과목은 상업 경제, 회계 원리, 컴퓨터 일반, 경영대요, 상업 법규, 국제 경영, 시각디자인 일반, 비서 일반, 사무자동화 일반, 마케팅, 광고 일반, 유통관리 일반 등으로 표시되며, 이 교과목을 평가시에 유의할 점은 개념, 원리 등을 지필고사에 의해 평가하되, 서술형 주관식 평가와 표현 및 태도의 관찰평가가 조화롭게 이루어지도록 하고, 그 결과는 학습결손의 보충자료로 활용한다.

현장학습에 관한 관찰과 조사, 분석 등의 평가는 그 결과뿐만 아니라 준비학습, 태도, 보고서, 학습과정에 대한 평가도 병행되도록 한다.

교과와 관련된 사례조사, 분석 및 서식작성 능력과 문제해결 능력 등을 종합적으로 평가한다.

또한, 실무 기본교과 교과목은 기업회계, 원가회계, 세무회계, 국제상무, 자료처리, 사진, 그래픽 디자인, 컴퓨터 그래픽 등으로 구분되고, 평가시 유의할 점은 교과의 특성을 고려하여 서술형 주관식 평가와 객관식 평가 등을 적절히 병행한 이론평가와 실기평가가 병행되도록 한다.

실습의 평가는 교과목의 성격을 고려하여 세부기준을 마련하여 실시하고, 실시기준과 평가방법을 사전에 학생들에게 제시해 준다. 평소 학생들의 실습 상황을 누가 기록하여 평가에 반영한다.

마지막으로 실무심화교과 교과목은 상업 계산 실무, 경영 실무, 회계 실무, 무역 영어, 전산 실무, 프로그래밍 실무, 시각 디자인 실무, 관광 경영 실무, 비서 실무, 사무 자동화 실무, 문서 실무, 유통 정보 실무 등으로 구분되고, 평가시에 유의할 점은 교과의 특성을 고려한 실무능력을 평가하되 과제의 부과, 실무능력, 컴퓨터 활용 능력 등 다양한 방법으로 평가한다.

교과와 관련된 사례조사, 분석 및 서식작성 능력과 문제해결력 등을 평가에 반영한다. 학생의 개별적 평가 외에 집단적 평가방법을 적용하여 과제의 공동개발에 따르는 협동, 책임감 등을 평가한다.

실무심화교과인 점을 고려하여 지필평가 보다 실습과정과 실습 결과의 평가에 비중을 크게 둔다.

02 기술의 평가방법

상업과에서 기술에 대한 평가의 입장은 대단히 중요하다. 그러나 기술에 대한 평가는 곤란하며 객관성이 희박한 경우가 많다. 이러한 학습의 기술은 대별하면 두 가지로 분류할 수 있다.

1) 개성 및 환경이나 상업적인 사업(Business)에 대한 적정한 판단력, 비판력, 분석력 등의 방면

2) 기술적 기술

직업적 실천기술로서 신속, 정확 등의 방면, 각 단원마다 상세한 목표를 설정하여 학습의 과정이나 효과에 의해 평가할 수 있지만 종합적인 결과로 나온 작품에 대한 평가를 하는 1대 교차법이나 학습의 요점을 세밀하게 평가하는 분석적인 기술척도법 등을 생각할 수 있다. 전자는 결과가 되는 작품 등을 통해서 평가하는 상대평가방법이며 후자는 실무나 실천의 작업에 대하여 분석하고 평가하는 비교적인 절대적 방법이다.

첫째, 기술척도법이다. 관찰의 대조인 작품이나 개인에 대한 우열, 호악, 미추 등의 일정 성질이 존재하는 정도에 적응한 일정집단을 계통적 순서에 따라 배열하는 것이다. 품등은 순서로 순위적으로 표현하는 것이며 정상곡선을 가정하고 그 분포상태에 있어서 척도순(Rating Scale)으로 환산할 수 있도록 한 것이다. 만일 누구든지 판정자가 되어 이들의 관찰대조로 순위를 정하게 될 경우에는 순위평균과 평균편차를 구할 수 있다. 평균편차의 대소는 누구든지 판정자에 의해 주어진 순위의 일치도에 따라 신뢰성을 표현할 수 있게 된다.

둘째, 1 대 1 비교법이다. 종합적인 평가방법이며 결과로서 나온 작품 등을 2개씩 1 대 1로 비교함으로써 우수한 것을 판단하는 평가법이다. 그러나 평가를 하는 것이 적은 경우에는 문제가 없지만 대부분 노력을 요하는 것이 많으므로 실시가 곤란하게 된다.

학습효과를 평가하는 경우에는 어떤 때에는 우연이나 모방을 해도 성공하는 경우가 있으며 어떤 경우에는 우수한 창조연구를 해도 나쁜 결과가 나오는 수가 있게 된다. 새 교육정신은 결과주의라기보다 학습과정을 중시하는 경향이 있으므로 이 점에 특히 유의해야 되겠다.

단원의 성질이나 목표 및 발달단계에 의한 1 대 1 비교법이나 척도법, 관찰법 등을 단용 또는 병용해서 평가해야 할 것이다. 그리고 평가는 평가를 위한 평가가 되어서는 안 된다. 기술에 있어서도 항상 안내적, 지도적 입장에서 평가로서나 과정으로서나 어떠한 경우라도 원인탐구적, 진단적 및 계속적 평가가 되어야 한다. 그러므로 학생들이 자기평가나 교사의 냉정하면서도 과학적이며 충만한 애정으로서 학생들의 기술을 일일이 관찰하여 평가하는 방법도 중요하다.

03 지식 · 이해의 평가방법

상업고등학교에서 지식 · 이해는 크게 두 방면으로 분류할 수 있다. 지식이나 이해는 물론 상업지식으로서 비교적 사회과 학습과 유사한 학습활동에 의해 평가하려는 경우도 있지만 상업과의 본질로 보면 두 방면으로 평가할 수 있다. 즉 상업기술을 통한 지식이며 이해라는 것이 바람직하다. 여기에 이들 평가에 대해서는 어느 정도 각 단원에 구체적으로 상세한 목표가 있어서 학습상황, 결과를 조사해서 평가하게 되는데 여기서도 객관성이 요구되는 것이다. 평가방법에는 다음과 같은 방법이 사용되고 있다.

1) 종합적 평가법

실제로 실습일지, 보고서, 논문, 토의 등을 관찰하거나 면접을 해서 올바른 지식이나 이해에 대하여 평가하거나 의견을 듣거나 논문체에 의한 평가방법도 있다. 이러한 방법은 전체적으로 확실히 실용성도 있으며 많이 사용되고 있다. 이것은 교사의 주관적인 해석이나 평가가 되기 쉽고 객관성이 희박한 것이 결점이다. 다만 논문체 테스트나 토의에 있어서는 이제까지 실습이나 견학, 연구에 의해 얻은 단편적인 지식・이해를 체계화하거나 정리할 수 있는 장점도 있다.

2) 분석적 평가법

① 선택법 → 회답이 수종의 선택지로 되어 있어서 그 중에서 정답을 고르는 방법이다.

② 진위법 → 문제에 나타나 있는 명제의 진위를 판단하는 방법이다.

③ 결합법 → 이군의 사항 간에 관계가 깊은 것을 일군 중에서 타군의 사항과 결합시키는 방법이다.

④ 재생법 → 질문에 의하여 단 하나의 회답을 재생시키는 방법이다.

⑤ 완성법 → 문제의 문장일부를 공백으로 해서 전체문맥으로 미루어 보아 그 공백을 보전하는 방법이다.

⑥ 기록법 → 일방에 문제를 타방에 답을 게시해서 문제의 바른 답에 해당하는 것을 기록시키는 방법이다.

⑦ 도해법 → 문제의 회답을 도해에 의해 실현시키는 방법이다.

⑧ 정정법 → 문장 중에 틀린 곳이 있으면 바르게 정정시키는 방법이다.

⑨ 작문법 → 문장 중에 빠진 부분에 대하여 바른 문장으로 작문을 시키는 방법이다.

⑩ 배열법 → 하나의 원리를 기초로 하여 전후 순서를 정하여 순서대로 바르게 배열시키는 방법이다.

04 태도의 평가방법

태도의 평가법에는 기술척도법, 1 대 1 비교법, 교사간의 의견, 학생간의 평가, 학생의 자기평가, 가정에서의 평가 등이 있다.

05 적성 · 흥미의 평가방법

적성에 있어서는 지성, 언어적성, 수적 지각, 형태지각, 공감, 운동속도 등이며 흥미에 있어서는 적성면에 의하여 다시 변화하게 되는 것이다.

06 적응의 평가방법

적응과정에 대한 상세한 분석조사, 자료에 의한 평가 등이 있다.

07 환경의 평가방법 합격 발원

학생은 일반적으로 가정, 학교, 사회라는 교착하는 환경이 있다. 이 환경의 평가에는 가정환경은 사회적, 경제적 상황, 양친 대 자녀관계, 형제자매관계, 문화정도, 도덕수준, 빈부, 원만성 등을 질문지법이나 가정방문의 자료에 의한 평가를 해야 하고 사회 환경은 특히 여가이용에 의한 성격이나 개성이 보다 건설적 방향으로 형성되어 있는가 등을 평가해야하며 학교환경은 단지 물질적인 면만을 보지 말고 정신적, 심리적인 환경 등의 바람직한 점 등을 조사하여 평가해야 한다.

08 신체의 평가방법

학습경험, 일상생활의 관찰, 보건체육, 건강교육 등과 연결된 신체검사자료를 기초로 하여 개별적 면접에 의한 평가를 해야 한다.

09 관찰의 평가방법

인간정신은 다양성과 동사에 통일성의 양면에 의해 조화적으로 인간을 형성하고 있다. 인격은 신체적 표현 및 행동이 개인적 특성에 의해 이루어지고 있으므로 행동의 특징은 인격의 특징을 나타내고 이 특징은 사회적인 가치의 방향이 되는 것이다. 따라서 이 행동이 개인에 대한 특징을 기록하는 것은 인격의 발전을 기원하는 교육에 있어서 대단히 중요한 것이다.

그러면 관찰의 방법은 첫째, 행동을 주 구조로 취급해야 한다. 행동은 인격의 표현이므로 어떤 부분을 관찰해도 전체적으로 연관을 가지게 된다. 그러므로 어떤 관점에서든지 취급한 것을 기록할 필요가 있다. 둘째, 관찰에는 그 양면을 규정해야 한다. 학생들의 생활양면에 있어서 중요한 구체적 행동의 현시 및 정도를 주의 깊게 관찰하여 기록하는 것이 필요하다. 또한 행동은 인격의 표현이며 그 인격은 연령에 따라 발달형태가 변화하는 것이므로 행동의 바른 기록을 얻기 위해서는 발달기준에 의한 평가척도가 필요하게 된다. 그리고 관찰기록법에는 행동 유지묘사법, 행동목록법, 자기평가법 등이 있다.

제4장 제7차 교육과정과 상업정보교과 내용

제 4 장
제7차 교육과정과 상업정보교과 내용

제 1 절 교육과정 구성의 방향

교육과정이란, 학교교육에 있어 학생들에게 어떠한 교육목표를, 어떠한 교육 내용과 방법, 평가를 통하여 성취시킬 것인가를 정해놓은 공통적, 일반적 기준이다.

제7차 교육과정은 자율과 창의에 바탕을 둔 학생중심 교육과정으로 바뀌었다. 그 동안의 교과중심, 학문중심, 경험중심, 구조중심을 탈피하고 고객만족 소비자 중심인 학생중심 교육과정, 즉 선택중심 교육과정 체제를 도입하였으며 21세기의 세계화, 정보화 시대를 주도하며 살아갈 자율적이고 창의적인 한국인을 육성하기 위하여 다음과 같은 성격을 지닌 교육과정으로 마련되었다.

제7차 교육과정의 기본방향

- 목 표 : 건전한 인성과 창의성을 함양하는 기초·기본 교육의 충실
- 내 용 : 세계화·정보화 시대에 적응할 수 있는 교육
- 운 영 : 학생의 능력, 적성, 진로에 적합한 학습자 중심 교육
- 제 도 : 교육과정 편성·운영에 대한 지역 및 학교의 자율성 확대

제7차 교육과정 구성방침

- 사회변화를 주도할 수 있는 기본능력 육성
- 국민 공통 기본 교육과정과 선택 중심 교육과정 체제 도입
- 수준별 교육과정 도입
- 교육 내용·방법의 다양화
- 교육과정 편성·운영에 관한 교육청과 학교의 자율성 확대
- 교육과정 평가 체제 확립

01 추구하는 인간상

우리나라의 교육은 홍익인간의 이념 아래 모든 국민으로 하여금 인격을 도야하고, 자주적 생활 능력과 민주시민으로서 필요한 자질을 갖추게 하여 인간다운 삶을 영위하게 하고, 민주국가의 발전과 인류 공영의 이상을 실현하는 데 이바지하게 함을 목적으로 하고 있다.

이러한 교육이념을 바탕으로, 이 교육과정이 추구하는 인간상은 다음과 같다.

① 전인적 성장의 기반 위에 개성을 추구하는 사람

② 기초 능력을 토대로 창의적인 능력을 발휘하는 사람

③ 폭넓은 교양을 바탕으로 진로를 개척하는 사람
④ 우리 문화에 의한 이해의 토대 위에 새로운 가치를 창조하는 사람
⑤ 민주시민 의식을 기초로 공동체의 발전에 공헌하는 사람

02 교육과정의 구성방침

이 교육과정이 추구하는 인간상을 구현하기 위한 구성방침은 다음과 같다.

첫째, 사회적 변화의 흐름을 주도할 수 있는 기본능력을 길러 줄 수 있도록 교육과정을 구성한다.

둘째, 국민 공통 기본교육과정과 선택 중심 교육과정체제를 도입 한다.

셋째, 교육내용의 양과 수준을 적정화하고, 심도 있는 학습이 이루어지도록 수준별 교육과정을 도입한다.

넷째, 학생의 능력, 적성, 진로를 고려하여 교육 내용과 방법을 다양화한다.

다섯째, 교육과정 편성과 운영에 있어서 현장의 자율성을 확대한다.

여섯째, 교육과정 평가 체제를 확립하여 교육에 대한 질 관리를 강화하다.

03 학교 급별 교육목표

이 교육 과정이 추구하는 인간상을 구현하기 위하여 다음과 같이 학교 급별 교육목표를 둔다.

1) 초등학교 교육목표

초등학교의 교육은 학생의 학습과 일상생활에 필요한 기초능력 배양과 기본 생활습관을 형성하는 대 중점을 둔다.

첫째, 몸과 마음의 균형 있게 자랄 수 있는 다양한 경험을 가진다.

둘째, 일상생활의 문제를 인식하고 해결하는 기초능력을 기르고, 자신의 생각과 느낌을 다양하게 표현하는 경험을 가진다.

셋째, 다양한 일의 세계를 이해할 수 있는 폭넓은 학습경험을 가진다.

넷째, 우리의 전통과 문화를 이해하고 애호하는 태도를 가진다.

다섯째, 일상생활에 필요한 기본 생활습관을 기르고, 이웃과 나라를 사랑하는 마음씨를 가진다.

2) 중학교 교육목표

중학교의 교육은 초등학교 교육의 성과를 바탕으로, 학생의 학습과 일상생활에 필요한 기본능력과 민주시민으로서의 자질을 함양하는 데 중점을 둔다.

첫째, 심신의 조화로운 발달을 추구하고, 자기발견의 기회를 가진다.

둘째, 학습과 생활에 필요한 기본능력과 문제해결력을 기르고, 자신의 생각과 느낌을 창의적으로 표현하는 경험을 가진다.

셋째, 다양한 분야의 지식과 기능을 익혀 적극적으로 진로를 탐색하는 경험을 가진다.

넷째, 우리의 전통과 문화에 대한 자긍심을 지니고, 이를 발전시키려는 태도를 가진다.

다섯째, 자유 민주주의의 기본적 가치와 원리를 이해하고, 민주적인 생활방식을 익힌다.

3) 고등학교 교육목표

고등학교의 교육은 중학교 교육의 성과를 바탕으로, 학생의 적성과 소질에 맞는 진로개척 능력과 세계시민으로서의 자질을 함양하는 데 중점을 둔다.

첫째, 심신이 건강한 조화로운 인격을 형성하고, 성숙한 자아의식을 가진다.

둘째, 학문과 생활에 필요한 논리적, 비판적, 창의적 사고력과 태도를 익힌다.

셋째, 다양한 분야의 지식과 기능을 익혀, 적성과 소질에 맞게 진로를 개척하는 능력을 기른다.

넷째, 우리의 전통과 문화를 세계 속에서 발전시키려는 태도를 가진다.

다섯째, 국가공동체의 형성과 발전을 위해 노력하며, 세계시민으로서의 의식과 태도를 가진다.

04 편제와 시간(단위) 배당 기준

1) 편 제

첫째, 교육과정은 국민 공통 기본교육과정과 고등학교 선택 중심 교육과정으로 구성한다.

둘째, 국민 공통 기본교육과정은 교과, 재량활동, 특별활동으로 편성한다.

〈표 4-1〉 국민 공통 기본 교육 과정

<table>
<tr><th colspan="2" rowspan="2"></th><th colspan="6">초 등 학 교</th><th colspan="3">중 학 교</th><th colspan="3">고 등 학 교</th></tr>
<tr><th>1</th><th>2</th><th>3</th><th>4</th><th>5</th><th>6</th><th>7</th><th>8</th><th>9</th><th>10</th><th>11</th><th>12</th></tr>
<tr><td rowspan="11">교
과</td><td>국 어</td><td colspan="2" rowspan="11">국 어
210 238
수 학
120 136
바른생활
60 68
슬기로운생활
90 102
즐거운생활
180 204
우리들은1학년
80 ·</td><td>238</td><td>204</td><td>204</td><td>204</td><td>170</td><td>136</td><td>136</td><td>136</td><td colspan="2" rowspan="12">선
택
과
목</td></tr>
<tr><td>도 덕</td><td>34</td><td>34</td><td>34</td><td>34</td><td>68</td><td>68</td><td>34</td><td>34</td></tr>
<tr><td>사 회</td><td>102</td><td>102</td><td>102</td><td>102</td><td>102</td><td>102</td><td>136</td><td>170
(국사)</td></tr>
<tr><td>수 학</td><td>136</td><td>136</td><td>136</td><td>136</td><td>136</td><td>136</td><td>102</td><td>136</td></tr>
<tr><td>과 학</td><td>102</td><td>102</td><td>102</td><td>102</td><td>102</td><td>136</td><td>136</td><td>102</td></tr>
<tr><td rowspan="2">실 과</td><td rowspan="2">·</td><td rowspan="2">·</td><td rowspan="2">68</td><td rowspan="2">68</td><td colspan="4">기술 · 과정</td></tr>
<tr><td>68</td><td>102</td><td>102</td><td>102</td></tr>
<tr><td>체 육</td><td>102</td><td>102</td><td>102</td><td>102</td><td>102</td><td>102</td><td>68</td><td>68</td></tr>
<tr><td>음 악</td><td>68</td><td>68</td><td>68</td><td>68</td><td>68</td><td>34</td><td>34</td><td>34</td></tr>
<tr><td>미 술</td><td>68</td><td>68</td><td>68</td><td>68</td><td>34</td><td>34</td><td>34</td><td>34</td></tr>
<tr><td>외국어
(영어)</td><td>34</td><td>34</td><td>68</td><td>68</td><td>102</td><td>102</td><td>136</td><td>136</td></tr>
<tr><td colspan="2">재량 활동</td><td>60</td><td>68</td><td>68</td><td>68</td><td>68</td><td>68</td><td>136</td><td>136</td><td>136</td><td>204</td></tr>
<tr><td colspan="2">특별 활동</td><td>30</td><td>34</td><td>34</td><td>68</td><td>68</td><td>68</td><td>68</td><td>68</td><td>68</td><td>68</td><td colspan="2">8단위</td></tr>
<tr><td colspan="2">연간 수업 시간 수</td><td>830</td><td>850</td><td>986</td><td>986</td><td>1,088</td><td>1,088</td><td>1,156</td><td>1,156</td><td>1,156</td><td>1,224</td><td colspan="2">144단위</td></tr>
</table>

※ 교과는 국어, 도덕, 사회, 수학, 과학, 실과(기술. 가정), 체육, 음악, 미술, 외국어(영어)로 한다. 다만, 초등학교 1, 2학년의 교과는 국어, 수학, 바른 생활, 슬기로운 생활, 즐거운 생활 및 우리들은 1 학년으로 한다.

※ 재량활동은 교과 재량활동과 창의적 재량활동으로 한다.

※ 특별활동은 자치활동, 적응활동, 계발활동, 봉사활동, 행사활동으로 한다.

2) 시간(단위) 배당 기준

(1) 국민 공통 기본교육과정

① 이 표의 국민 공통 기본교육기간에 제시된 시간 수는 34주를 기준으로 한 연간 최소 수업시간 수이다.

② 1학년의 교과, 재량활동, 특별활동에 배당된 시간 수는 30주를 기준으로 한 것이며, '우리들은 1학년'에 배당된 시간 수는 3월 한 달 동안의 수업시간 수를 제시한 것이다.

③ 1시간의 수업은 초등학교 40분, 중학교 45분, 고등학교 50분을 원칙으로 한다. 다만, 기후, 계절, 학생의 발달정도, 학습내용의 성격 등을 고려하여 실정에 알맞도록 조절할 수 있다.

④ 11, 12학년의 특별활동과 연간 수업시간 수에 제시된 숫자는 2년 동안 이수하여야 할 단위 수이다.

(2) 고등학교 선택 중심 교육과정

(가) 보통교과

〈표 4-2〉 보통교과

구 분		국민공통 기본교과	선택 과목	
			일반 선택 과목	심화 선택 과목
교과	국 어	국어(8)	국어 생활(4)	화법(4), 독서(8), 작문(8), 문학(8)
	도 덕	도덕(2)	시민 윤리(4)	윤리와 사상(4), 전통 윤리(4)
	사 회	사회(10) (국사 4)	인간 사회와 환경(1)	한국 지리(8), 세계 지리(8), 경제 지리(6) 한국 근·현대사(8), 세계사(8), 법과 사회(6) 정치(8), 경제(6), 사회·문화(8)
	수 학	수학(8)	실용 수학(4)	수학Ⅰ(8), 수학Ⅱ(8), 미분과 적분(4) 확률과 통계(4), 이산 수학(4)
	과 학	과학(6)	생활과 과학(4)	물리Ⅰ(4), 화학Ⅰ(4), 생물Ⅰ(4), 지구 과학Ⅰ(4) 물리Ⅱ(6), 화학Ⅱ(6), 생물Ⅱ(6), 지구 과학Ⅱ(6)
	기술·가정	기술·가정(6)	정보 사회와 컴퓨터(4)	농업 과학(6), 공업 기술(6), 기업 경영(6) 해양 과학(6), 가정 과학(6)
	체 육	체육(4)	체육과 건강(4)	체육 이론(4), 체육 실기(4 이상)*
	음 악	음악(2)	음악과 생활(4)	음악 이론(4), 음악 실기(4 이상)*
	미 술	미술(2)	미술과 생활(4)	미술 이론(4), 미술 실기(4 이상)*
	외국어	영어(8)	독일어Ⅰ(6), 프랑스어Ⅰ(6) 스페인어Ⅰ(6), 중국어Ⅰ(6) 일본어Ⅰ(6), 러시아어Ⅰ(6) 아랍어Ⅰ(6)	영어Ⅰ(8), 영어 회화Ⅱ(8) 영어 독해(8), 영어 작문(8) 독일어Ⅱ(6), 프랑스어Ⅱ(6) 스페인어Ⅱ(6), 중국어Ⅱ(6) 일본어Ⅱ(6), 러시아어Ⅱ(6) 아랍어Ⅱ(6)
	한 문 교 련 교 양		한문(6) 교련(6) 철학(4), 논리학(4), 심리학(4), 교육학(4), 생활 경제(4), 종교(4), 생태와 환경(4), 진로와 직업(4), 기타(4)	한문 고전(6)
	이 수 단 위	(56)	24 이상	112 이하
재량 활동		(12)		
특별 활동		(4)	8	
총 이수 단위			216	

(나) 전문교과

〈표 4-3〉 전문교과

교 과	과 목				기준 학과
농업에 관한 교과	농업 이해	농업 기초 기술	농업 정보 관리	농업 경영	식물 자원과
	생물 공학 기초	재배	작물 생산 기술	숲과 인간	동물 자원과
	산림 자원 기술	원예	생활 원예	생산 자재	농업 경영과
	원예 기술Ⅰ	원예 기술Ⅱ	축산	사육 기술Ⅰ	농업 토목과
	사육 기술Ⅱ	누에와 비단	잠사 기술	농업 기계	식품 가공과
	농업 기계 공작	농업 기계 기술Ⅰ	농업 기계 기술Ⅱ	농업과 물	농업 기계과
	농촌과 농지 개발	농업 토목 기술Ⅰ	농업 토목 기술Ⅱ	식품 과학	조경과
	식품위생	식품 가공 기술Ⅰ	식품 가공 기술Ⅱ	환경 보전	농산물 유통과
	환경 관리Ⅰ	환경 관리Ⅱ	조경	조경 기술Ⅰ	환경 보전과
	조경 기술 Ⅱ	농산물 유통	유통 관리Ⅰ	유통 관리Ⅱ	기타 학과
	기타				
공업에 관한 교과	공업 입문	기초 제도	정보 기술 기초	전문 제도	기계과
	기계 일반	전기 일반	공업 영어	기계 설계	전자 기계과
	기계 공작법	원동기	유체 기기	공기 조화 설비	금속과
	기계 기초 공작	공작 기계Ⅰ	공작 기계Ⅱ	산업 설비	자원과
	금형 제작	전자 기계 이론	전자 기계 회로	전자 기계 공작	전기과
	전자 기게 제어	금속 재료	금속 제조	소성 가공	전자과
	주조	금속 처리	자원 개발	화약 · 발파	통신과
	석재 가공	시추 · 지하수	자원 개발 조성	자원 개발 기계	전자계산기과
	전기 응용	전기 회로	전기 기기	전력 설비Ⅰ	토목과
	전력 설비Ⅱ	전기 · 전자 측정	자동화 설비	전자 기기	건축과
	전자 · 전산 응용	전자 회로	계측 제어	통신 일반	산업 디자인과
	정보 통신	통신 시스템	컴퓨터 구조	시스템프로그래밍	화학 공업과
	프로그래밍	디지털 논리 회로	멀티미디어	역학	세라믹과
	토목 설계	토목 일반	측량	토목 재료 · 시공	식품 공업과
	수리 · 토질	지적 전산	지적 실무	건축 구조	섬유과
	건축 계획 일반	건축 시공Ⅰ	건축 시공Ⅱ	건축 시공Ⅱ	인쇄과
	디자인 일반	색채 관리	조형	제품 디자인	자동차과
	공예	공업 화학	단위 조작	제조 화학	조선과
	화공 계측 제어	뉴 세라믹	소결 세라믹	고온 세라믹	항공과
	응결 · 경화 세라믹	용융 세라믹	발효 공업	식품 제조 기계	환경 공업과
	식품 공업Ⅰ	식품 공업Ⅱ	섬유 재료	방적 · 방사	기타 학과
	제포 · 봉제	염색 · 가공	인쇄 일반	인쇄 재료	
	평판 인쇄	특수 인쇄	사진 · 전자 제판	사진 기술	

교 과	과 목				기준 학과
공업에 관한 교과	자동차·건설 기계 건설기계 구조·정비 선박 건조 항공기 장비 수질 관리	자동차 기관 선박 이론 항공기 일반 항공기 전자 장치 폐기물 처리	자동차 섀시 선박 구조 항공기 기체 환경 공업 일반 기타	자동차 전기 선박 의장 항공기 기관 대기·소음 방지	
상업에 관한 교과	상업 경제 상업 법규 원가 회계 무역 영어 프로그래밍 실무 그래픽 디자인 비서 실무 마케팅 기타	회계 원리 상업 계산 실무 세무 회계 국제 상무 시각디자인 일반 컴퓨터 그래픽 사무자동화 일반 광고 일반	컴퓨터 일반 경영 실무 회계 실무 자료 처리 사진 관광 경영 실무 사무 자동화 실무 유통관리 일반	경영대요 기업 회계 국제 경영 전자 계산 실무 시각 디자인 실무 비서 일반 문서 실무 유통 정보 실무	경영 정보과 회계 정보과 통상 정보과 정보 처리과 시각 디자인과 관광 경영과 비서과 사무자동화과 유통경영과 기타 학과

05 교육과정의 편성 운영 지침

1) 기본지침

(1) 국민 교육과정

1학년부터 10학년까지의 10년 동안에는 국민 공통 기본교육과정을 편성·운영한다.

① 국민 공통 기본교육과정의 시간배당 기준에 배당된 각 학년별 교과, 재량활동, 특별활동의 수업시간은 이 시간 동안에 모든 학생들이 필수적으로 이수해야 할 연간 기준 수업시간 수이다.

② 국민 공통 기본교과 중 다음의 교과는 수준별 교육과정을 편성·운영한다.

첫째, 수학교과는 1학년부터 10학년까지 10단계, 영어교과는 7학년부터 10학년까지 4단계를 두고, 각 단계별로 학기를 단위로 하는 2개의 하위단계를 설정하여 단계형 수준별 교육과정을 운영한다.

둘째, 국어교과는 1학년부터 10학년까지, 사회와 과학 교과는 3학년부터 10학년까지, 영어교과는 3학년부터 6학년까지 심화, 보충형 수준별 과정을 운영한다.

③ 재량활동에서 교과 재량활동은 중등학교의 선택과목 학습과 국민 공통 기본교과의 심화, 보충학습을 위한 것이며, 창의적 재량활동은 학교의 독특한 교육적 필요, 학생의 요구 등에 따른 범교과 학습과 자기 주도적 학습을 위한 것이다.

첫째, 초등학교의 재량활동은 학교의 실정에 따라 융통성 있게 배정할 수 있으나, 교과의 심화, 보충학습보다는 학생의 자기주도적 학습 능력을 촉진시키기 위한 창의적 재량활동에 중점을 둔다.

둘째, 중학교의 교과 재량활동의 연간 수업시간 수는 102시간 이상이며, 한문, 컴퓨터, 환경, 생활 외국어(독일어, 프랑스어, 중국어, 일본어, 러시아어, 아랍어), 기타의 선택과목 학습시간에 우선 배정하고, 나머지 시간은 국민 공통 기본교과의 심화, 보충학습 시간으로 활용한다. 창의적 재량활동에는 연간 34 시간 이상을 배정한다.

셋째, 고등학교 1 학년의 교과 재량활동 연간 이수단위 수는 10 단위이며, 국민 공통 기본교과의 심화, 보충학습에 4-6단위, 선택 중심 교육과정의 선택과목에 4-6단위를 배정한다. 다만, 전문계 고등학교의 재량활동은 전문교과로 대체하여 이수할 수 있다. 창의적 재량활동에는 2 단위를 배정한다.

④ 특별활동은 다음과 같이 편성・운영한다.

첫째, 특별활동에 배당된 시간(단위) 수는 학생의 요구와 지역 및 학교의 특성을 고려하여 학교재량으로 배정하되, 영역간의 균형이 유지될 수 있도록 유의한다.

둘째, 시간(단위) 수가 배정되지 않은 활동에는 학교의 실정에 따라 별도의 시간을 확보 한다.

셋째, 특별활동은 학교의 따라 시간(단위) 배당 기준보다 더 많은 시간은 확보하여 운영할 수 있으며, 다양한 방식으로 시간운영을 통합하거나 분할하여 융통성 있게 할 수 있다.

(2) 고등학교 선택 중심 교육과정

11, 12학년의 2년 동안에는 선택 중심 교육과정을 편성, 운영한다.

① 선택 중심 교육과정의 총 이수단위는 144단위로, 선택과목에 136단위, 특별활동에 8단위로 나누어 편성한다.

② 일반계 고등학교의 교과 편성, 운영

첫째, 보통 교과의 선택과목은 일반 선택과목과 심화 선택과목으로 구분하다.

둘째, 일반 선택과목은 교양 증진 및 실생활과 연관된 과목이며, 심화 선택과목은 학생의 진로, 적성과 소질을 계발하는 데 도움이 되는 과목이다.

셋째, 일반 선택과목은 학생들의 균형적인 이수를 위하여 [1] 인문・사회 과목군(국어, 도덕, 사회) [2] 과학・기술 과목군(수학, 기술, 가정), [3] 예・체능 과목군(체육, 음악, 미술) [4] 외국어 과목군(외국어), [5] 교양

과목군(한문, 교련, 교양)으로 나눈다. 모든 학생은 교양과목군에서는 2개 과목 이상, [1] ~ [4] 과목 군에서는 각각 1과목 이상을 이수한다. 다만, 자신의 진로와 집중 이수하고자 하는 심화 선택과목군의 일반 선택과목은 이수하지 않을 수도 있다.

넷째, 심화 선택과목 중 과목명에 2가 있는 과목을 선택하기 위해서는 1을 먼저 이수해야 하나, 학교의 요구, 교과목의 성격에 따라 이수를 면제하거나 대체할 수 있다.

다섯째, 선택과목에 배당된 136단위 중에서 시・도 교육청 단위 학교는 각각 28단위 이상 지정할 수 있다. 학생의 선택비율은 최대 비율은 최대 50%까지 하되, 지역이나 학교의 실정에 따라 가능한 학교부터 점진적으로 시행하도록 한다.

여섯째, 보통 교과의 선택과목은 기준단위를 2단위까지 증감 운영할 수 있다. 다만 이수단위가 4단위인 과목은 증배 운영만 가능하다.

일곱째, 교양교과에서 일반 선택과목 기타(4)는 관련 전문교과의 과목 중에서 선택하거나 새로운 과목을 신설하여 이수할 수 있다.

③ 전문계와 기타계 고등학교의 교과 편성・운영

첫째, 국민 공통 기본교과에 배당된 56단위는 필수적으로 이수하도록 하고, 이를 포함하여 보통 교과를 82단위 이상 이수하도록 한다.

둘째, 선택과목 중에서 전문교과의 기초가 되는 과목을 선택하여 이수할 경우, 이를 해당 국민 공통 기본교과의 이수로 간주할 수 있다.

셋째, 교원 및 시설 여건과 학생들의 요구를 반영하여 11학년에서도 국민 공통 기본교과의 일부를 편성할 수 있다.

넷째, 보통교과의 선택과목은 기준단위를 2 ~ 4단위까지 증감 운영할 수 있다.

다섯째, 내용이 유사하거나 관련되는 보통교과의 선택과목과 전문교과는 교체하여 편성·운영할 수 있다.

여섯째, 전문교과는 필요한 경우 다른 계열의 전문과목을 선택하여 편성·운영할 수 있다.

일곱째, 내용이 유사하거나 관련되는 보통교과의 선택과목과 전문교과는 교체하여 편성·운영할 수 있다.

여덟째, 전문교과는 필요한 경우 다른 계열의 전문과목을 선택하여 편성·운영할 수 있다.

아홉째, 특성화 고등학교, '2·1' 체제를 운영하는 공업계열 고등학교 등과 같이, 전문교육의 강화가 요구되는 학교는 시·도 교육감의 승인을 받아 보통교과 및 전문교과의 총 이수단위 수를 조정, 운영할 수 있다.

열 번째, 학교는 필요에 따라 시·도 교육감의 승인을 받아 총 교과 이수 단위를 10% 범위 내에서 증배 운영할 수 있다.

④ 11, 12 학년의 특별활동에 배당된 8단위는 지역 및 학교 실정에 따라, 각 영역별 이수단위를 학교에서 재량으로 편성한다.

2) 지역 및 학교에서의 편성·운영

(1) 시·도 교육청

(가) 편 성

첫째, 시·도는 이 교육과정에 의거하여 다음 사항이 포함된 각 급 학교 교육과정 편성·운영 지침을 작성하고, 이를 관내의 지역 교육청과 각 급 학교에 제시한다.

둘째, 시·도는 교육과정의 편성·운영에 관한 조사연구와 자문기능을 담당할 교육과정위원회를 구성하여 운영한다. 이 위원회에는 교원, 교육행정가, 교육과정 전문가, 교과교육 전문가, 학부모, 지역사회 인사, 산업체 인사 등이 참여할 수 있다.

셋째, 시·도는 지역의 특수성, 교육의 실태, 학생·교원·주민의 요구와 필요 등을 반영하여 시·도의 교육 중점을 설정하고, 교육과정 편성·운영 지침을 작성한다.

넷째, 시·도는 학교, 연구기관, 대학, 산업체 등과 연계하여 교육과정 편성·운영에 관한 연구를 추진하고, 그 결과를 편성·운영 지침의 작성 및 개선에 반영한다.

다섯째, 시·도는 각 급 학교가 새 학년도 시작에 앞서 교육과정 편성·운영에 관한 계획을 세울 수 있도록 교육과정 편성·운영 자료를 개발, 보급하고, 교원의 전보를 적기에 시행한다.

(나) 운 영

첫째, 시·도는 관내의 지역 교육청에서의 교육과정 운영지원실태와 각 급 학교의 교육과정 편성과 운영실태를 정기적으로 파악하고, 효과적인 교육과정의 운영과 개선 및 질 관리에 필요한 적절한 지원, 지도, 조언을 한다.

둘째, 교원의 교과, 재량활동, 특별활동에 대한 지도능력 향상을 위하여 각 급 학교 교원에 대한 연수계획을 수립, 시행한다.

셋째, 중학교의 선택과목, 고등학교의 선택 중심 교육과정이 정상적으로 운영될 수 있도록 장기적인 교원 수급계획을 수립, 시행한다.

넷째, 중학교 사회과의 국사영역은 별도의 교과용 도서가 편찬되므로 교원의 배치에 유의한다.

다섯째, 교과, 재량활동, 특별활동 운영을 위한 각종 교수·학습 자료를 연구, 개발하여 보급하고, 교육시설, 설비자료 등의 정비 확충에 필요한 행·재정적인 지원을 한다.

여섯째, 각 학교가 수준별 교육과정을 효율적으로 운영하는 데 필요한 행·재정적인 지원을 한다.

일곱째, 소규모 학교의 정상적인 교육과정 운영을 지원하기 위해서 요원의 배치, 학생의 교육받을 기회의 확충에 필요한 행·재정적인 지원을 한다.

여덟째, 교육과정 편성, 운영의 개선을 위한 연구·시범학교를 운영하고, 수업개선을 위한 교육교사를 두어 적극적으로 지원한다.

아홉째, 특정 분야에서 탁월한 재능을 보이는 학생과 학습장애가 있는 학생들을 위한 교육기회를 마련하고 지원한다.

(2) 지역 교육청

(가) 편 성

첫째, 지역 교육청은 시·도의 각 급 학교 교육과정 편성·운영 지침을 기초로 하여 다음 사항이 포함된 학교 교육과정 편성·운영에 관한 실천 중심의 장학자료를 작성하여 초·중등학교에 제시한다.

둘째, 지역특성에 적합한 학교 교육과정 편성·운영을 지도하고, 이를 지원하기 위하여 교육, 교육행정가, 교육과정(교과) 전문가, 학부모, 지역인사 등이 참여한 교육과정위원회를 구성하여 운영한다.

셋째, 학교 간에 공동으로 협의하여 학교 교육과정을 편성, 운영할 수 있도록 지원한다.

(나) 운 영

첫째, 지역 교육청은 각 학교의 교육과정 운영이 충실히 이루어질 수 있도록 장학활동계획을 수립하고, 정기적으로 시행한다.

둘째, 학교 교육과정 편성 · 운영 방법에 관한 지역별 교원연수를 실시한다.

셋째, 각 학교의 교육과정 편성 · 운영을 지원하기 위한 각종 자료를 개발, 보급한다.

넷째, 특수아, 귀국자 자녀를 위한 교육기회를 마련하여 운영한다.

다섯째, 학교 교육과정의 효과적 운영을 위하여 학생의 배정, 교원의 원활한 교류, 학교간 시설과 설비의 공동활용, 자료의 공동개발 활용에 관하여 학교 간 및 인접 교육청간의 협조체제를 구축한다.

여섯째, 관 내 학교의 교육과정 편성 · 운영의 개선을 위한 연구 · 시범학교를 운영, 지원하고, 수업 연구교사 및 교과별 연구회 활동을 지원한다.

일곱째, 교과, 재량활동, 특별활동의 실천과정을 확인, 평가하여 교육의 질 관리에 활용한다.

(3) 학 교

(가) 편 성

공통 지침

첫째, 학교는 이 교육과정과 시 · 도의 교육과정 편성 · 운영 지침, 지역 교육청의 학교 교육과정 편성 · 운영에 관한 장학자료를 바탕으로, 학교실정에 알맞은 학교 교육과정을 편성, 운영한다.

둘째, 교육과정의 합리적 편성과 효율적 운영을 위하여 교원, 교육과정(교과교육) 전문가, 학부로 등이 참여하는 학교 교육과정 위원회를 구성하여 운영하며, 이 위원회는 학교장의 교육과정 운영 및 의사 결정에 관한 자문의 역할을 담당한다.

셋째, 학교는 학교 교육과정 편성·운영 계획을 바탕으로 학년, 학급, 교과목별 교육과정을 편성할 수 있다.

넷째, 학교 교육과정을 편성, 운영함에 있어서는 교원의 조직, 학생의 실태, 학부모의 요구, 지역사회의 실정 및 교육 시설·설비 등 교육 여건과 환경이 충분히 반영되도록 노력한다.

다섯째, 수준별 교육과정을 적용하는 교과는 심화·보충 학습을 위한 추가시간이 필요한 경우, 재량활동에 배당된 시간 등 별도의 시간을 활용할 수 있다.

여섯째, 이 교육과정에 예시된 과목 이외의 과목을 설치, 운영하고자 할 때에는, 시·도의 교육과정 편성·운영 지침에 의거하여 사전에 필요한 절차를 거쳐야 한다.

학교 급별 지침

❒ 초등학교

① 초등학교의 교과 중에서 주당 평균 3시간 이상의 수업시간 수가 배당된 교과는 주당 평균 1시간 이내에서 시수를 감축하여 학생의 요구와 학교의 필요에 따른 창의적 재량활동에 증배, 활용할 수 있다. 이 경우에는 감축된 교과의 학습활동과 관련되는 직접적인 체험활동 등으로 통합, 운영하여야 한다.

② 초등학교 수준별 교육과정 운영을 위한 학습 집단은 학급 내 집단편성을 원칙으로 하되, 학교의 여건이나 교사, 학생의 특성에 따라 다양한 방법을 활용할 수 있다.

③ 복식학급을 편성, 운영하는 경우에는, 교육내용의 학년별 순서를 조정하거나 공동주제를 중심으로 교재를 재구성하여 활용할 수 있다.

④ 초등학교 재량활동에서는 주제 탐구, 소집단 공동 연구, 학습하는 방법의 학습, 통합적인 범교과 학습 등 다양한 교육 프로그램을 학교와 교사, 학생의 요구와 필요에 따라 편성하여 선택적으로 운영할 수 있다.

⑤ 초등학교에서는 모든 교육활동을 통해 학생의 기본 생활습관을 형성할 수 있도록 편성하고, 정확한 국어사용 능력을 신장할 수 있도록 특별히 배려한다.

❐ 중학교

① 수준별 교육과정 운영을 위한 학습 집단은 학교의 실정에 따라 다양하게 편성할 수 있다.

② 학교는 재량활동에 배당된 시간 수를 학생의 요구와 학교의 실정을 기초로 융통성 있게 배정한다.

③ 국민 공통 기본교과의 심화 · 보충 학습의 경우, 수준별 교육과정을 적용하는 교과의 학습에 편중되지 않도록 유의한다.

④ 선택과목을 개설할 경우, 학교는 2개 이상의 과목을 동시에 개설함으로써 학생들의 선택권이 보장되도록 유의한다.

❒ 고등학교

① 일반계 고등학교는 10학년까지 국민 공통 기본교육과정을 이수할 있도록 교과를 편성한다.

② 수준별 교육과정 운영을 위한 학습 집단은 학교의 실정에 따라 다양하게 편성할 수 있다

③ 수학 및 영어 교과에서 국민 공통 기본교육과정에서 도달해야 할 수준에 이르지 못 한 11, 12학년 학생들을 위해 수학과 영어의 단계형 과목(예 : 수학 9-나, 10-가, 10-나, 영어 9-b, 10-a, 10-b 등)을 별도로 설치해 주거나, 10 학년에 설치된 단계형 과목을 이수할 수 있도록 허용한다. 이 경우에는 최대 16단위까지만 일반선택 과목 이수 단위로 간주하다.

④ 일반계 고등학교의 교육과정에는 학생의 진로와 관련한 엄격한 과정을 따로 두지 아니하며, 개별학생은 자신이 선택하여 이수한 과목들을 모아 자신의 과정을 만들어가는 것을 원칙으로 한다. 학교는 학생의 진로선택을 돕고, 계열성 있는 선택과목을 이수를 위하여 필요한 과정을 설치하여 운영할 수 있으며, 이와 관련한 구체적인 사항은 시·도 교육청이 정한 지침에 따른다.

⑤ 창의적 재량활동을 포함한다. 고등학교의 재량활동에서는 학생의 적성과 진로 등을 고려하여 11, 12학년의 선택 중심 교육과정과 연계하여 운영할 수 있도록 노력한다.

⑥ 선택과목은 학교의 실정과 학생들의 요구를 반영해서 편성하다. 특히, 시·도가 정한 일정 규모 이상의 학생이 이 교육과정의 편제에 있는 특정 선택과목의 개설을 요청할 경우, 학교는 이를 개설하여야 하다.

⑦ 학기당 이수과목 수는 시 · 도 교육감이 정한 범위 이내로 편성하되, 가능한 10과목 이내로 하도록 한다.

⑧ 학교가 종교과목을 부과할 때에는 종교 이외의 과목을 포함, 복수로 과목을 편성하여 학생에게 선택의 기회를 주어야 한다.

⑨ 일반 선택과목은 선행학습의 정도와 관계없이 선택할 수 있다.

⑩ 학교장은 자신의 학교에서 개설하지 않은 선택과목 이수를 희망하는 학생이 있을 경우, 그 과목은 개설한 다른 학교에서의 이수도 인정하도록 한다. 특정 과목의 경우, 공공성 있는 지역사회의 학습장에서의 학습이 해당 학교에서보다 효과적이라고 판단할 경우, 학교장은 이를 허용하여야 하며, 이와 관련한 구체적인 사항은 시 · 도가 정한 지침에 따른다.

⑪ 전문계 및 기타계 고등학교의 학교별 필수과목은 필요한 경우 학교장이 정할 수 있으며, 선택과목은 학교장이 정하는 비율의 범위 내에서 학생이 선택하여 이수할 수 있도록 한다.

⑫ 전문계 고등학교에서 전문교과의 학습은 현장실습으로 대체할 수 있다. 이 경우, 현장 실습은 학교의 교육과정 내용과 직접 관련이 있어야 하며, 교사의 지도 아래 가급적 최종 학년에서 실시하도록 한다.

⑬ 외국어 계열 고등학교에서는 전공 외국어 이외의 2 개 외국어를 포함하여 전문교과서를 편성하여야 하다.

⑭ 이 교육과정에 명시되지 아니한 계열의 교육 유사계열의 교육 과정에 준한다. 부득이 새로운 계열의 설치 및 그에 따른 교육과정을 편성할 경우와 학교의 실정에 따라 새로운 과목을 설정하여 운영하고자 할 경우에는, 시 · 도의 교육과정 편성 · 운영 지침에 의거하여 사전에 필요한 절차를 거쳐야 한다.

(나) 운 영

첫째, 학교 교육과정은 모든 교원이 전문성을 발휘하여 참여하는 민주적인 절차와 과정을 거쳐 편성, 운영한다.

둘째, 학교 교육활동 전반을 통하여 인성교육이 통합적이고 체제적으로 이루어지도록 하여야한다.

셋째, 학교는 매년 수준별 교육과정 운영계획을 수립, 시행한다. 단계형 수준별 교육과정 운영에 있어서, 교과, 학년 또는 단위 학교의 상황에 따라 해당 단계 학습목표의 일정한 성취기준을 고려하여 차상급 단계의 진급을 위한 자격기준을 설정한다. 수준별 교육과정을 적용하는 교과들의 경우, 학습결손을 보충할 수 있도록 '특별 보충 과정'을 운영할 수 있다. 특별 보충 과정의 편성 및 운영에 관한 제반 사항은 학교가 자율적으로 결정한다.

넷째, 각 교과의 기초적, 기본적 요소들이 체계적으로 학습되도록 계획하고, 이를 일관성 있고 지속성 있게 지도한다. 각 교과목별 학습목표를 모든 학생이 성취하도록 지도하고. 능력에 알맞은 성취가 가능하도록 다양한 학습의 기회와 방법을 제공하며, 이를 위한 계획적인 배려와 지도를 하여 학습결손이 누적되거나 학습 의욕이 저하되지 않도록 노력한다.

다섯째, 특별활동의 각 영역이 균형 있게 운영되도록 노력하여야 하며, 각 학교별로 특색 있는 중점영역을 설정하여 육성함으로써 학교의 전통을 가꾸어 나가도록 한다.

여섯째, 학습효과를 높이기 위하여 교과용 도서 이외에 교육방송, 시청각 기자재, 각종 학습자료 등을 활용한다.

일곱째, 교과용 도서 중심의 교육에서 탈피하여 교육 정보망, 멀티미디어 등 컴퓨터를 활용한 교육이 활성화되도록 한다.

여덟째, 민주시민교육, 인성교육, 환경교육, 경제교육, 에너지교육, 근로 정신함양 교육, 보건교육, 안전교육, 성교육, 소비자교육, 진로교육, 통일교육, 한국 문화정체성 교육, 국제 이해교육, 해양교육, 정보화 및 정보윤리 교육 등 범교과 학습교육활동을 통하여 중심적으로 지도하되, 관련되는 교과와 특별활동 등 학교 교육활동 전반에 걸쳐 통합적으로 다루어지도록 하고, 지역사회 및 가정과의 연계지도에도 힘쓴다.

아홉째, 학교에서는 학생들이 좋은 글을 많이 읽을 수 있도록 독서 목록을 작성하고, 국어과를 비롯한 각 교과교육과 재량활동 및 특별활동에 활용할 수 있도록 한다.

열 번째, 심신장애학생을 위한 특수학급을 설치, 운영하는 경우, 학생의 장애 정도와 능력을 고려하여 이 교육과정을 조정, 운영하거나, 특수학교 교육과정 및 교수 · 학습 자료를 활용할 수 있다.

(다) 제7차 교육과정 편성 · 운영의 실제

시 · 도 교육청 수준에서 전문교과 이수 단위를 결정해야 한다. 이를 위해 각 계열별 수요자의 요구를 파악할 수 있는 설문조사를 실시 · 분석하고 선행연구의 결과와 비교 · 절충하여 교육과정 편제 · 이수 모형과 편성 · 운영 지침을 구상하였다. 시 · 도 교육청 수준에서 제시하여야 하는 전문교과 이수 단위를 결정하기 위한 조사결과는 아래 표와 같다.

◈ 이수단위 구성

총이수 단위 216단위
교과활동 192단위 / 특별활동 12단위 / 재량활동 12단위

〈표 4-4〉 완성형 교육과정 예시자료

계열	교과활동 192단위				재량활동 12단위	
	보통교과		전문교과		교과재량 10단위	창의적 2단위
	비율	이수단위	비율	이수단위		
농업	46~55% ⇒ 50%	96단위 (공통56+보통40)	66~55% ⇒ 50%	96단위	전문교과로 대치	
공업	35~45% ⇒ 43%	82단위 (공통56+보통26)	56%이상 ⇒ 56%	110단위		
상업	46~55% ⇒ 50%	96단위 (공통56+보통40)	66~55% ⇒ 50%	96단위		
수산 · 해운	46~55% ⇒ 50%	96단위 (공통56+보통40)	66~55% ⇒ 50%	96단위		
가사 · 실업	35~45% ⇒ 43%	82단위 (공통56+보통26)	56%이상 ⇒ 56%	110단위		

〈표 4-5〉 계속형 교육과정 예시자료

계열	교과활동 192단위				재량활동 12단위	
	보통교과		전문교과		교과재량 10단위	창의적 2단위
	비율	이수단위	비율	이수단위		
농업	56%이상 ⇒ 57%	110단위	36~45% ⇒ 43%	82단위	국민공통 (보통심화 4~6단위) 선택중심 (선택과목 4~6단위)	
공업	46%이상 ⇒ 50%	96단위	46~55% ⇒ 50%	96단위		
상업	56%이상 ⇒ 57%	110단위	36~45% ⇒ 43%	82단위		
수산 · 해운	55%이상 ⇒ 57%	110단위	36~45% ⇒ 43%	82단위		
가사 · 실업	46%이상 ⇒ 50%	96단위	46~55% ⇒ 50%	96단위		

06 교육과정의 평가와 질 관리

① 이 교육과정의 질 관리를 위하여 국가수준에서는 주기적으로 학생학력 평가, 학교와 교육기관 평가, 교육과정 편성·운영에 관한 평가를 실시한다.

첫째, 학업 성취도를 평가하기 위하여 교과별, 학년별 학생평가를 실시하고, 평가결과는 교육과정에서 적절성 확보와 그 개선에 활용한다.

둘째, 학교의 교육과정 편성·운영과 교육청의 교육과정 지원상황을 파악하기 위하여 학교와 관련 교육청에 대한 평가를 주기적으로 실시한다.

셋째, 교육과정 편성·운영과 지원체제의 적절성과 실효성을 평가하기 위한 연구를 수행한다. 이 교육과정이 적용되는 첫 해부터 다양한 절차를 거쳐 해당 학교, 학년, 학생에게 적절한지를 조사하여 평가하되, 교육과정평가 연구는 교육과정의 편제, 시간(단위)배당, 편성·운영 지침의 적절성과 그 적용 효과에 중점을 둔다.

② 국가수준에서는 학교에서 교육과정의 정신을 구현한 평가 활동이 원활히 이루어 질 수 있도록 다양한 방안을 강구해서 학교현장에 제공해 주어야 한다.

첫째, 교과별로 '절대 평가 기준'을 개발, 보급하여 학교가 교과 교육 과정의 목표에 부합되는 평가를 실시할 수 있도록 한다.

둘째, 국가수준의 평가문항 은행을 구축하여 에듀넷 등 컴퓨터 통신망을 통해 학교가 평가에 이용할 수 있도록 한다.

셋째, 교과별 평가활동에 활용할 수 있는 다양한 평가방법, 절차, 도구 등을 개발하여 학교에 제공한다.

③ 학교에서 실시하는 평가활동은 다음과 같은 사항을 고려해서 이루어져야 한다.

첫째, 평가는 모든 학생들이 교육목표를 성공적으로 달성하기 위한 교육의 과정으로 실시한다.

둘째, 학교는 다양한 평가 도구와 방법으로 성취도를 평가하여 학생의 목표도달도를 확인하고, 수업의 질 개선을 위한 자료로 활용한다.

셋째, 교과의 평가는 선다형 일변도의 지필검사를 지양하고, 서술형 주관식 평가와 표현 및 태도의 관찰평가가 조화롭게 이루어지도록 한다.

넷째, 실험·실습의 평가는 교과목의 성격을 고려하여 합리적인 세부 평가기준을 마련하여 실시한다.

다섯째, 정의적, 기능적, 창의적인 면이 특히 중시되는 교과의 평가는 타당한 평정기준과 척도에 의거하여 실시한다.

여섯째, 학교와 교사는 학교에서 가르친 내용과 기능을 평가하도록 유의한다. 학생이 학교에서 배울 기회를 마련해 주지 않고, 학교 밖의 교육수단을 통해서 익힐 수밖에 없는 내용과 기능은 평가하지 않도록 유의한다.

일곱째, 초등학교의 교과활동 평가는 학생의 활동상황과 특징, 진보의 정도 등을 파악하여, 그 결과를 서술적으로 기록하는 것을 원칙으로 한다.

여덟째, 재량활동에 대한 평가는 교과 재량활동과 창의적 재량활동의 특성과 학생의 특성을 감안하여 평가의 주안점을 학교에서 작성, 활용한다. 다만, 창의적 재량활동의 평가는 그 결과를 문장으로 기록하도록 한다.

07 특수한 학교에서의 교육과정의 편성과 교육

1) 특성화 고등학교의 교육과정

실업학교가 점차 학생들의 인기를 잃어감에 따라 위기상황이라고 말할 정도로 심각한 때. 실업학교가 살아남을 수 있는 하나의 방안이 특성화 고등학교로의 전환이라고 할 수 있다. 특성화 고등학교로의 전환을 하고자 하는 학교는 교육과정 운영면에서 7차 교육과정과 연계하여 부족한 듯하며 실업학교가 인문고와의 통합문제가 현실로 다가오는 이때, 제도적 장치로 전문계 자구책이 마련되어 전문계가 비교우위에 서기 위한 대안이 요구된다.

2) 특수학교의 교육과정의 편성

첫째, 초·중·고등학교에 준하는 학교의 교육과정은 이 교육과정에 따라서 편성한다.

둘째, 교육부 직할 학교의 교육과정은 해당 시·도 교육청의 편성·운영 지침을 참고하여 학교장이 편성한다.

셋째, 공민학교, 고등공민학교, 기술학교, 근로 청소년을 위한 특별학급 및 산업체 부설학교, 기타 특수한 학교는 이 교육과정을 바탕으로 학교의 실정과 학생의 특성에 알맞은 학교 교육과정을 편성하고, 시·도 교육감의 승인을 얻어 운영한다.

넷째, 야간수업을 하는 학교의 교육과정은 이 교육과정을 따르되, 다만 단위 수업시간을 40분으로 단축하여 운영할 수 있다.

다섯째 방송 통신 고등학교는 이 교육과정에 제시된 고등학교 선택

중심 교육과정을 따르되, 시・도 교육감의 승인을 얻어 이 교육과정의 편제와 단위 배당기준을 조정하여 운영할 수 있다.

여섯째, 교육과정의 연구를 위해 새로운 방식으로 교육과정을 편성, 운영하고자 하는 학교는, 교육부장관의 승인을 받아 이 교육과정의 기준과는 다르게 학교 교육과정을 편성, 운영할 수 있다.

제2절 상업교과의 편성과 운영

01 상업교과의 성격

상업계열 고등학교는 상업 및 경영의 각 분야에 종사할 인재를 양성하는 직업 준비 교육기관이다.

상업교과는 직업인으로서 갖추어야 할 기초소양을 함양하고, 상업 및 경영의 각 분야에 대한 기초 지식과 기술을 습득하여 능력 있는 평생 직업인으로서의 태도를 갖출 수 있도록 교과내용을 구성한다.

상업교과의 내용은 교육과정 이수 후 산업현장에 근무하면서 고등 직업교육을 이수하거나 또는 대학에 진학하여 보다 심화된 전공 교육을 받을 수 있도록 연계성을 가지고 교육내용을 차별화하여 단계적 성취도가 이루어지도록 교과내용이 구성된다.

상업교육의 환경은 상업계열 고등학교의 성격변화, 정보화 사회에서의 인력수요 증가 및 학생들의 진학률 증가 등으로 변하고 있으므로 변화에 적극적으로 대응하고 미래사회에 대비하기 위하여 전문 교과목을 과목 군별로 나누어 학과별 교과목의 전문성을 반영한다. 한편, 전문

교과목의 기초이론 교과, 실무 기본교과, 실무심화 교과의 3 영역으로 나누어 단계적 성취도와 전문 교과목 간 연계성을 가지도록 구성한다.

기초이론 교과는 실무교과 이수에 필요한 기초적인 원리를 중심으로 배우는 교과이며, 실무기본 교과는 각론적인 성격의 실무기초를 배우는 교과로서 실무심화 교과의 사전단계에 속하는 것이며, 기초이론과 실습을 함께 학습하는 교과이다. 실무심화 교과는 전공 영역 실습을 중심으로 구성된 교과로서, 실무기본 교과보다 심화된 내용으로 산업현장에서 필요로 하는 실무를 중심으로 구성한 교과이다.

따라서, 상업교과의 성격은 상업 및 경영의 각 분야에 관한 전문 교과 교육을 균형 있게 실시함으로써 세계화, 정보화 시대에 대처할 유능한 인재를 양성하는 데 중점을 둔다.

02 상업교과의 목표

상업 및 경영에 관한 기초 지식과 기술을 습득하여 자신에게 맞는 진로를 선택할 수 있고, 급변하는 정보화 사회에서 창의적으로 적응하여 자아를 실현하며, 나아가 국민경제발전에 기여하려는 적극적인 태도를 가진다.

첫째, 정보화 사회에 대한 폭넓은 이해와 소양을 지닌다.

둘째, 상업 및 경영의 각 분야에서 장래 우수한 직업인으로서 활동하는 데 필요한 기초 지식과 태도를 가진다.

셋째, 상업 및 경영의 각 분야에서 다른 국가의 기업과의 교류를 통하여 국제협력을 도모하고, 국가 경제 사회 발전에 공헌하는 책임 의식과 태도를 가진다.

03 상업교과목 일람

【상업 경제】

성 격	상업교과 중 상업계열 공통 필수과목으로서, 학생들이 상업 및 경영·경제 활동을 합리적으로 영위하는 데 기본이 되는 원리를 습득하는 데 있어서 모든 전문 교과목 중 기초이론 교과에 속하는 과목이다.
목 표	상업 경제에 관한 기본적인 지식과 원리를 이해하여, 정보화 사회에서 상업과 경제활동을 효율적으로 수행할 수 있는 능력과 태도를 기른다.
내 용	① 경제활동과 상업 ② 유통경제 ③ 금융 ④ 정보통신 ⑤ 국제경영과 국제경제
교수·학습 방법 및 평가 상의 유의점	① 이 과목은 전문 교과목 중에서 상업계열 공통 필수과목이므로, 시청각교재의 활용과 사례에 대한 조사, 보고 및 토론 등의 교수·학습 활동이 이루어지도록 한다. ② '금융' 영역과 '정보통신' 영역에서는 과제를 통한 현장학습을 유도하여 경제활동에 관한 체험을 하도록 유의하여 지도한다. ③ '국제경영과 국제경제' 영역에서는 기업의 국제경영활동과 정부의 국제경제활동을 중심으로 다루도록 하며, 통계자료와 기업의 경영사례 등을 교수·학습에 활용함으로써 흥미와 동기를 유발할 수 있도록 유의하여 지도한다. ④ 현장학습에 관한 관찰과 조사, 분석 등의 평가는 그 결과뿐만 아니라, 과정에 대한 평가도 병행되도록 한다.

【 회계원리 】

성 격	상업계열 공통 필수과목으로서, 회계 전반에 관한 기본적 원리를 이해하여 회계 실무자로서의 기초능력을 배양할 수 있도록 구성된 기초이론 교과에 속하며, 회계 정보과에서는 '기업회계', '원가 회계', '세무회계', '회계실무' 과목의 선수과목으로 활용된다.
목 표	회계의 순환과정을 통하여 회계 기본원리를 이해하고, 기업의 재무상태 및 경영성과에 관련된 회계처리 능력을 습득하며, 회계정보 산출을 위한 결산절차와 재무제표의 작성능력을 기른다.
내 용	① 회계의 기초 ② 자산 · 부채 · 자본의 회계처리 ③ 수익과 비용의 회계처리 ④ 결산과 재무제표 ⑤ 전표회계와 회계자료의 전산처리
교수 · 학습 방법 및 평가 상의 유의점	① 상업계열 공통 필수과목으로서의 중요성과 회계의 실무 기본 교과서의 연계성을 고려하고, 회계의 기초이론을 명확하게 이해할 수 있도록 지도한다. ② 회계이론은 보편적으로 적용되고 있는 방법을 중심으로 설명하고, 회계 순환과정은 간단한 사례와 기장실습을 통하여 기본원리에 대한 이해를 증진시킨다. ③ 회계자료 흐름을 이해하게 하여 회계의 전산처리 과정을 학습하는 데 활용하도록 지도한다. ④ 기업경영과 관련한 회계 흐름을 이해하고, 기초적 회계처리 능력을 배양하는 데 평가의 초점을 둔다. ⑤ 회계의 이해 정도와 성취도는 객관적 방법으로 평가하고, 결산 및 재무제표의 작성능력은 주관식 평가방법을 병행한다.

【 컴퓨터 일반 】

성 격	전문 교과목 중 '상업경제', '회계원리' 과목과 더불어 상업계열 공통 필수과목이며, 정보처리과에서는 '자료처리', '프로그래밍 실무', '전자 계산실무' 과목의 선수과목으로서, 정보화 사회가 요구하는 직업인으로서 갖추어야 할 컴퓨터에 대한 기초적인 지식과 기능을 습득할 수 있도록 구성된 기초 이론교과에 속한다.
목 표	컴퓨터에 관한 기초적인 개념과 원리를 이해하고, 컴퓨터를 활용할 수 있는 지식과 기능을 습득하여 정보화 사회에 능동적으로 대처할 수 있는 능력과 태도를 기른다.
내 용	① 현대사회와 컴퓨터 ② 컴퓨터 시스템 ③ 컴퓨터의 원리 ④ 컴퓨터의 활용 ⑤ 프로그래밍 ⑥ 컴퓨터의 이용 기술
교수 · 학습 방법 및 평가 상의 유의점	① 내용은 이수단위, 학업성취 수준, 지역사회의 여건, 학교의 실정과 실습환경 등을 고려하여 각 단원의 비중과 수준을 달리 할 수 있다. ② 컴퓨터와 정보통신의 중요성을 이해하여 정보화 사회에 대처할 수 있는 능력과 태도를 가지는 데 중점을 두고 지도하여 컴퓨터 교육에 대한 동기를 유발한다. ③ '컴퓨터의 활동' 영역에서는 사회에서 폭넓게 활용되고 실습환경에 적합한 운영체제와 각종 응용 소프트웨어 패키지를 실습 위주로 학습할 수 있도록 지도한다. ④ '컴퓨터의 활용' 영역에서 정보처리과 이외의 학습과에서는 문서 작성용 소프트웨어의 활용에 중점을 두고 지도하고, 정보처리과에서는 '자료처리' 과목에서 심화된 활용방법을 학습하므로 이 과목에서는 기초적인 활용방법 위주로 지도한다. ⑤ '프로그래밍' 영역에서는 언어의 사용법보다는 문제해결을 위한 논리적인 사고력 신장에 중점을 두고 지도하고, 프로그램 작성능력의 배양에 치중하지 않도록 한다. ⑥ 평가는 과목내용 전반에 걸쳐 지식에 대한 이해정도, 기능의 숙련정도, 정보화 사회에 적응하려는 태도 등에 중점을 두며, 이에 대한 평가기준과 평가방법을 미리 제시한다.

【 경영대요 】

성 격	기초이론 교과에 속하는 과목으로서, 학생들이 기업경영에 필요한 경영실무 능력과 자질을 기를 수 있도록 기초지식을 습득하는 성격을 가진다. 또한 경영정보과는 물론 다른 학과 학생들이 경영과 관련된 실무를 익히고, 필요한 기본지식을 얻기 위하여 활용되는 과목이다.
목 표	경영에 관한 기초 지식과 원리를 이해하여 경영활동을 효과적으로 수행할 수 있는 능력과 태도를 기른다.
내 용	① 기업과 경영환경 ② 경영관리 ③ 기업의 부문별 활동 ④ 경영의 현대화
교수 · 학습 방법 및 평가 상의 유의점	① 경영활동의 모든 영역에 걸쳐 이수하도록 지도하며, 학생들의 학업성취 수준 및 요구, 학교의 실정, 지역사회의 여건 등을 고려하여 지도한다. ② 모든 영역에 있어서 시청각교재를 활용하여 학생들로 하여금 조사, 보고, 토의 등의 학습활동이 이루어지도록 지도한다. ③ 기업경영의 사례를 VTR, CD-ROM, 통계자료 등의 학습자료를 통하여 학습하도록 지도한다. ④ '경영의 현대화' 영역은 '상업경제'과목의 '국제경영과 국제경제'영역과 내용이 중복되지 않도록 교과내용을 구성하며, 특히 '기업의 국제화' 영역에서는 '국제경영' 과목과 내용이 중복되지 않도록 기업의 경영활동에 초점을 맞추어 기초지식과 원리를 이해하도록 지도한다. ⑤ 조사활동의 학습평가에서는 준비, 학습태도, 보고서 등이 평가에 활용되도록 유의한다.

【상업 법규】

성 격	기초이론 교과에 속하는 과목으로서, 학생들이 상업 및 경영・경제 활동에 필요한 기본적 법규에 관한 지식과 법의 정신을 이해하는 과목의 성격을 가진다. 또한, 이 과목은 상업계열 학과에서 상거래에 관련된 법률구조에 대한 기초원리를 습득하여 실무 종사자로서의 기본적 소양을 기르도록 하는 데 필요한 과목이다.
목 표	상업 및 경영・경제 활동에 관련된 법규에 관한 기본적인 지식과 법의 정신을 이해하여 상거래의 안전과 경제 질서 유지에 필요한 능력과 태도를 기른다.
내 용	① 경제생활과 법 ② 권리와 의무 ③ 물권 ④ 채권 ⑤ 영업 활동에 관한 법규 ⑥ 회사 ⑦ 유가증권 ⑧ 기업분쟁과 해결
교수・학습 방법 및 평가 상의 유의점	① 이 과목의 범위는 '상업경제' 과목과 연계된 법규를 중심으로 구성되어 있으므로 상법의 법규 해설과 이해보다는 법의 정신을 주지시켜 이를 준수하는 것을 지도한다. ② 영업활동과 관련된 법규 중 '회사', '유가증권' 영역은 상사 영업활동뿐만 아니라 일상의 생활에도 비중을 두어 지도한다. ③ 교수・학습 활동은 구체적인 사례와 법의 예규를 중심으로 학습상의 흥미를 유발시키고, 상사 경영활동 중에 발생되는 분쟁 등의 여러 문제를 논리적 분석을 통하여 문제해결 능력을 기르도록 지도한다. ④ '상업법규' 과목의 특성에 따라 교수・학습 목표의 성취도 특정과 문제해결 능력을 기를 수 있는 평가가 이루어지도록 한다. ⑤ 지적인 영역의 평가는 법규의 이해력보다는 관련법의 실천에 비중을 두고, 인지적 영역의 평가내용은 법규와 연계된 사례를 중심으로 제작하여 평가결과가 학습의 전이로 나타날 수 있도록 한다.

【 경영실무 】

성 격	실무 심화교과에 속하는 과목으로서, 학생들이 저학년에서 이수한 기초이론 교과와 실무기본 교과의 과목을 토대로 하여 산업현장에서 필요한 실무능력을 향상시키는 실무 통합교과적 성격을 지닌다.
목 표	경영활동에 관한 기초지식과 실무기능을 습득하여, 산업현장에서의 경영실무를 정확하고 신속하게 처리할 수 있는 능력과 태도를 기른다.
내 용	① 경영 실무의 학습 ② 총무 업무 ③ 경리 업무 ④ 세무 업무 ⑤ 매매 업무 ⑥ 금융 업무 ⑦ 무역 업무 ⑧ 직장 예절
교수・학습 방법 및 평가 상의 유의점	① 체험적인 학습이 강조되며, 단순한 지식과 기술의 습득보다는 이를 실천적으로 활용하는 데 중점을 둔다. ② 지역사회의 산업체 방문 조사 등의 현장견학을 통하여 흥미 있는 학습이 이루어지도록 한다. ③ '무역업무' 영역에서는 '국제상무' 과목의 내용과 중복되지 않도록 차별화하여 지도하고, '직장예절' 영역에서도 '비서실무' 과목의 내용과 중복되지 않도록 지도하며, '비서실무' 과목을 선택과목으로 이수시키지 않는 경우에는 '직장예절' 영역을 '비서실무' 과목의 영역과 연계시켜 심화학습하도록 지도한다. ④ 각 영역에서는 사례를 충분하게 제시한 후 토론에 의한 문제 해결 방안을 모색하며, 의사결정에 있어서 협동과 책임의 중요성을 이해하도록 지도한다. ⑤ 실습은 사전에 충분한 계획을 세워서 실시하고, 평가는 실습에 대한 과제와 기본지식의 이해, 실무 능력과 태도 등을 종합적으로 한다.

【 기업회계 】

성 격	'회계원리' 과목을 이수한 다음, 다른 회계과목군의 교과목 학습에 앞서 회계 실무자가 갖추어야 할 응용이론과 그 적용 능력에 대한 심화학습이 이루어지도록 구성된 실무 기본교과로서, '원가회계' 과목과 병행하여 학습이 이루어지도록 한다.
목 표	기업회계기준을 중심으로 재무회계의 기초이론을 이해하여, 회계 실무처리 능력을 높이고, 재무제표를 작성, 분석하고, 이를 활용할 수 있는 지식과 기능을 습득한다.
내 용	① 기업회계의 기초 ② 기업의 재무상태 ③ 기업의 경영성과 ④ 재무제표 ⑤ 본 · 지점 합병 재무제표와 연결 재무제표
교수 · 학습 방법 및 평가 상의 유의점	① '회계원리' 과목의 기초 이론을 배경으로 회계실무에 맞도록 체계화하고, '원가회계' 및 '세무회계' 과목과 연계되도록 지도한다. ② 기업회계기준에 초점을 두고, 이의 개정 등 변동사항을 신속하게 반영하여 지도한다. ③ 대차대조표와 손익계산서의 작성 능력뿐만 아니라, 이의 분석과 활용 능력도 함께 강조하여 지도한다. ④ 영역별로 평가계획을 학습 전에 설명하고, 재무회계에 관한 기초이론의 이해와 그 적용 능력을 중점적으로 평가한다. ⑤ 재무회계의 이론은 객관식 평가방법을 이용하고, 재무제표작성 능력의 평가는 과제를 부과하거나 또는 주관식 평가방법을 병행한다.

【 원가회계 】

성 격	'회계원리'와 '기업회계' 과목을 이수한 후, 또는 '기업회계' 과목과 같이 이수하여 제조기업의 회계실무자로서 지녀야 할 기초 이론과 실무능력을 배양할 수 있도록 구성된 과목으로서, 실무 기본 교과에 속한다.
목 표	제조기업에 대한 회계의 특성을 이해하여 원가계산의 기본적인 이론과 실무를 습득하고, 제조기업의 재무제표작성, 원가정보의 이용기법, 그리고 원가정보의 전산처리방법 등을 익힌다.
내 용	① 원가회계의 기초 ② 원가계산 ③ 개별 원가계산 ④ 종합 원가계산 ⑤ 제조기업의 재무제표 ⑥ 원가정보의 이용과 전산화
교수・학습 방법 및 평가 상의 유의점	① 제조기업과 상기업과의 회계상 연계성과 차이점을 이해하고, 예제를 통하여 원가의 개념과 원가의 흐름에 관한 이해와 계산 능력이 향상되도록 지도한다. ② 원가정보가 제조기업의 재무제표 작성에 어떻게 반영되는가를 이해하도록 지도한다. ③ 원가정보의 이용방법을 습득하도록 하고, 원가정보의 전산화는 컴퓨터 프로그램을 활용하여 지도한다. ④ 평가에서는 원가의 개념을 명확하게 이해하는 정도와 계산 능력에 중점을 둔다.

【 세무회계 】

성 격	기업의 경영활동 과정이나 결과에 대하여 조세법규에 근거한 세무회계를 이해하고, 실제 세액을 계산할 수 있는 능력을 기르도록 구성된 실무 기본교과에 속한다. 이 과목은 세법규정에 따라 재무제표를 조정하고 각종 세금계산에 필요한 실무를 익히는 과목이다.
목 표	세금계산에 필요한 세법이나 세무회계에 관한 기초 지식과 실무를 습득하여 거래를 정확히 기록하고, 세금을 바르게 산정하여 신고할 수 있는 능력과 태도를 기른다.
내 용	① 세무회계의 기초 ② 소득세 ③ 법인세 ④ 부가가치세 ⑤ 기타의 조세 ⑥ 세무회계 정보의 이용과 전산화
교수·학습 방법 및 평가 상의 유의점	① 세무회계의 모든 영역을 이수시키되, 기업회계의 이수관계, 학생의 능력, 흥미, 진로 및 지역사회의 특성을 고려하여 지도의 비중을 달리할 수 있다. ② 세금의 산정과정을 도식화하여 학습효과를 극대화하도록 지도한다. ③ 각 세목을 이수할 때마다 컴퓨터를 활용하여 실습하도록 지도한다. ④ 평가는 세법상의 용어를 명확히 이해하는 정도와 법규의 적용 능력에 중점을 둔다. ⑤ 과세표준과 세액계산의 평가에는 컴퓨터를 활용한다.

【 회계실무 】

성 격	회계 과목군의 과목을 이수한 후 최종 학년에서 총정리 할 수 있도록 구성된 실무 심화교과에 속한다. 이 과목은 회계정보과에서 회계실무자로서 실무를 좀 더 체험적으로 학습할 수 있도록 회계 과목군의 교과목 전체 내용을 심화시켜 간략하게 구성함으로써 실무능력을 향상시키는 데 활용된다.
목 표	회계원리, 기업회계, 원가회계 및 세무회계에 관한 기본적 원리를 응용하여 회계실무 전반에 관한 능력과 태도를 기른다.
내 용	① 회계의 기초 실무 ② 장부와 전표의 실무 ③ 재무제표작성 실무 ④ 본·지점 합병 재무제표 및 연결 재무제표 실무 ⑤ 원가회계 실무 ⑥ 세무회계 실무 ⑦ 회계의 정보 이용과 전산화 실무 ⑧ 회계감사
교수·학습 방법 및 평가 상의 유의점	① 회계과목 군에 속하는 과목을 종합하여 최종적으로 정리함으로써 실무에 적용할 수 있는 응용능력을 배양하는 데 중점을 두어 지도한다. ② 기업회계기준에 초점을 두고, 실무능력을 향상시키도록 구체적인 사례를 중심으로 지도한다. ③ 정보화 사회에 부응하여 컴퓨터를 활용할 수 있도록 지도한다. ④ 평가는 회계실무 담당자로서 회계 과목군에 속하는 과목 전반에 대한 내용들을 통합적으로 이해하여 적용할 수 있는 능력을 측정하는 데 중점을 둔다. ⑤ 영역별 사례의 실습 과제에 대한 컴퓨터 활용 능력을 평가한다.

【 국제경영 】

성 격	21세기의 국제경영 환경을 이해하고, 환경변화에 따라 기업이 어떻게 대응할 것인가에 대한 기초적인 내용으로 구성된 과목으로서 기초이론 교과에 속한다. 통상 정보과에서는 실무 기본교과와 실무 심화교과를 학습하는 데 기초가 되는 과목이며, 경영정보과, 유통경영과 등에서는 기업의 국제환경을 이해함으로써 다른 과목의 내용을 학습하는 데 도움을 주는 과목으로 활용된다.
목 표	국제경영에 관한 기초지식을 습득하고, 변화하는 기업의 국제환경의 흐름을 올바르게 이해하여 세계시장에서의 경영활동을 적절하게 수행하는 데 필요한 능력과 태도를 기른다.
내 용	① 국제경영의 뜻과 특징 ② 국제경영의 환경 ③ 국제경영의 전략 ④ 해외투자와 다국적기업 ⑤ 외국환 관리
교수ㆍ학습 방법 및 평가 상의 유의점	① 학습효과를 높일 수 있도록 국제경영의 구체적인 사례를 제시하여 지도한다. ② 국제경영의 모든 영역을 이수시키되, 학생의 학업성취 수준 및 요구, 학교의 실정, 지역사회의 여건 등을 고려하여 지도의 비중을 달리할 수 있다. ③ 국제경영의 사례를 교사가 제시하고 학생들이 이를 토의, 학습할 수 있도록 지도한다. ④ 목표 및 내용상의 특성을 감안하여 평가하되, 단순하고 지엽적인 내용의 평가보다는 기초 이론 또는 원리의 이해와 이를 응용하는 데 중점을 두어 평가한다.

【 자료처리 】

성 격	상업계열 공통 필수과목이 '컴퓨터 일반'의 후수과목으로, '프로그래밍 실무' 과목과 더불어 정보처리과의 실무 기본교과에 속한다. 이 과목은 실무 심화교과인 '전자계산 실무' 과목의 선수과목으로서, 자료처리에 관한 기초이론 습득과 각종 소프트웨어 패키지의 활용을 통한 자료처리 실무를 익힐 수 있도록 구성된 과목이다.
목 표	자료처리를 통한 정보획득과 이용의 중요성을 이해하여, 자료처리용 소프트웨어 패키지의 활용방법을 습득하고, 효율적인 자료처리를 통하여 유용한 정보를 활용할 수 있는 능력과 태도를 기른다.
내 용	① 자료처리의 개요 ② 데이터베이스 패키지 ③ 스프레드시트 ④ 통계 패키지 ⑤ 컴퓨터 통신
교수 · 학습 방법 및 평가 상의 유의점	① 실습을 통하여 자료처리 실무를 익힐 수 있도록 각종 소프트웨어를 갖추어 이론 보다는 직접 활용하는 실무학습이 되도록 지도한다. ② 내용은 지역 및 학교의 실정과 실습환경 또는 학업성취 수준을 고려하여 각 단원의 비중이나 수준을 달리할 수 있다. ③ '자료처리의 개요' 영역에서는 자료처리의 목적과 방법을 이해하고, 적기에 적정한 정보를 얻기 위해서는 각종 자료처리용 소프트웨어의 활용이 효과적인 것을 인식하여 후속 단원의 학습동기 유발에 중점을 두어 지도한다. ④ 데이터베이스 패키지, 스프레드시트, 통계 패키지는 학교 실습환경에 적합한 것을 선택하여 실습중심의 학습이 이루어질 수 있다. ⑤ '컴퓨터 통신' 영역에서는 정보통신시대에 적극적으로 대응할 수 있는 능력과 태도를 기르는 데 역점을 두고, 통신망을 이용하여 전자우편 및 인터넷 등과 친숙해질 수 있도록 활용방법을 익히는 데 중점을 두어 지도한다. ⑥ 정기적인 지필평가의 비중을 최소화하고, 실습중심의 학습 진행 과정에서 실습과정을 지속적으로 관찰하여 평가한다.

【 전자계산 실무 】

성 격	상업계열 공통 필수과목인 '컴퓨터 일반'과목과 실무 기본교과에 속하는 '자료처리', '프로그래밍 실무' 과목을 이수한 후에 최종적으로 이수하는 정보처리과의 실무 심화교과이다. 이 과목은 산업현장에서 요구하는 유능한 정보처리 능력을 길러 이를 실무에 적용할 수 있도록 소프트웨어의 개발능력에 중점을 두어 구성된 과목이다.
목 표	소프트웨어의 중요성을 인식하고, 소프트웨어 개발에 관한 지식과 기능을 습득하여, 기업의 경영활동에서 요구되는 업무를 전산화할 수 있는 능력을 길러, 정보화 사회의 정보처리 업무에 기여할 수 있는 자질과 태도를 기른다.
내 용	① 소프트웨어의 개요 ② 데이터 구조와 파일의 편성 ③ 소프트웨어의 개발 과정 ④ 판매 관리의 전산화 ⑤ 멀티미디어 자료 제작 ⑥ 컴퓨터 보안과 윤리
교수・학습 방법 및 평가 상의 유의점	① 학교 및 지역사회의 실정에 따라 판매, 회계, 인사관리 업무 등의 업무 선택이나 비중 및 학습순서와 수준을 다르게 지도할 수 있다. ② 실습환경 및 개발업무에 따라 각기 다른 프로그램 언어를 선택하여 개발에 적용할 수 있으나, '프로그래밍 실무'과목에서 학습한 프로그램 언어를 의주로 시스템을 구현하도록 지도한다. ③ '소프트웨어의 개발과정' 영역에서는 후속단위에서 각종 전산화 시스템 개발에 직접 활용할 수 있는 능력을 기르도록 지도한다. ④ '판매관리의 전산화' 영역에서는 학업성취 수준을 고려하여 너무 광범위하고 복잡한 문제영역을 설정하지 않도록 하고, 실제 컴퓨터를 활용하여 프로그램을 완성하도록 지도한다. ⑤ '멀티미디어 자료 제작' 영역에서는 멀티미디어의 종류 및 활용과 효과를 이해하고, 각종 도구와 활용방법을 익혀 간단한 시스템을 만들 수 있는 능력을 기르는데 중점을 두어 지도한다. ⑥ 개별적 평가 외에 집단적 평가방법을 적용하여 과제의 공동개발에 따르는 협동심, 책임감 등을 평가한다. 아울러 이 과목이 실무 심화교과인 점을 고려하여 소프트웨어 개발능력 수준과 창의력 평가에 주안점을 두고, 지필평가보다는 실습활동 과정과 실습 결과의 평과에 비중을 크게 둔다.

【 프로그래밍 실무 】

성 격	상업계열 공통 필수과목인 '컴퓨터 일반' 과목을 이수한 학생을 대상으로 학습하는 실무기본 교과이다. 이 과목은 실무 심화교과에 속하는 '전자계산 실무' 과목의 선수과목으로서, 프로그램 언어 및 프로그래밍 기법을 익혀 컴퓨터를 활용할 수 있는 능력을 기르는 데 역점을 두었다.
목 표	프로그래밍에 대한 기초지식을 습득하고, 프로그램 언어의 개념과 활용방법 및 프로그래밍 기법을 익혀, 정보화 사회에서 필요로 하는 여러 가지 문제해결과 자료처리를 위한 프로그램을 작성할 수 있는 능력과 태도를 기른다.
내 용	① 프로그래밍의 개요 ② 프로그래밍의 기법 ③ X 언어의 개요 ④ 프로그래밍의 실제 ⑤ 파일 처리 프로그램
교수·학습 방법 및 평가 상의 유의점	① 특정의 프로그램 언어를 지정하지 않았으므로 학교의 실습 환경, 학생의 수준의 및 시대의 조류와 언어의 활용도 등을 고려하여 적절한 언어를 선택하여 지도한다. ② 지역사회의 환경이나 학생들의 학업성취 수준에 따라 각 단원별 시간배정 및 실습의 비중을 달리하여 지도한다. ③ 프로그램 언어를 학습한 다음 프로그램 작성실무 중심으로 프로그래밍 기법과 이에 관련된 명령문들의 학습이 병행하여 이루어지도록 지도한다. ④ 프로그램 언어의 문법은 프로그래밍 실습과정을 통한 실제 활용을 통해서 익힐 수 있도록 충분한 실습을 하도록 한다. ⑤ 프로그램을 작성할 때에는 구조적 프로그래밍 기법을 활용하도록 하고 적극적인 자세로 실습에 임하도록 지도한다. ⑥ 평가는 과목의 특성상 정기적인 평가보다는 학습의 진행 과정에서 그 성취도를 평가하는 것이 바람직하다.

【 그래픽 디자인 】

성 격	후수 과목인 '시각디자인 실무' 과목에 적응하기 위한 중간과정의 역할과 시각디자인의 기본적인 과정을 이해하고, 이를 실무적으로 처리할 수 있도록 실습내용이 통합되어 구성된 과목이다.
목 표	그래픽 디자인 분야에 대한 기초지식을 습득하고, 이를 토대로 다양한 실습을 경험함으로써 실무에 관한 기초지식은 물론, 그래픽 디자인에 관한 기본적인 실무 능력과 태도를 기른다.
내 용	① 평면 조형 ② 입체 조형 ③ 관찰과 표현 ④ 일러스트레이션 ⑤ 타이포그래피 ⑥ 디자인과 전달 ⑦ 그래픽 디자인의 실제
교수 · 학습 방법 및 평가 상의 유의점	① 기초 디자인에 관한 기본적인 개념과 원리를 이해하도록 하고, 시각 디자이너로서 갖추어야 할 기본적인 실기능력을 기르도록 지도한다. ② 시각자료를 충분히 활용하여, 관찰과 표현 또는 정보전달에 대한 기본개념을 충분히 이해할 수 있도록 지도한다. ③ 학습내용에 따라 강의, 문답, 토의, 조사, 실습, 시범 등 다양한 교수·학습 방법을 활용하여 학습의 효과를 높인다. ④ 단편적인 기법수준보다는 내용에 따른 표현방법의 적절한 선택 및 전달의 효과, 미적 가치 등에 중점을 두어 평가한다. ⑤ 제작한 작품의 제작의도를 발표하고, 서로의 작품을 비평하는 시간을 가지도록 하여, 디자인의 객관성에 대한 이해도를 평가한다.

【 컴퓨터 그래픽 】

성 격	21세기 정보화 사회에 필요한 디지털 디자인이라는 새로운 영역의 디자인을 배우는 실무 기본교과에 속하는 과목으로서, 정보화 사회의 디자이너가 갖추어야 할 기본적인 컴퓨터 그래픽 실무를 익힐 수 있도록 구성된 과목이다.
목 표	컴퓨터가 그래픽 분야에 대한 기초지식을 습득하고, 이를 토대로 다양한 실습을 경험함으로써 컴퓨터 그래픽에 관한 기본적인 실무 능력과 태도를 기른다.
내 용	① 컴퓨터 그래픽의 이해 ② 컴퓨터 그래픽 하드웨어와 소프트웨어 ③ 컴퓨터 그래픽과 시각 언어 ④ 컴퓨터 그래픽 디자인의 실제
교수 · 학습 방법 및 평가 상의 유의점	① 뉴미디어를 활용한 네트워크 교육을 활성화하여 대화형(interactive) 시각전달 체계를 이해하도록 지도한다. ② 수작업 디자인과 컴퓨터를 이용한 디자인의 장단점과 차이점을 비교할 수 있도록 지도한다. ③ 개별 지도방법을 활용하여 개개인의 학습효과를 높인다. ④ 평가는 단편적인 기법수준보다는 내용에 따른 표현방법의 적절한 선택 및 전달의 효과, 미적 가치 등에 중점을 둔다. ⑤ 실습결과의 기능적인 평가는 실습과정의 이해도, 창의성 및 기술적인 완성도에 중심을 둔다.

【 마케팅 】

성 격	마케팅 전반에 관한 기초지식을 습득하여 효율적인 소비활동을 할 수 있도록 구성된 과목으로 기초이론 교과에 속한다. 이 과목은 직업인으로서 마케팅과 관련된 업무를 담당하는 데 필요한 지식을 얻는 데 활용되는 교양적 과목의 성격도 지닌다.
목 표	마케팅 전반에 관한 기본적인 지식과 기능을 습득하여, 마케팅 활동을 수행하는 데 적합한 능력과 태도를 기른다.
내 용	① 현대 마케팅과 소비자 ② 마케팅 기회의 발견과 분석 ③ 소비자 행동의 이해 ④ 제품 계획 ⑤ 가격 ⑥ 유통 경로 ⑦ 촉진 ⑧ 국제 마케팅 ⑨ 특수 마케팅
교수·학습 방법 및 평가 상의 유의점	① '마케팅' 과목은 '경영대요' 과목과 연계하여 기업경영에 대한 이해를 전체로 하여 지도한다. ② 마케팅 믹스의 구성요소인 제품계획, 가격, 유통경로, 촉진은 통합적인 시각에서 접근하여야 하고, 학습자 자신이 자주 접하는 제품이나 서비스와 관련지어 생각할 수 있도록 지도한다. ③ 마케팅의 대상이 되는 제품이나 서비스는 일상생활에서 많이 접하고 있으므로 학습내용에 따라 토론, 발표, 사례 연구 등 다양한 교수·학습 방법을 활용한다. ④ 촉진활동과 관련하여 새로이 등장하는 광고매체와 광고기법에 대해 사례를 구체적으로 제시해 줌으로써 광고환경에 대해 적응할 수 있는 능력을 기르도록 지도한다. ⑤ 지식영역의 평가에서는 자료의 수집, 활용기능, 분석기능, 제작기능의 숙달정도, 참여정도를 평가하는 데 역점을 둔다.

【 유통관리 일반 】

성 격	유통산업에 관한 일반적인 기본지식과 소양을 습득시켜 국민경제 발전에 기여하고, 합리적인 유통관리 능력을 기르도록 지도하는 과목으로, 유통 경영과의 기초이론 교과에 속한다. 이 과목은 상업 계열 전문교과와 병행하여 이수할 때, 유통과 관련된 업무에 종사할 전문직업인으로서 소양을 갖추는데 필요한 교양적 과목의 성격도 가진다.
목 표	유통관리 분야에 관한 기본적인 지식과 현장실무 및 서비스 기능을 습득하여 유통관리 분야에 적합한 능력과 태도를 기른다.
내 용	① 유통의 역할과 유통 산업 ② 유통활동과 유통경로 ③ 유통활동과 보조기관 ④ 물적 유통 관리 ⑤ 유통활동과 유통비용 ⑥ 유통활동과 경제발전
교수·학습 방법 및 평가 상의 유의점	① 이 과목은 '마케팅', '상업경제' 과목과 연계하여 지도하되 학생, 지역사회 및 학교의 실정에 따라 내용을 조정하여 지도할 수 있다 ② 급변하는 유통관리 일반 각 영역의 현실적이고 구체적인 시사 자료를 신문, PC통신, 인터넷 등을 통해 수집, 분석, 활용함으로써 학습의 흥미를 높이도록 지도한다. ③ 학습내용에 따라 토론발표, 야외조사, 관찰, 사례연구, 견학 등을 권장하여 자율적으로 협동심과 책임감을 가지도록 지도 한다 ④ 유통경로와 가격파괴, 물적 유통비용의 절약, 유통정보의 활용, 국제화와 시장개방, 급변하는 유통환경 등 경제현실과 직결된 내용들은 관련 단원에서 비중 있게 지도한다. ⑤ 평가는 단순하고 지엽적인 내용보다는 창의적인 사고력과 실제적인 실무능력을 평가한다.

【 유통정보 실무 】

성 격	기초이론 교과인 '유통관리 일반' 과목의 후수과목으로, 유통정보와 유통정보화 시스템에 대하여 심화학습하도록 함으로써 유통 관리 능력을 기를 수 있도록 구성한 유통경영과의 실무 심화교과에 속한다. 이 과목은 '유통 관리 일반' 과목의 내용을 보충, 심화하도록 학습하며, 특히 유통정보와 관련하여 컴퓨터를 활용한 실무적인 내용이 실습중심으로 이루어지도록 구성된 과목이다.
목 표	유통정보에 관한 기본적인 지식과 현장실무 및 서비스 기능을 습득하여, 유통정보실무 분야에 종사할 자로서의 적합한 능력과 태도를 기른다.
내 용	① 유통정보 ② 소비자정보 ③ 기업 내 정보 ④ 유통경로상의 정보 ⑤ 유통정보 시스템 ⑥ 유통정보 기기의 활용
교수 · 학습 방법 및 평가 상의 유의점	① 이 과목은 '마케팅', '상업경제' 과목과 연계하고 '유통관리 일반' 과목을 선수과목으로 하여 지도한다. ② 유통정보관리의 전반적인 사항을 파악할 수 있도록 하되, 학생, 지역사회 및 학교의 실정에 따라 내용을 조정하여 지도할 수 있다. ③ 학습내용에 따라 개인별 또는 분임조별로 적절히 시간을 배정하여 토론, 발표, 현장조사, 사례연구, 견학 등을 권장한다. ④ 유통정보관리에서 필수적인 컴퓨터와 소프트웨어 등의 활용도를 높여 실무적응능력을 기르도록 하고, 사례를 중심으로 실습하도록 지도한다. ⑤ 급변하는 환경에 따른 유통정보와 유통정보 시스템의 변화를 파악할 수 있도록 최신의 시사 자료를 수집 · 활용하도록 하며 이를 과제로 부과하여 평가하도록 한다.

제5장 2009년 및 2015년 교육과정

제 5 장
2009년 및 2015년 교육과정

제 1 절 2009년 교육 과정

01 교육과정의 성격

이 교육과정은 초·중등교육법 제23조 제2항에 의거하여 고시한 것으로, 초·중등학교의 교육 목적과 교육 목표를 달성하기 위한 국가 수준의 교육과정이며, 초·중등학교에서 편성, 운영하여야 할 학교 교육과정의 공통적, 일반적인 기준을 제시한 것이다.

이 교육과정의 성격은 다음과 같다.

① 국가 수준의 공통성과 지역, 학교, 개인 수준의 다양성을 동시에 추구하는 교육과정이다.

② 학습자의 자율성과 창의성을 신장하기 위한 학생 중심의 교육과정이다.

③ 교육청과 학교, 교원 · 학생 · 학부모가 함께 실현해 가는 교육과정이다.

④ 학교 교육 체제를 교육과정 중심으로 개선하기 위한 교육과정이다.

⑤ 교육의 과정과 결과의 질적 수준을 유지, 관리하기 위한 교육과정이다.

02 추구하는 인간상

우리나라의 교육은 홍익인간의 이념 아래 모든 국민으로 하여금 인격을 도야하고, 자주적 생활 능력과 민주 시민으로서 필요한 자질을 갖추게 하여 인간다운 삶을 영위하게 하고, 민주 국가의 발전과 인류 공영의 이상을 실현하는 데 이바지하게 함을 목적으로 하고 있다.

이러한 교육 이념을 바탕으로, 이 교육과정이 추구하는 인간상은 다음과 같다.

① 전인적 성장의 기반 위에 개성의 발달과 진로를 개척하는 사람

② 기초 능력의 바탕 위에 새로운 발상과 도전으로 창의성을 발휘하는 사람

③ 문화적 소양과 다원적 가치에 대한 이해를 바탕으로 품격 있는 삶을 영위하는 사람

④ 세계와 소통하는 시민으로서 배려와 나눔의 정신으로 공동체 발전에 참여하는 사람

03 교육과정 구성의 방침

추구하는 인간상을 구현하기 위한 이 교육과정 구성의 방침은 다음과 같다.

① 배려와 나눔을 실천하는 창의적인 인재를 기를 수 있도록 교육과정을 구성한다.

② 이 교육과정은 초등학교 1학년부터 중학교 3학년까지의 공통 교육과정과 고등학교 1학년부터 3학년까지의 선택 교육과정으로 편성한다.

③ 교육과정 편성·운영의 경직성을 탈피하고, 학년 간 상호 연계와 협력을 통한 학교 교육과정 편성·운영의 유연성을 부여하기 위하여 학년군을 설정한다.

④ 공통 교육과정의 교과는 교육 목적상의 근접성, 학문 탐구 대상 또는 방법상의 인접성, 생활양식에서의 연관성 등을 고려하여 교과군으로 재분류한다.

⑤ 선택 교육과정에서는 학생들의 기초영역 학습 강화와 진로 및 적성 등을 감안한 적정 학습이 가능하도록 4개의 교과 영역으로 구분하고, 필수이수단위를 제시한다.

⑥ 학기당 이수 교과목수 축소를 통한 학습부담의 적정화와 의미 있는 학습활동이 전개 될 수 있도록 집중이수를 확대한다.

⑦ 기존의 재량활동과 특별활동을 통합하여 배려와 나눔의 실천을 위한 '창의적 체험활동'을 신설한다.

⑧ 학교 교육과정 평가, 교과 평가의 개선, 국가 수준의 학업성취도 평가 실시 등을 통해 교육과정 질 관리 체제를 강화한다.

04 고등학교 교육목표

1) 고등학교 교육목표

고등학교 교육은 중학교 교육의 성과를 바탕으로, 학생의 적성과 소질에 맞는 진로 개척 능력과 세계 시민으로서의 자질을 함양하는데 중점을 둔다.

① 성숙한 자아의식을 토대로 다양한 분야의 지식과 기능을 익혀 진로를 개척하며, 평생학습의 기본 역량과 태도를 갖춘다.

② 학습과 생활에서 새로운 이해와 가치를 창출할 수 있는 비판적, 창의적 사고력과 태도를 익힌다.

③ 우리의 문화를 향유하고 다양한 문화와 가치를 수용할 수 있는 자질과 태도를 갖춘다.

④ 국가 공동체의 발전을 위해 노력하며, 세계 시민으로서의 자질과 태도를 기른다.

2) 편제와 단위 배당 기준

(1) 편제

① 고등학교 교육과정은 교과(군)와 창의적 체험활동으로 편성한다.

② 교과는 보통 교과와 전문 교과로 한다.

㉮ 보통 교과 영역은 기초, 탐구, 체육・예술, 생활・교양으로 구성하며, 교과(군)는 국어, 수학, 영어, 사회(역사/도덕 포함), 과학, 체육, 예술(음악/미술), 기술・가정/제2외국어/한문/교양으로 한다.

㉯ 전문 교과는 농생명 산업, 공업, 상업 정보, 수산・해운, 가사・

실업, 과학, 체육, 예술, 외국어, 국제에 관한 교과로 한다.

③ 창의적 체험활동은 자율 활동, 동아리 활동, 봉사 활동, 진로 활동으로 한다.

(2) 단위 배당 기준

〈표 5-1〉 보통교과(군)의 단위 배당 기준

<table>
<tr><th rowspan="2">구분</th><th rowspan="2">교과 영역</th><th rowspan="2">교과(군)</th><th colspan="2">필수 이수 단위</th><th rowspan="2">학교자율과정</th></tr>
<tr><th>교과(군)</th><th>교과 영역</th></tr>
<tr><td rowspan="9">교과(군)</td><td rowspan="3">기초</td><td>국어</td><td>15
(10)</td><td rowspan="3">45
(30)</td><td rowspan="8">학생의 적성과 진로를 고려하여 편성</td></tr>
<tr><td>수학</td><td>15
(10)</td></tr>
<tr><td>영어</td><td>15
(10)</td></tr>
<tr><td rowspan="2">탐구</td><td>사회
(역사/도덕 포함)</td><td>15
(10)</td><td rowspan="2">35
(20)</td></tr>
<tr><td>과학</td><td>15
(10)</td></tr>
<tr><td rowspan="2">체육 · 예술</td><td>체육</td><td>10
(5)</td><td rowspan="2">20
(10)</td></tr>
<tr><td>예술
(음악/미술)</td><td>10
(5)</td></tr>
<tr><td>생활 · 교양</td><td>기술 · 가정/
제2외국어/
한문/교양</td><td>16
(12)</td><td>16
(12)</td></tr>
<tr><td colspan="2">소 계</td><td colspan="2">116(72)</td><td>64</td></tr>
<tr><td colspan="3">창의적 체험활동</td><td colspan="3">24</td></tr>
<tr><td colspan="3">총 이수 단위</td><td colspan="3">204</td></tr>
</table>

자료: 교육과학기술부(2009), 2009년 고등학교 교육과정 참고

① 1단위는 50분을 기준으로 하여 17회를 이수하는 수업량이다.

② 1시간의 수업은 50분을 원칙으로 하되, 기후 및 계절, 학생의 발달 정도, 학습 내용의 성격 등과 학교 실정을 고려하여 탄력적으로 편성·운영할 수 있다.

③ 필수이수단위의 교과(군) 및 교과 영역 단위 수는 해당 교과(군) 및 교과 영역의 '최소 이수 단위'를 가리킨다.

④ 필수이수단위의 ( ) 안의 숫자는 전문교육을 주로 하는 학교, 예체능 등 교육과정 편성·운영의 자율권을 인정받은 학교가 이수할 것을 권장한다.

⑤ 총 이수 단위 수는 교과(군)과 창의적 체험 활동의 이수 단위를 합한 것으로, 고등학교 졸업에 필요한 '최소 이수 단위'를 가리킨다.

(3) 보통 교과

① 각 과목의 기본 단위 수는 5단위이며, 각 과목별로 1단위 범위 내에서 증감 운영이 가능하며, 가능한 한 한 학기에 이수하도록 한다.

② *표 한 과목은 교과(군)별 학습의 위계를 고려하여 선택할 수 있도록 지도한다. 이 과목은 4단위 범위 내에서 증감하여 운영할 수 있다.

③ 위 표에 제시된 과목 이외에 전문교과의 과목을 편성·운영할 수 있다.

〈표 5-2〉 고등학교 보통 교과

교과 영역	교과(군)	과 목
기초	국어	국어*, 화법과 작문Ⅰ, 화법과 작문Ⅱ, 독서와 문법Ⅰ, 독서와 문법Ⅱ, 문학Ⅰ, 문학Ⅱ
	수학	수학*, 수학의 활용, 수학Ⅰ, 미적분과 통계기본, 수학Ⅱ, 적분과 통계, 기하와 벡터
	영어	영어*, 영어Ⅰ, 영어Ⅱ, 실용 영어 회화, 심화 영어 회화, 영어 독해와 작문, 심화 영어 독해와 작문
탐구	사회 (역사/도덕 포함)	사회*, 한국사*, 한국 지리, 세계 지리, 동아시아사, 세계사, 법과 정치, 경제, 사회 · 문화
		도덕*, 생활과 윤리, 윤리와 사상
	과학	과학*, 물리Ⅰ, 물리Ⅱ, 화학Ⅰ, 화학Ⅱ, 생명과학Ⅰ, 생명과학Ⅱ, 지구과학Ⅰ, 지구과학Ⅱ
체육 · 예술	체육	체육*, 운동과 건강 생활, 스포츠 문화, 스포츠 과학
	예술 (음악/미술)	음악*, 음악 실기, 음악과 사회, 음악의 이해
		미술*, 미술과 삶, 미술 감상, 미술 창작
생활 · 교양	기술 · 가정/ 제2외국어/ 한문/교양	기술 · 가정*, 농업 생명 과학, 공학 기술, 가정 과학, 창업과 경영, 해양 과학, 정보
		독일어Ⅰ, 독일어Ⅱ, 프랑스어Ⅰ, 프랑스어Ⅱ, 스페인어Ⅰ, 스페인어Ⅱ, 중국어Ⅰ, 중국어Ⅱ, 일본어Ⅰ, 일본어Ⅱ, 러시아어Ⅰ, 러시아어Ⅱ, 아랍어Ⅰ, 아랍어Ⅱ
		한문Ⅰ, 한문Ⅱ
		생활과 철학, 생활과 논리, 생활과 심리, 생활과 교육, 생활과 종교, 생활 경제, 안전과 건강, 진로와 직업, 보건, 환경과 녹색성장

자료: 교육과학기술부(2009). 2009년 고등학교 교육과정 참고

(4) 전문 교과

① 전문 교육을 주로 하는 고등학교에서 〈표 5-3〉에서 필요한 전문 과목을 80단위 이상 이수한다.

② 전문 교육을 주로 하는 고등학교에서는 다음 과목을 필수로 이수한다.

㉮ 농생명 산업 계열 : 농업 이해, 농업 기초 기술, 농업 정보 관리

㉯ 공업 계열 : 공업 입문, 기초 제도, 정보 기술 기초

㉰ 상업 정보 계열 : 상업 경제, 회계 원리, 컴퓨터 일반

㉱ 수산・해운 계열 : 해양 일반, 수산・해운 정보 처리, 수산 일반(수산 계열), 해사 일반(해운 계열)

㉲ 가사・실업 계열 : 인간 발달, 컴퓨터 일반

㉳ 체육, 외국어, 국제계열은 시・도교육감이 정한 지침에 따르되, 과학, 예술 계열은 필수 이수과목을 별도로 정하지 않는다.

〈표 5-3〉 고등학교 전문교과

교과	과 목				기준 학과
상업 정보	상업 경제 경영과 법 커뮤니케이션 실무 세무 회계 전자 무역과 국제 상무 프로그래밍실무 멀티미디어 기획	컴퓨터 일반 마케팅과 광고 원가 회계 유통 정보 관리 소프트웨어개발 멀티미디어 실무 전자 상거래 실무	회계 원리 경영 정보 시스템 기업 회계 국제화와 기업 경영 물류 관리 사무 관리 실무 웹 프로그래밍 인터넷 마케팅	기업과 경영 기업 자원 관리 전산 회계 무역 영어 자료 처리 멀티미디어 일반 전자 상거래 일반 창업 일반	경영 정보과 회계 정보과 무역 정보과 유통 경영과 정보 처리과 멀티미디어과 전자 상거래과 관광경영과

교과	과 목				기준 학과
가사 · 실업	인간 발달 동양 조리 패션 디자인 주거 영·유아 교육 원리 관광 일반 관광 영어 보건 간호 헤어 미용	식품과 영양 서양 조리 한국 의복 구성 실내 디자인 영·유아 교육 프로그램 관광 경영 실무 관광 일본어 기초 간호 임상 실무 피부 관리	급식 관리 제과 제빵 서양 의복 구성 가구 디자인 영·유아 놀이 교육 관광 서비스 실무 관광 중국어 기초 복지 서비스 메이크업	한국 조리 의복 재료·관리 자수와 편물 디스플레이 영·유아 생활 지도 관광 외식·조리 간호의 기초 노인 생활 지원 공중 보건	조리과 의상과 실내 디자인과 유아교육과 관광과 간호과 복지 서비스과 미용과
과학	물리 실험 과학사 고급 수학 고급 지구 과학 현대 과학과 기술	화학 실험 전자 과학 고급 물리 과제 연구 Ⅰ 원서 강독	생명 과학 실험 정보 과학 Ⅰ 고급 화학 과제 연구 Ⅱ 워크숍	지구 과학 실험 정보 과학 Ⅱ 고급 생명 과학 환경 과학 과학 철학	
체육	스포츠 개론 체조 운동 투기 운동 전문 스포츠 경기 체력 전문 스포츠 경기 실습 스포츠 경영·행정	스포츠 경기 과학 수상 운동 빙상·설상 운동 전문 스포츠 경기 초급 스포츠 교육 전공 실기	체육과 진로 탐구 개인·대인 운동 표현·창작 운동 전문 스포츠 경기 중급 코칭론 전공 실습	육상 운동 단체 운동 체력 운동 전문 스포츠 경기 고급 건강 관리	스포츠경기과 체육지도과
예술	음악 이론 합창 교양 실기	음악사·감상 합주	시창·청음 연주	음악 전공 실기 컴퓨터와 음악	음악과 미술과 무용과 문예창작과 연극영화과 사진과
	미술 이론 기초 조소 미술 감상과 비평	미술사 기초 디자인·공예	소묘 미술 전공 실기	기초 회화 영상 매체와 미술	
	무용의 이해 무용 전공 실기	기초 한국 무용 무용 음악	기초 발레 안무	기초 현대 무용 무용 감상과 비평	
	문학의 이해 시 창작	문장론 소설 창작	고전 문학의 감상과 비평 희곡 창작	현대 문학의 감상과 비평 매체와 문학	
	연극의 이해 연극 감상과 비평 영화 제작 실습	무대 기술 영화의 이해 영화 감상과 비평	연기 영화 기술	연극 제작 실습 영화 창작과 표현	
	사진의 이해 사진 편집	기초 촬영 디지털 사진 촬영	중급 촬영 디지털 사진 표현 기법	암실 실기 사진 감상과 비평	

자료: 교육과학기술부(2009), 2009년 고등학교 교육과정 참고

3) 고등학교 교육과정 편성 · 운영의 중점

(1) 공통 지침

① 고등학교 교육과정의 총 이수 단위는 204단위이며 교과(군) 180단위, 창의적 체험활동 24단위로 나누어 편성한다.

② 교과의 이수 시기와 단위는 학교에서 자율적으로 편성 · 운영할 수 있다.

③ 교육 효과를 높이기 위해 학생의 학기당 이수 과목 수를 8개 이내로 편성하도록 한다.

④ 선택 과목 중에서 위계성을 갖는 과목의 경우 계열적 학습이 되도록 편성한다. 단, 학교의 실정 및 학생의 요구, 과목의 성격에 따라 탄력적으로 운영할 수 있다.

⑤ 선택 과목은 학교의 실정과 학생들의 요구를 반영하여 편성하되, 학교는 필요에 따라 이 교육과정에 제시되어 있는 과목 외에 새로운 과목을 개설할 수 있다. 새로운 과목을 개설하여 운영하고자 할 경우에는 시 · 도 교육청의 교육과정 편성 · 운영 지침에 의거하여 사전에 필요한 절차를 거쳐야 한다.

⑥ 일정 규모 이상의 학생이 이 교육과정의 편제에 있는 특정 선택 과목의 개설을 요청할 경우, 학교는 이를 개설해야 한다.

⑦ 학교에서 개설하지 않은 선택 과목 이수를 희망하는 학생이 있을 경우 그 과목을 개설한 다른 학교에서의 이수를 인정하도록 한다.

⑧ 학교 및 학생의 필요에 따라 지역 사회의 학습장에서 행하는 학습을 이수 과목으로 인정할 수 있다. 다만 이 경우 시 · 도 교육청이 정하는 지침에 따른다.

⑨ 학교는 필요에 따라 대학과목 선이수제의 과목을 개설할 수 있고, 국제적으로 공인받은 교육과정과 과목을 선택 과목으로 인정할 수 있다. 다만, 이와 관련된 구체적인 사항은 시 · 도 교육청의 지침에 따른다.

⑩ 학교는 필요에 따라 교과의 총 이수 단위를 증배 운영할 수 있다. 단, 전문교육을 주로 하는 학교는 전문 교과에 한하여 증배 운영할 수 있다.

⑪ 학교는 학생이 3년간 이수해야 할 학년별, 학기별 과목을 편성하여 안내해야 한다.

(2) 일반계 고등학교

① 교과(군)의 이수 단위 180단위 중 필수 이수 단위는 116단위 이상으로 한다.

② 학생의 진로 과정을 고려하여 교과(군)별 최소 필수 이수 단위 수로 편성할 수 있으나, 교과 영역별로 제시된 단위 수를 편성 · 운영하여야 한다.

③ 일반계 고등학교에서 체육, 음악, 미술 등의 과정을 개설하거나 자율 학교로 지정된 학교의 경우 교과(군) 최소 이수 단위인 72단위로 편성 · 운영할 수 있다.

④ 학교는 학생의 요구 및 흥미, 적성 등을 고려하여 진로를 적절히 안내할 수 있는 진로 집중 과정을 편성 · 운영하도록 한다. 이를 위해 학교는 이 교육과정에 제시하는 '학교자율과정'에서 진로 집중 과정과 관련된 과목의 심화학습이 이루어질 수 있도록 편성 · 운영한다.

⑤ 과학, 수학, 사회, 영어, 예술, 체육 등 교과를 중심으로 중점 학교를 운영할 수 있으며 이 경우, 학교자율과정의 50% 이상을 관련 교

과목으로 편성할 수 있다.

⑥ 체육, 음악, 미술 등의 과정을 개설하는 학교의 경우, 필요에 따라 지역 내 중점 학교 및 지역 사회 학습 장 등을 활용할 수 있다.

⑦ 일반계 고등학교에서 직업에 관한 과정을 운영할 수 있으며, 이와 관련된 세부 지침은 시 · 도교육청에서 정한다.

⑧ 학교에서 제2외국어 과목을 개설할 경우, 2개 이상의 과목을 동시에 개설하도록 노력해야 한다.

(3) 전문교육을 주로 하는 고등학교

① 교과(군)의 이수 단위 180단위 중 보통 교과 필수 이수 단위는 72단위 이상으로 편성 하며, 전문 교과의 과목은 80단위 이상 편성한다.

② 전문 교과의 각 과목에 대한 이수 단위는 시 · 도 교육감이 정하되, 외국어와 국제에 관한 교과의 각 과목별 이수 단위는 5단위를 기본으로 하되, 3단위 범위 내에서 증감 편성할 수 있다.

③ 전문 교과의 기초가 되는 과목을 선택하여 이수할 경우, 이를 해당 보통 교과의 이수로 간주할 수 있다.

④ 내용이 유사하거나 관련되는 보통 교과의 과목과 전문 교과의 과목은 교체하여 편성 · 운영할 수 있다.

⑤ 농생명산업, 공업, 상업정보, 수산 · 해운, 가사 · 실업 계열의 고등학교는 다음과 같이 편성 · 운영 할 수 있다.

㉮ 전문 교과는 필요한 경우 다른 계열의 전문 과목을 선택하여 편성 · 운영할 수 있다.

㉯ 학과별 필수 과목은 필요한 경우 학교장이 정할 수 있으며, 2개 이상의 계열을 운영하는 경우, 해당 학과가 속한 계열의 필수 과

목을 이수한다.

㉰ 교육과정 내용과 관련이 있는 현장 실습을 운영하여야 한다. 이 경우 다양한 형태로 운영할 수 있으며, 이와 관련된 구체적인 사항은 시 · 도 교육청이 정한 지침에 따른다.

⑥ 국제계열 고등학교는 전공 관련 교과군과 외국어에 관한 교과의 과목에서 80단위 이상 이수하되, 전공 관련 교과군에서 50% 이상 편성한다.

⑦ 외국어 계열 고등학교에서는 전문 교과 총 이수 단위의 60% 이상을 전공 외국어로 하고, 전공 외국어 포함 2개 외국어로 전문 교과를 편성해야 한다.

⑧ 이 교육과정에 명시되지 아니한 계열의 교육과정은 유사 계열의 교육과정에 준한다. 부득이 새로운 계열의 설치 및 그에 따른 교육과정을 편성할 경우와 학교의 실정에 따라 새로운 과목을 설정하여 운영하고자 할 경우에는 시 · 도 교육청의 교육과정 편성 · 운영 지침에 의거하여 사전에 필요한 절차를 거쳐야 한다.

제2절 2015년 교육 과정

01 2015년 개정 교육과정 기본방향

1) 미래사회를 살아가는 데 필요한 능력 함양을 위해 핵심역량 반영

초 · 중등 교육 전반에 걸쳐 자기관리 역량, 지식정보처리 역량, 창의적 사고 역량, 심미적 감성 역량, 의사소통 역량, 공동체 역량을 함양하도록 하였으며, 교과별 수업을 통해 기를 수 있는 교과역량 제시하였다.

2) 인문 · 사회 · 과학기술 기초 소양과 인성교육 강화

생각하는 힘, 자연 현상과 사회 문제를 통합적으로 탐구하는 능력을 기르고, 타인과 협력하고 배려하는 인성 함양에 힘쓰게 하였다.

3) 배움을 즐기는 행복교육이 가능하도록 교과의 학습량 적정화

각 교과의 학습내용을 핵심개념 및 핵심원리를 중심으로 정선하고, 학습 경험의 질을 개선하여 미래사회를 대비하는 교육 기반을 구축하게 한다.

4) 교수 · 학습 및 평가 방법을 개선하여 교실수업 혁신

토론학습, 협력학습, 탐구학습, 프로젝트 학습 등 교과 특성에 따라 다양한 교수 학습 방법을 도입하고 과정 중심 평가를 강화하여 학생들의 활발한 수업 참여를 유도한다.

02 2015 개정 교육과정 핵심역량

첫째, 미래사회를 살아가면서 직면하게 될 다양한 문제를 해결할 수 있는 역량, 즉 학생의 삶 속에서 무언가를 할 줄 아는 실질적인 능력을 기를 수 있도록 하기 위해 핵심역량을 제시하였다.

둘째, 핵심역량은 교과와 창의적 체험활동, 그리고 학교생활 전반에 걸쳐 길러야 할 능력이며, 특히 각 교과에서는 총론의 역량과 연계하여 교과에 맞는 역량을 제시하고, 교과의 특성에 맞는 교육과정을 운영하도록 하였다.

〈표 5-4〉 역량의 종류

역량의 종류	내 용
자기관리 역량	자아정체성과 자신감을 가지고 자신의 삶과 진로에 필요한 기초 능력과 자질을 갖추어 자기주도적으로 살아갈 수 있는 능력
지식정보처리 역량	문제를 합리적으로 해결하기 위하여 다양한 영역의 지식과 정보를 처리하고 활용할 수 있는 능력
창의적 사고 역량	폭넓은 기초 지식을 바탕으로 다양한 전문 분야의 지식, 기술, 경험을 융합적으로 활용하여 새로운 것을 창출하는 능력
심미적 감성 역량	인간에 대한 공감적 이해와 문화적 감수성을 바탕으로 삶의 의미와 가치를 발견하고 향유하는 능력
의사소통 역량	다양한 상황에서 자신의 생각과 감점을 효과적으로 표현하고 다른 사람의 의견을 경청하며 존중하는 능력
공동체 역량	지역 · 국가 · 세계 공동체의 구성원에게 요구되는 가치와 태도를 가지고 공동체 발전에 적극적으로 참여하는 능력

자료: 교육부(2015), 2015년 개정 교육과정 참고

03 2015 개정교육과정(고등학교 변경)

1) 공통 과목 신설

모든 학생들의 기초 소양 함양과 기초 학력 보장을 위해 공통 과목을 신설하였다(국어, 수학, 영어, 한국사, 통합사회, 통합과학, 과학탐구실험).

2) 다양한 선택 과목 이수

학생들은 단순히 문과와 이과로 구분되어 수업을 듣는 것이 아니라 공통 과목 이수 후 자신의 진로와 적성에 따라 다양한 선택과목(일반 선택, 진로 선택)을 이수하게 하였다.

3) 교실 수업 개선

중복되는 학습내용이나 단편 지식 등을 교과별 핵심개념과 원리 중심으로 정선하여 감축하고, 학생의 발달 단계와 국제적 기준을 고려하여 성취기준, 이수시기, 이동, 학습내용의 삭제·신설·통합 등을 통해 적절한 학습 수준을 제시함으로써 학습 부담 줄이고 교실 수업 개선하였다.

〈표 5-5〉 일반 고등학교(자율 고등학교 포함)와 특수 목적 고등학교 (수요 맞춤형 고등학교 제외)단위 배당기준

교과영역		교과(군)	공통과목(단위)	필수이수단위	
교과(군)	기초	국어	국어(8)	10	학생의 적성과 진로를 고려하여 편성
		수학	수학(8)	10	
		영어	영어(8)	10	
		한국사	한국사(6)	6	
	탐구	사회 (역사/도덕 포함)	통합사회(8)	10	
		과학	통합과학(8) 과학탐구 실험(2)	12	
	체육 예술	체육		10	
		예술		10	
	생활 교양	기술·가정/제외국어/한문/교양		16	
	소계			94	86
창의적 체험 활동				24(408시간)	
총 이수 단위				204	

자료: 교육부(2015), 2015년 개정 교육과정 참고

〈표 5-6〉 특성화 고등학교와 산업수요 맞춤형 고등학교 단위 배당기준

<table>
<tr><th colspan="3">교과영역</th><th>교과(군)</th><th>공통과목
(단위)</th><th>필수이수단위</th><th></th></tr>
<tr><td rowspan="11">교과
(군)</td><td rowspan="10">보통
교과</td><td rowspan="4">기초</td><td>국어</td><td>국어(8)</td><td>10</td><td rowspan="9">학생의 적성과 진로와 산업계 수요를 고려하여 편성</td></tr>
<tr><td>수학</td><td>수학(8)</td><td>10</td></tr>
<tr><td>영어</td><td>영어(8)</td><td>10</td></tr>
<tr><td>한국사</td><td>한국사(6)</td><td>6</td></tr>
<tr><td rowspan="2">탐구</td><td>사회
(역사/도덕 포함)</td><td>통합사회(8)</td><td>10</td></tr>
<tr><td>과학</td><td>통합과학(8)
과학탐구 실험(2)</td><td>12</td></tr>
<tr><td rowspan="2">체육
예술</td><td>체육</td><td></td><td>8</td></tr>
<tr><td>예술</td><td></td><td>6</td></tr>
<tr><td>생활
교양</td><td>기술・가정/
제외국어/한문/교양</td><td></td><td>10</td></tr>
<tr><td colspan="3">소계</td><td>66</td><td>28</td></tr>
<tr><td>전문
교과
Ⅱ</td><td colspan="3">17개 교과(군)</td><td>86</td><td></td></tr>
<tr><td colspan="5">창의적 체험 활동</td><td colspan="2">24(408시간)</td></tr>
<tr><td colspan="5">총 이수 단위</td><td colspan="2">204</td></tr>
</table>

자료: 교육부(2015), 2015년 개정 교육과정 참고

그림 5-1. 고등학교 교육과정의 편제

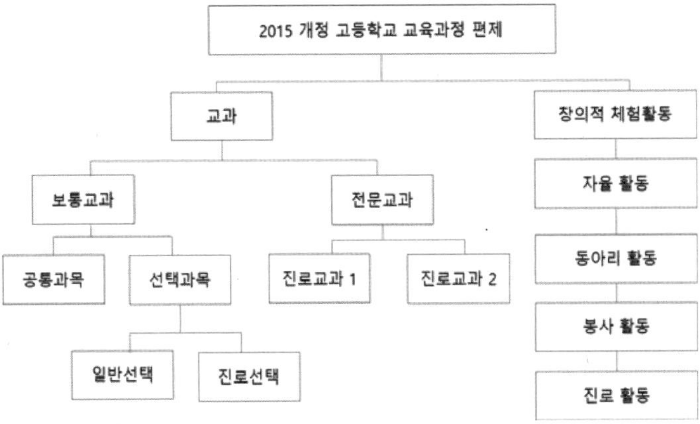

자료: 교육부(2015), 2015년 개정 교육과정 참고

〈표 5-7〉 과목별 이수 기본 단위와 증감 범위

과목구분	과 목	기본단위	편성운영범위	비 고
공통 과목	국어, 수학, 영어, 통합사회, 통합과학	8 단위	6-8단위	2단위 내 감축 허용
	한국사	6 단위	6단위 이상	
	과학탐구실험	2 단위	2단위	
일반 선택 과목	국어, 수학, 영어, 사회(역사/도덕포함) 과학, 체육, 예술, 기술가정, 제2외국어 한문 교과(군) 관련 일반 선택 과목	5 단위	3-7단위	2단위 내 증감 허용
진로 선택 과목	국어, 수학, 영어, 사회(역사/도덕포함) 과학, 체육, 예술, 기술가정, 제2외국어 한문 교과(군) 관련 진로 선택 과목	5 단위	2-8단위	3단위 내 증감 허용
교양 교과목	철학, 논리학, 심리학, 교육학, 종교학 진로와 직업, 보건 환경, 실용경제, 논술	5 단위	2-8단위	3단위 내 증감 허용

자료: 교육부(2015), 2015년 개정 교육과정 참고

※ 과학탐구실험의 경우 과학고, 체육고, 예술고, 특성화고의 산업수요 맞춤형고에서는 과학탐구실험 편성제외 가능

제6장 상업정보교육의 영역과 연구방법

제 6 장
상업정보교육의 영역과 연구방법

제 1 절 상업정보교육의 영역

원래 상업이란 재화와 용역의 교환을 대상으로 거래를 하는 것이다. 그러나 상업의 개념도 시대에 따라 변화하게 되었다. 영어와 불어의 상업은 Commerce(상업, 통상, 교역)라고 하며 라틴어 Commercium, 즉 com=with, together와 merx=merchandise로서 상품을 모으는 것을 의미한다. 결국 물자를 매입하고 모집하여 그것을 필요로 하는 사람에게 양도하는 것이다.

오늘날 상업이란 생산과 소비 사이에 놓여 있는 인적 · 장소적 · 시간적 · 품질적 · 수량적 · 계절적 분리 등의 경제적 분리를 극복하여 수요와 공급을 원활하게 함으로써 재화의 가치를 완전히 발휘하게 하는 일체의 행위를 말하게 되는 것이다.

그리하여 현대 경제생활에 있어서 모든 사람은 경제인이 되고 또한 상인이 되어 교환함으로써 생활하게 되는 상업사회 또는 경제사회라고 할 수 있다. 시장경제원리에 따라 조직된 세계경제의 개개의 구성원 사이의 재화교환으로 보면 우주인 경제시대의 상인 또는 경제인이라고 볼 수 있다.

중세 이래 근대 초기까지의 봉건사회의 상업에서는 상인계급이 전업으로 물자의 매매교환을 담당하게 되었으나 근대화 과정에 있어서 상업은 모든 경제인이 상행위를 한다고 볼 때 상인이라고 할 수 있다. 최근에 있어서의 모든 기업관리자나 경영자는 상업에 관한 정보를 교환하여 기업의 목적을 달성한다고 볼 때, 광의의 상인이라고 해석될 수도 있다.

그러므로 광의의 상인은 농업 · 공업 · 광업 · 임업 · 수산업 · 증권보험업 등 모든 생산자와 그의 경영자 및 관리자도 그의 범주에 속한다고 볼 수 있다. 미국을 중심으로 발전한 마케팅은 상인의 상행위에 대한 기술로 이해될 수 있으며 이는 재화 및 서비스의 생산자로부터 소비자 또는 산업사용자에 이르기까지의 직접 또는 부수적으로 행해지는 유통활동의 실행이라고 하는 경우가 마케팅 활동도 상업 활동으로 보는 경우이다.

이와 같이 상업은 비즈니스(Business)이며, 모든 산업을 통하여 반드시 필요한 것이 상업인 것이다. 이것은 광의로는 경영경제라고 할 수 있으며, 광의의 경영경제의 개념에는 사업내부에 있는 협의의 경영이나 산업 활동을 수행하기 위해 필요한 관리나 사무면이 포함되는 것이다. [그림 6-1]는 광의의 상업을 도표화하였다.

그림 6-1. 광의의 상업

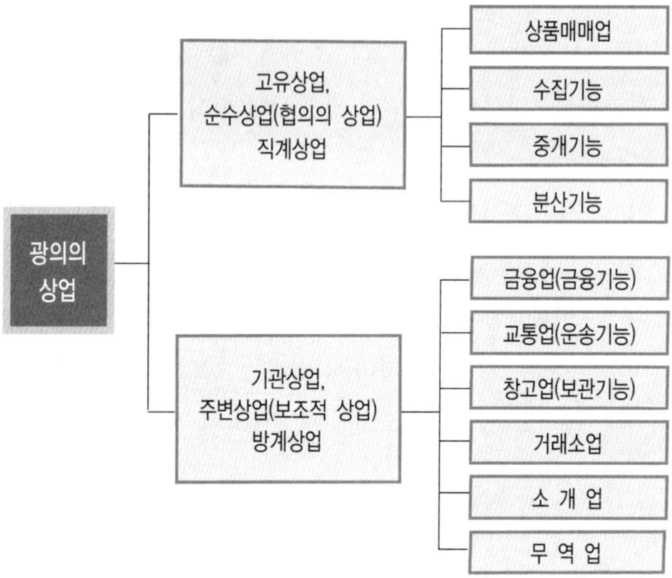

이상의 광의의 상업에서 나타난 모든 업종별 영업에 대한 정보를 처리할 수 있도록 교육하는 일체의 행위가 상업정보교육의 영역에 속하는 것이다. 따라서 상업정보교육은 인간적인 면과 상업적인 업무면으로 고찰하면 상업정보교육은 상업경영과 더불어 모든 산업경영에 대한 활동경영 가운데에 상업적인 업무에 관한 필요한 교육으로서의 상업교육은 사업의 경영을 담당하는 자, 관리적인 업무를 담당하는 자, 사무를 담당하는 자를 양성하기 위한 교육인 것이다.

제2절 상업정보교육의 연구방법

모든 학문이 과학화되기 위해서는 연구방법론에 의하여 연구되고 체계화되어야 한다. 원래 과학(science) 또는 학문이란 지식추구의 과정을 규율하는 일단의 형식적인 규칙(formal rule), 즉 과학적 방법(scientific method)에 따라 체계적인 연구를 행할 때 그 연구되는 특정 분야를 말한다.

상업교육은 원래 과학으로서 체계화된 것은 아니다. 모든 학문이 과학으로서 인정되고 성립되기 위해서는 일정한 범위의 대상과 그 대상을 연구 조직화하는 방법을 명확히 정할 필요가 있다. 그래서 그 대상과 방법이 정해지면 하나의 독립과학의 협력을 얻어야 한다. 특히 상업정보교육은 비즈니스학의 교육이 되어야 하므로 경제학, 경영학, 상업학은 말할 것도 없고 철학 및 교육학 등의 힘이 있어야 한다. 이러한 보조과학의 도움으로 비로소 상업교육학이 성립되는 것이다.

그러나 고대로부터 상업에 관한 기술은 체계화되지 않고 실무지식 내지 실무지침 정도에 불과하게 되었다. 그리고 역사가 짧은 근대과학의 하나로서 상업학은 오랫동안 경제행위를 위한 기술학의 위치에 머물러 실무지침 또는 실무수속을 주 내용으로 하는 법률적 및 관습적인 실무지식이었다. 그런데 근대사회에 와서 경제의 요소가 많이 도입되었으나 이것 역시 법률을 기본으로 하는 실무중심의 경제를 많이 취급하는 상업경제론 또는 유통경제론과 상업정책 및 상업경영학의 3면에서 경제이론과 정책과 실무를 논하는 경향이 있으나 명백히 일치된 방향은 없다.

미국에서 발전된 마케팅이론에 있어서는 경제이론, 정책・경영이론을 통합하여 주로 국내 상업에 대하여 취급하고 개별경제의 입장에서 출발하면서도 사회경제와의 관련을 중시하는 경향으로 나아가고 있는 것이다.

이와 같이 볼 때 상업정보교육학은 순수과학과는 다르다고 볼 수 있으므로 귀납적・연역적 방법론으로 연구되기보다는 응용과학과 같이 인접학문과의 학제적 연구방법(interdisciplinary method)에 의하여 연구되어져야 한다고 볼 수 있다.

상업정보교육의 연구방법은 인문과학이나 자연과학의 일반적인 방법을 사용하여 그 연구함에 있어서는 논리적 단계를 거쳐서 진행하게 된다. 그 단계로는 첫째, 문제설정은 연구문제를 될 수 있는 한 명확하게 설정함에 있어서는 연구자의 지식과 경험과 가치관적 또는 세계관적 입장에 의해 취급할 수 있는 문제를 결정하게 됨으로 결국 자기의 입장에 대한 반성을 하는 것이 절대로 필요하게 된다.

둘째, 수집된 자료는 문제해결을 하기 위해 사용된다. 자료에는 어떤 사실, 개념, 원리 등을 포함하게 되는 것이다. 그리고 결정될 수 있는 과제가 있어야 한다. 이것은 다시 포괄적인 문제의 문맥 가운데 어느 정도 문제점이 내포되어있는가의 가설에 의해 성립된다. 가설이란 연구의 조작을 도출하기 위한 전제인데 이것에 의해 연구의 범위와 방법이 결정되며 결론을 예상할 수 있게 된다. 그런데 자료에는 객관적 자료와 주관적 자료로 분류할 수 있다. 연구자는 될 수 있는 대로 객관적 자료에 의한 것을 희망하지만 이것만으로는 문제해결을 하는 것은 불가능할 수도 있다.

셋째, 자료의 처리는 수집된 자료는 분류되는 순서에 따라 필요성에 따라 통계처리 하여 표시되어야 한다. 수집된 자료를 어떻게 처리하는가에 따라 결론이 구성된다. 중요한 것은 자료의 의미를 올바르게 해석하여야 한다.

넷째, 결론의 구성은 결론을 구성함에 있어서는 문제에 관련되는 문헌을 광범위하게 고찰하여 자료를 해석해야 한다. 연구보고를 하기 위해 연구를 완결하고, 보고서를 작성하고, 상대방이 이해하기 쉽도록 표현양식을 사용해야 한다. 결론을 설정하려면 귀납적 방법으로 하여야 되고 연역적 방법은 그의 증명하는데 사용해야 한다. 상업정보교육의 연구방법을 그 연구대상으로 하여 가장 적당한 방법을 선정해야 되는 것이다.

제3절 상업정보교육의 현황 개선방안

01 상업정보교육의 현황

1) 경제 · 사회적 변화

현재는 세계화 · 정보화 시대라고 할 수 있다. 세계화 · 정보화 시대가 만들어지게 된 주된 기반은 지식정보화 사회의 도래와 IT의 발달을 들 수 있다. 지식정보기반 사회에서는 지식의 창출 및 정보의 활용을 이용한 능력개발이 삶의 결정요소가 되고 있으며, IT의 급격한 발전은 지식정보의 창출 · 확산과 · 활용을 용이하게 하여 기술혁신을 가속화시키고 있다.

우리나라가 IT 분야에서는 세계의 최첨단을 견인하고 있다는 측면에서 특히 스피드에 대한 반응이 높다고 할 수 있다. 지식기반사회, 정보화 시대로의 이행은 산업구조의 개편을 가져오며, 평생학습사회로 이끌 것으로 전망된다. 지식기반사회는 이전의 산업사회와는 다른 점이 부가가치를 창출하는 생산요소가 자본과 노동에서 지식으로 전환되고 있다는 점이다.

지식은 자본과 노동에 비해 유동성이 매우 높으며, 증가속도가 급속하다. 지식의 또 다른 특징은 라이프 사이클이 단축되면서 효용기간 또한 단축된다는 것이고, 지식기반사회의 특성이 전문직과 고급 기술 인력의 수요가 늘어나게 된다는 것이다. 거기에 IT의 발달은 지식의 이동속도를 급격하게 배가시키고 있는 실정이다. 이에 비해 상업계 고등학교의 교육은 보다 전문화된 교육 보다는 산업사회의 수요인력을 배출하기 위한 교육이었다. 변화되는 시대의 요구에 적합한 인재를 양성하기 위해서는 좀 더 전문화된 교육과정으로 개선되어야 할 것이다.

2) 산업구조 및 취업구조의 변화

앞으로 산업구조의 변화는 서비스업의 두드러짐 현상과 지식집약화가 선도하게 될 것이다. 컴퓨터 지식과 정보의 급속한 증가와 IT를 중심으로 한 기술발전으로 통해 산업에 대한 정보화가 이루어지며, R&D, 엔지니어링, 디자인, 마케팅과 같은 서비스의 비중의 증가를 통해 경제의 소프트화가 진행될 것이다.

업종별로 살펴보면, 제조업 부문은 성숙단계에 이르게 되며, 제조업 내부에서는 생산성이 낮은 부분의 구조조정이 가속화되면서 지식집약 부분이 확대될 것으로 보인다. 이러한 기술・산업의 변화를 통해 산업별 취업구조 또한 서비스화와 지식집약화가 진행될 것이다.

산업별 취업구조의 변화를 보면 1차 산업의 취업비중이 현저히 떨어지고, 일반제조업의 취업비중도 다소 감소하게 되는 반면, 서비스업에 대한 취업비중이 증가할 것이다. 이에 상업계 고등학교에서도 변화하는 산업구조와 취업구조에 맞추어 변화된 교육이 이루어져야 한다.

3) 인구성장률의 변화와 고학력화 현상

국내의 인구구조 변화를 살펴보면, 인구성장률은 꾸준히 감소하고 있으며, 향후에도 지속적인 감소가 계속될 것이다. 저출산률로 인하여 계속적 학령인구가 감소하고, 특히 고등학교 및 대학의 학령인구가 감소를 통해 우리나라 교육체제변화에 대한 영향이 예상된다.

중학교를 졸업하는 대다수의 학생들이 일반계 고등학교에 진학을 통해 대학진학을 희망하고 있는 현실을 감안할 때, 고등학교 학령인구의 감소는 곧 실업계 고등학교 지원자의 감소와 직결되는 것이다. 이와 더불어 고학력의 가속화 현상을 통해 고등학교 졸업 후 대학진학을 희망하는 사람이 증가하는 상황에서 실업계 고등학교를 졸업하는 학생들이 취업률보다 대학진학률이 높아지고 있는 게 오늘날 현실이다.

중학교에서 고등학교를 진학하는 경우에도 실업계고등학교 진학을 기피하는 현상이고, 대학에 진학하려는 경향이 고학력의 가속화 현상에 기인한다고도 볼 수 있다.

이러한 현상들이 결국 산업계의 기능인력 부족이 심각성을 초래하게 되어, 외국인 산업연수생을 고용하는 반면, 인문계 대졸인력의 과잉공급으로 엄청난 취업대란을 겪고 있는 등의 인력수급의 불균형이 가속화되고 있다.

02 개선방안

실업교육과 직업에 대한 잘못된 인식은 사회적으로 언제나 존재하는 걸림돌이다. 이러한 잘못된 편견을 변화시키기 위해서는 지속적인 홍보활동이 필요하며, 언론 및 다양한 매체를 이용하여 직업에 대한 잘못된 편견과 학력에 대한 잘못된 인식을 변화시키려는 노력이 필요하다. 이와 같은 변화를 통해 상업교육에 대한 사회적 중요성에 대한 인식이 바뀌고, 상업계 교육과정에서의 지원자들의 자발적인 참여를 기대할 수 있게 될 것이다.

1) 진로상담

더 중요한 것은 적절하고 꾸준한 진로지도를 실시하여야 한다. 진로지도에서는 교육의 주체가 되는 학생들이 우선 상업교육의 중요성을 알고 자주정신으로 자랑스럽고 활기차게 교육에 임할 수 있게 하여야 한다. 진로지도에서는 학생들의 지도부문도 있겠지만, 취업을 위한 산업체와의 연계 부분이서도 산업체측에 실습의 교육적 측면을 부각시키는 등의 노력이 필요하다.

상업계 고교생들은 진로의식을 함양시켜야 하며 이에 따른 자신의 진로에 대하여 명확히 하여야 한다. 많은 상업계 고교생들이 상급학교에 진학을 할 것인지 취업을 할 것인지 고민을 하고 있다. 상업계 고교생 가운데 취업을 하려는 학생도 아직은 상단수가 있는데 이를 학생이 취업을 하려면 확고한 취업의지와 직업정신을 가져야 한다.

실업계 고등학교에서는 직업의 중요성과 이를 위한 취업의 중요성에 대하여 강조를 하여야 한다. 시간제 취업이 갖는 긍정적인 측면도 있지만 실업계 고교생들이 취업에 대한 의지를 갖고 열심히 일하는 것이 무엇보다도 필요하고 올바른 직업윤리가 필요함을 인식시켜야 할 것이다.

평생교육 체제하에서 학생이 희망하는 경우, 하고 싶은 만큼의 교육의 기회를 제도적으로 열어주고, 학교교육 이수 이후 능력향상 지원 시스템을 개발하고 자신의 적성과 재능, 능력에 맞는 교육수준과 직업을 선택하고 직업능력을 보다 전문화시키는 방법으로 어떤 시기에 어떤 교육을 받아야 하는가를 학생 스스로 판단하고 결정할 수 있는 능력을 길러주는 것이 중요하다.

진로상담의 경우 다음과 같은 체계적인 지도가 필요하다.

첫째, 형식에 그치는 상담을 하지 말고 학생들에게 실질적인 도움이 될 수 있는 상담이 필요하다.

둘째, 산업체와 연계하여 전문화된 교육이 될 수 있도록 해야 한다.

셋째, 학생들에게 취업과 관련한 정보를 실시간으로 제공하여 학생들이 취업에 적합한 정보를 획득할 기회를 주어야 한다.

넷째, 실업계의 경우 취업에 필요한 자격증을 사전에 취득하여 취업에 도움이 될 수 있도록 자격증 취득 지도가 필요하다.

다섯째, 학생들이 졸업 후 취업하기 이전에 현장실습을 할 수 있는 기회를 부여하여 사전에 취업현장을 경험하게 할 필요가 있다.

여섯째, 학생들이 취업면접에 필요한 사전준비를 할 수 있게 해야 한다. 특히 스피치 특강을 통해 말을 조리 있게 하는 방법, 이력서 및 자기소개서 작성법, 모의면접을 통해 면접에 필요한 사전준비를 할 수 있게 해야 한다.

2) 진학동기

실업계 고등학교를 진학하는 학생들의 경우 중학교 과정에서 학습에 대한 의욕저하를 통해 성적이 부진하거나 적성에 맞지 않아 학습의욕이 없는 학생들이 진학하는 경우가 많다.

그러므로 교과담임이나 학급담임이 학생들에게 그동안 학습의욕이 저하된 것을 변화시키기 위해 취업에 적합하고 적성에 맞는 실무중심의 교육이 될 수 있도록 교과과정을 편성하고 졸업 후 취업이 될 수 있도록 자격증 취득을 할 수 있는 지도를 해야 한다.

현재는 공무원 채용이나 기업체에서도 고졸자를 우선 채용하는 형태로 변화되고 있으므로 사회적 변화와 더불어 학생들에게 취업에 적합한 준비를 할 수 있도록 해야 한다.

3) 교과과정 변화

실업계 고등학교의 경우 교육과정은 학생들의 미래와 직결되고 직업선택에 영향을 미치게 된다. 그러므로 교육과정 편성이 시대적 흐름과 기업체에 필요한 인재양성이 될 수 있도록 해야 하므로 첫째, 학생의 진로와 적성에 맞는 교육과정을 통해 효율성이 증가된다.

둘째, 실무경험을 갖춘 기업체 실무자와 연계하여 학습동기를 부여해야 한다. 이는 사회에서 실무경험의 중요성을 각인시키고 취업하기 이전에 실무에 필요한 내용을 사전에 숙지하여 현장에 필요한 준비를 사전에 할 수 있게 할 필요가 있다.

셋째, 현재 취업에 적합한 교과과정을 편성하여 실무적응도를 높여야 한다. 즉, 실무는 바로 처리할 수 있는 것이 아니라 사전에 충분한 연습과 경험을 바탕으로 이루어지므로 재학 중에 많은 교육과 실습이 뒷받침 되어야 한다.

넷째, 학생들이 수업에 필요한 기자재를 확보해 충분한 실습이 가능하게 환경조성이 되어야 한다. 제 아무리 이론적으로 많이 기억하고 있어도 실습을 통하지 않으면 현장에서 사용할 수 없으므로 실습에 필요한 기자재를 확보하여 실습을 통해 충분히 숙지할 수 있도록 학습경험이 가능해야 한다.

다섯째, 산업체와의 연계를 통한 교육프로그램으로 실무적응능력을 제고시켜야 한다. 산업체는 끊임없이 변화되고 있으므로 학생들에게 산업체와 연계된 교육을 통해 취업 후 바로 실무에 적응하여 일을 할 수 있는 산업체와의 연계가 필요하다.

그리고 상업계 고교는 성적에 의해서 하위권의 학생이 어쩔 수 없이 선택하게 되어있는 것이 현 상업교육의 현실이다. 그렇다고 해서 전체 교육의 수준을 낮춘다면 그것은 또 다른 문제점을 낳을 수도 있다. 그에 맞게 학생들을 가르칠 수 있는 단계형 수준별 교육과정을 준비하고, 단계형 수준별 교육과정 운영에 필요한 교재를 재구성하여 이에 맞는 교재를 시・도 교육청 차원에서 실업계열에 맞는 특별 보충과정 교재를 개발 보급하면 단위학교에서의 영어, 수학교사의 업무가 증가되고 또한 학생들의 수준도 어느 정도 보장될 것이다.

이러한 단계형 수준별 교육과정을 특별보충과정 반을 만들어 시행했을 경우 자의적으로 이를 희망하는 학생들이 거의 없을 것이므로 다양한 학습 프로그램을 개발하여 참여율을 높이고 자의적인 학습동기를 유발할 방안을 만들어야 한다.

제7장 현대 상업정보교육의 과제

제 7 장
현대 상업정보교육의 과제

교육은 미래를 위한 기능을 가지고 있다. 급변하는 사회에 대하여 능동적으로 대처하기 상업정보교육 또한 미래를 대비한 다양한 교육을 할 필요가 있다. 미래에 대한 대처는 바르게 해야 하며 상업정보교육의 기반이 제 기능을 발휘해야 될 것이다.

제 1 절 소비자시대의 상업정보교육

학교에 있어서 소비자 교육은 매우 중요하며 조기 실시되어야 하겠다. 국민경제가 성장되는 반면에 소비자 운동(comsumer movement)이 증대되는 상황에 따라 학교교육이 소비자 문제를 정확히 이해하여 적절히 해결할 수 있는 능력이나 태도를 갖출 수 있는 소비자 교육이 필요하게 되었다.

학교교육에 있어서 소비자 교육은 특정된 일부만을 대상으로 하는 직업인 교육으로써만이 아니고 널리 일반교양으로써 실시해야 한다. 소비자 이익을 존중하고 소비자 권리를 자각하도록 하는 소비자 교육의 방법은 1960년대 전후에 대두한 소비자주의(consumerism)와 관계가 있다. 소비자주의는 일반적으로 소비자주권주의를 의미하며, 경제사회의 주권자는 소비자임에도 불구하고 오늘날 소비자 주권이 침해되어 있기 때문에 이에 대한 소비자 주권의 복권을 의미한다.

미국에서는 이미 제2차 세계대전 전부터 상업교육관계학자들에 의해 전통적인 사무교육 내지 기술교육에 편중된 고등학교 상업교육에 비판을 하여서 상업교육에 있어서 일반 교육적인 성격을 강조하고 실제로 일반 교육적 내용도 취급하게 되었다. 미국의 저명한 상업교육학자들은 그 저서 중에 일반 교육적 상업교육 목표의 일환으로써 유능한 소비자를 육성해야 한다고 하였다.

그리고 수많은 상업교육관계자들은 유능한 소비자의 육성을 목적으로 하는 소비자 교육(comsumer education)을 주로 담당하는 것은 상업계 교과라고 하여 제2차 세계대전 전부터 소비자 교육을 추진하게 되었다.

오늘날 우리나라에서도 소비자 문제가 자주 등장하여 소비자 운동이 일어나고 있으므로 학교에서도 소비자 교육의 필요성을 인식하게 되었다. 그러나 학교교육에 있어서는 아직까지 소비자 교육이 불충분하며 이에 대한 이해가 부족하여 잘 시행되지 않고 있다. 상업교육에 있어서 소비자 교육은 현대 소비자 교육의 요청에 충분히 부응해야 할 것이다. 즉, 현대사회는 상업정보사회이기 때문에 단지 상업종사자만이 전문적 교육이 필요한 것이 아니라 사회생활을 하는 일반인에게도 평생교육으로 상업정보교육에 소비자 교육이 매우 긴요하다.

산업수요와 연계된 직업교육으로서의 상업정보교육과 21세기의 다양화 시대의 상업정보교육을 대비하여 정부에서는 2000학년도부터 시행되는 제7차 교육과정에서 제시된 바와 같이 진학과 취업을 동시에 탐색할 수 있는 통합형 학교의 추진형태와 같이 사회적 수요가 없는 교육과정은 자동적으로 조정되어 시장원리와 같이 이루어진다. 이에 알맞은 수요자 중심의 교육과정을 편성하여 직업인으로서의 역할에 부응할 수 있도록 상업정보교육의 교육과정을 편성하여야 할 것이다.

2002학년도부터 전문계 고교는 국가수준 교육과정에 근거하여 교육과정을 자율적으로 편성·운영을 하고 있다. 이와 같이 산업인력 수요에 적합한 교육과정을 편성·운영하기 위하여 다양한 지역주민의 의사가 반영되어 그 지역의 산업수요와 일치하는 교육이 이루어져야 할 것이다.

제2절 지식기반 사회의 상업정보교육

교육기본법은 교육이념으로서 "홍익인간, 즉 인류와 사회를 널리 이롭게 할 수 있는 사람"을 제시하고 있다.

바람직한 홍익인간상은, 지식기반사회를 선도할 수 있는 '유능하고 창의적인 인간', '양식과 인성을 갖춘 사람다운 사람', '우리문화에 자긍심을 가진 세계화 시대의 시민'이다. 교육은 자신의 능력을 키우고 남에게 도움을 줄 수 있는 성숙한 인간을 양성해야 한다.

개인간, 국가간 경쟁이 더 치열해질 21세기에 대비하기 위해서는 무엇보다도 '창조적 지식기반국가를 이끌어 갈 유능하고 창의적인 인간'을 길러내는 일이 시급하다. 특히 지식기반사회의 특성에 발맞추어 문제를 주도적이고 창의적으로 해결할 수 있는 인간을 길러내는 일은 국가적으로나 개인적으로나 매우 긴요한 과제이다.

자라나는 세대들은 국경이 사라진 국제경쟁에서도 뒤지지 않을 만큼 세계적인 수준의 능력을 갖추어야 한다. 창조적 지식이 다른 어떤 생산요소보다 큰 부가가치를 창출하고 경제적, 사회적, 문화적 풍요를 이룰 수 있다. 교육은 본질적으로 살아있는 지식의 전수와 새로운 지식의 창조를 중요한 기능으로 하고 있기 때문이다. 그러므로 미래의 상업정보교육의 교육과정은 지식기반사회에 알맞은 교육과정을 편성, 운영해야 할 것임은 틀림없는 사실이다.

제3절 세계화 · 정보화 시대의 상업정보교육

세계는 급속도로 변화하고 있으며, 이 변화는 새로운 천년(Millennium)의 시작을 앞두고 급속한 정보화·세계화 추세에 따라 전 세계 산업 및 고용 구조와 개개인의 삶의 양식 자체가 완전히 새로운 패러다임으로 바뀌는 문명사적 전환이다.

교육은 미래를 살아갈 아이들을 길러내는 일이기 때문에 미래가 크게 변화할 것으로 전망되면 교육도 그에 따라 변하지 않을 수 없다. 교육은 현실의 바탕 위에서 미래를 전망하고, 이러한 전망에 기초해서 새로운 방식의 교육으로 스스로를 변모시켜야 한다. 미래와의 끊임없는 대화를 통해 교육이 변해야 미래가 보인다.

세계의 일반적 규범과 인류의 보편적 가치를 무시하는 교육은 무지한 교육이며, 우리 고유의 가치와 문화를 외면하는 교육은 방향을 잃어버린 눈먼 교육이다. 국경의 벽이 나날이 낮아지는 세계화의 추세 속에서 교육은 자라나는 세대들에게 우리 문화에 대한 자부심을 길러 주고 보편적인 가치와 질서에 대한 안목을 키워주어야 한다. 앞으로 우리가 길러내려고 하는 인간상은 "우리의 가치와 문화에 대한 애정과 자긍심을 가지고 동시에 세계표준과 인류의 보편적 가치를 존중할 줄 아는 세계시민"이다.

이러한 세계화 · 정보화 시대의 교육의 일환으로 정부에서는 2003년까지 학습자, 지원 · 상담자, 교수-학습자료, 정보의 삼자를 연결하는 사이버 원격 학습체제를 구축하고, 재택학습, 원격연수, 사이버 대학, 원격학습을 통한 학점제 형태 등을 뒷받침할 수 있는 제도적, 법적, 기술적 기반을 조성하도록 했다.

2002년까지 모든 초 · 중등학교 교실을 인터넷에 연결하고, 모든 학생들에게 인터넷 주소를 부여하고, 모든 학생들이 인터넷을 통해 정보와 자료를 검색하여 과제물을 수행할 수 있도록 하고 있다. 그러므로 상업정보교육은 이에 부응하는 교육과정을 점진적으로 편성하여야 할 것이다.

제4절 생애학습 · 평생학습의 상업정보교육

생애학습이란, 스스로 사회생활을 할 수 있도록 학습하는 과정이다. 물론 헌법에 의하여 평생교육의 기회를 제공하고 있지만 생애학습은 다른 측면에서 매우 중요하다. 예를 들면, 생애학습은 물고기를 잡아다 주는 것이 아니라 잡는 방법을 가르쳐 주는 것이다. 21세기의 고도화·다변화된 지식사회, 통신정보화 사회에서 폭발적으로 늘어난 지식을 다 가르쳐 줄 수 없기 때문에 생애학습으로써의 상업정보교육을 실시해야 한다. 생애교육이 필요한 이유는 경제적·사회적 요청과 인간적·개인적 요청에 따라 필요한 것이다.

인간적·개인적 요청이란 인간으로서 완성을 목표로 한평생 살아가면서 인생이라는 학교를 졸업하기 위해 죽을 때까지 학업을 계속하는 것을 의미하며 여가의 증대가 그것을 가능하게 한다. 이에 대한 경제적·사회적 요청은 과학기술의 발달, 정보화, 변화의 가속화 등의 사회적 배경에 의해 필연화로 주된 직업상 요청이라고 생각한다. 원래 일반적으로 인간은 직업적인 만족을 위해 경제적·사회적 요청과 인간적 요청에 대해 의식적으로 대치하거나 개별적으로 문제를 분석하기 위한 생애교육으로서 상업정보교육은 경제적·사회적 요청의 성격이 강하게 나타나게 된다.

고등학교 졸업 후의 상업정보교육은 대학, 전문대학, 각종학교, 직업훈련기관, 기업훈련 기타 각종 사회교육의 장 등에서 교육기회가 점차 증대되고 있다. 생애교육의 일환으로서 고등학교 교육은 인생에 있어서 비교적 조기적으로 행하는 상업정보교육의 위치에 따라 교육관계자 뿐만 아니라 자기 스스로 계속 교육을 해야 할 것이다. 그리고 고등학교에서는 기초적·기본적인 내용을 정선하여 학생의 연령에 따라 목표를 설정하는 것이 바람직하다.

교육은 폭발하는 지식을 모두 전수할 수 없으므로 그 지식을 기반으로 살아나가는 방법을 평생학습을 통하여 체계화하여 교육하여야 한다. 생애학습이란 예를 들어 물고기를 잡아다 주는 것이 아니라 그 잡는 방법을 가르쳐 주는 것이다. 그러므로 이러한 생애학습의 형태로 평생

동안 교육을 통해 신지식을 전수해야 한다. 교육정책을 수립하여 교육이 추구하는 인간상은 교육의 전 과정을 통해서 교육의 모든 단계마다 새롭게 해석되어야 하며, 한편 열린 교육 형태로 사람 중심과 교육 중심 사회로 이루어져야 한다. 아무리 자연자원이 풍부하고 아무리 자본이 많더라도 미래를 주도할 인적자원의 개발은 교육부터 창의적인 교육으로 변모되어야 한다.

제5절 상업계 고등학교의 발전방향

우리나라의 실업교육 정책은 경제의 상황변화와 밀접한 관련을 갖고 양적 발전을 해왔다. 또한 실업교육 정책은 근본적으로 대학입시와 관련된 일반계 고등학교 중심의 정책으로부터 소외되어 왔다.

한국직업능력개발원(1998)에서 발표한 보고서에 의하면 우리나라 고등학교 직업교육의 발전방안을 크게 세 가지로 제안하고 있다.

첫째, 고등학교 직업교육의 다양화를 달성할 수 있는 인력양성체제가 구축되어야 한다고 밝히고 있다.

둘째, 직업교육에 있어서 평생교육의 중요성이 증대되므로 고등학교 수준에서 직업교육의 목표, 성격, 교육내용은 기초직업 능력을 신장시킬 수 있게 변화되어야 한다고 제안하였다. 아울러 계속교육을 위한 개방적 체제, 계열간 이동 및 교육과정 운영의 자율성 등이 확보되어야 한다고 보았다.

셋째, 직업교육과 직업훈련이 구축·종합되고 있는 선진국의 추세에 따라 직업교육과 직업훈련이 한 기관에서 단일한 목표 아래 운영되어야 한다고 강조하고 있다. 이런 맥락에서 우리나라 상업계 고등학교의 발전방향을 보다 심화 제시하면 다음과 같다.

01 인간 중심교육과 기초능력 함양에 바탕을 둔 직업교육

지금까지 우리나라에서의 직업교육은 개인의 자아실현을 위한 인간 중심교육보다 산업인력의 수요를 충족시키기 위한 기술능력 함양에 역점을 두어왔다. 직업교육이 인간 중심교육이 되기 위해서는 민주 시민으로서 모든 사람에게 필요한 폭 넓은 일반교육, 즉 교양교육이 더 강조되어야 한다.

또한 직업교육도 일정한 직업에 종사할 수 있는 전공에 관한 기초능력과 산업변화와 세계화와 정보화에 적응할 수 있는 전이능력, 그리고 직업에는 귀천의 구분이 없다는 건전한 직업윤리관 확립에 목표로 두어야 한다.

02 직업교육의 목적과 수요자 중심의 프로그램 개발

과거에는 고등학교 단계에서 직업교육은 일정한 과정을 이수하면 취업 후 산업현장에서 별도의 교육이나 훈련을 다시 받지 않고도 곧바로 직무를 수행할 수 있을 정도로 전문적인 지식과 기술을 가르쳤다. 그러나 최근 선진 여러 나라의 직업교육은 직업인으로서 필요한 폭넓고 기초적인 지식과 기술, 산업변화에 적응할 수 있는 문제해결 능력 그리고 일에 대한 건전한 가치관 형성 등에 강조를 두고 있다.

이에 따라 고등학교 수준에서의 직업 교육과정은 중핵 교육과정

(corecurriculum)을 중요시하고 있는데, 중핵 교육과정을 운영함에 있어서도 과거의 전통적인 교육과정은 "무엇을 아느냐, 그리고 무엇을 할 수 있느냐?"에 역점을 둔 소위 능력중심 교육(competency based education 또는 performance based education) 그리고 학교에서 배우는 내용과 현장에서 직무능력 간에 연계성을 높이고 직업교육 내용을 다양화할 수 있는 '수요자중심 교육'으로 개발 운영하는 체제로의 개선이 요청된다.

03 직업교육의 질 관리 강화

직업교육의 성과는 주로 졸업생들의 전공 관련 분야의 취업률, 사업현장에서의 직무수행능력, 자격증 취득률, 그리고 직무만족에 의해 평가된다. 또한 직무능력을 객관적으로 평가할 수 있는 방법은 공신력 있는 자격검정제도이다.

선진국 여러 나라는 직업교육의 질 관리의 하나로 자격검정제도를 철저히 시행하고 있다. 이에 우리나라도 직업교육의 양적 문제에서 질 관리를 위한 직업교육 평가체제로써의 자격검정제도 그리고 능력사회의 구현을 위해서도 자격검정제도의 강화 필요성이 제기 되고 있다.

즉, 직업교육의 질 관리 평가를 위한 자격검정제도의 강화는 현재의 산업사회가 능력을 중시하는 자격증 사회를 대비하는 최선의 방법이기 때문이다.

이런 맥락에서 현재 상업계 고등학교를 비롯한 전문계 고등학교 학생들을 대상으로 시행되고 있는 국가 사무기능 검정제도는 학교교육을 정상화하면서 교과능력이나 기능을 측정하는 방향으로 확대 개선되어야 한다. 현행 사무기능 검정제도의 가장 큰 문제는 학교의 내신 성적을 도외시하고 외부 검정단체의 평가를 중시함으로써 상업계 고등학교 교육의 정상화를 저해하고 있다.

따라서 자격검정제도는 상업계 고등학교 교육을 정상화하는 방향으로 개선되어야 할 것이다. 즉, 기능검정시험과 고등학교의 교육과정의 연계방안이라든가 자격종목의 통합 및 재분류와 같은 문제는 상업계 고등학교 교육이 정상화되었을 때 의미가 있을 것이다.

04 직업교육 체제간의 종적 연계

현재 선진국들의 직업교육 체제는 고등학교와 고등교육기관 간에 유기적 연계체제를 구축하려는 경향을 보이고 있음을 밝힌바 있다.

이는 고등교육이 엘리트교육 단계를 지나 대중화 단계를 거쳐 보편화 단계에 있는 나라에서 국민의 교육수요 충족을 위해 다양한 직업교육이 강조되고 있음을 보여준다. 이는 필연적인 결과이며 선진화되어 가는 나라일수록 직업교육의 강조점이 고등학교 단계에서 고등학교 이후(postsecondary education)단계로 상향 전이되는 현상이다.

우리나라에서도 상업교육 및 전문계 고등학교의 활성화를 위하여 이미 1995년 대한상업교육회에서 5년제 실업고등전문학교(가칭)를 제도화할 것을 제안한 바 있다.

이 제안은 학교규모, 지리적 여건, 지역사회의 특성, 학생의 능력 등에 있어서 상업계 고등학교 상호간에도 많은 차이가 있다는 사실에서 출발한다. 이러한 차이를 고려해 교육과정과 목표를 학교에 따라 달리 적용할 필요가 있다.

즉, 일정한 규모와 시설, 학생 및 학부모의 요구를 고려해 3년 과정의 고등학교 과정과 연계된 2년간의 전문 심화과정을 연계한 실업 고등전문학교(가칭)의 형태를 의미한다.

05 우수한 직업 · 기술교사의 양성과 유인책

우리나라 직업 · 기술교사 양성체제는 교사양성 교육과정과 자격증과의 불일치, 수급불균형, 상치교과 담당교사의 증가, 전공분야 실기능력 부족, 교직과목의 부적절성, 고등교육에서의 직업 · 기술교육 담당교수 양성체제 미비 등이 주된 문제점으로 제기되어 왔다.

경험과 실기능력을 겸비한 실과교사 확보가 점차 어려워지는 상황을 개선하기 위해서는 특수 기술, 기능 분야의 전문 인력을 교사의 요원으로 확보하는 교원임용제도의 개방화 방안이 모색되어야 한다. 즉, 사범대학이나 교직과정을 이수해야만 교사가 될 수 있는 교사자격과 임용제도를 보다 유연하게 운영하여 교육의 내실화를 기할 필요가 있다.

현재 교육을 담당하는 인력을 적절히 운영하는 문제도 중요하다. 변화하는 직업사회 환경에 탄력적으로 대응하기 위해서는 교사의 자유로운 이동을 통한 수급조절이 이루어져야 한다.

이를 위해서는 복수자격제와 부전공 자격인정제도 그리고 기존의 교사에 대한 재교육 훈련방안이 활성화되어야 한다. 또한 상업과의 교사자격증 표시 과목을 현재의 '상업정보' 단일 종목에서 타 전문계 교사자격증처럼 전공분야의 과목별로 세분되어야 한다.

즉, 상업계 교사의 자격증도 여타 전문계 고등학교의 교사자격증 표시과목의 구분과 같이 회계, 무역, 정보처리, 비서, 관광 등의 구분이 필요하다. 이는 제6차 교육과정 이후부터 편제된 상업 디자인, 관광경영, 비서과 등의 전공분야별 교과의 전문성 제고에 필수요건이 되기 때문이다.

06 산학 협동체제의 구축

상업교육을 활성화시키기 위한 중요한 방안으로는 산학협동체제의 확립이다. 학교와 산업체 간의 파트너십이라고 불리어지는 이 산학협동은 직업교육의 성패를 좌우하는 중요한 요인이다.

정부주도로 1963년 산업교육진흥법을 제정한 이래 산학협동을 강조하여 오고 있다. 1970년대 초부터는 산업교육을 실시하는 고등학교, 전문대학, 대학의 학과 학생들에게 일정기간의 현장실습을 의무화하고 있다.

최근에는 공업계 고등학교에 2+1체제에 의한 비교적 장기간 이루어지고 있는 현장실습이 산업교육진흥법에 의해 공업고등학교와 전문대학에서는 어느 정도 실시되고 있으나 상업계 고등학교의 경우는 거의 사문화된 상태이다. 일부 고등학교에서의 현장실습도 본래의 현장실습 목적에 부합되지 못하고 학생들의 조기취업을 조장하는 결과만 초래하고 있다.

이러한 산학협동은 호혜성의 원리에 근거하여 이루어져야 한다. 따라서 산학협동은 학교의 일방적 요구충족을 위해서만 이루어질 수 없으며 산업체의 요구도 달성될 수 있는 방안으로 개선되어야 한다.

그러므로 장기적 측면에서 산학협동은 평생교육 차원에서 기업과 학교가 서로 필요한 기술과 내용을 위탁교육 형태로 운영하는 방안이 검토될 수 있다.

07 사학재단에 대한 행 · 재정적 지원체제 구축

직업교육진흥을 위한 중요한 발전방안은 국가의 재정적 · 행정적 지원의 확대를 들 수 있다. 우리나라는 다른 나라에 비해 국가, 사회가 필요로 하는 현장실무 중심의 인력양성을 전문계 고등학교, 그 중에서도 사학에 크게 의존하고 있으므로 이에 대한 재정지원이나 행정적 배려가 대단히 미흡한 상태에서 질 높은 직업교육을 기대할 수 없다.

따라서 정부는 국 · 공립학교뿐만 아니라 직업교육을 담당하고 이는 사립학교에도 획기적인 재정지원이 필요하다. 특히 재정지원에는 시설이나 장비부분뿐만 아니라 교육과정 개발, 교재편찬, 교수-학습방법 개선, 교사의 교육연수 부문까지 확대되어야 한다.

미국에서는 인력의 국가경쟁력 배양 차원에서 사학제단에 대한 재정지원의 필요성을 절감하고 이를 지원하기 위하여 1990년도의 퍼킨스 법안(Perkins Vocational educaiom and Applied Technology Act)과 1994년의 "Perkins Work Opportunities" 법안을 제정하여 국가 정책차원에서 지원을 확대한 바 있다.

이 법안은 직업교육 특히 일반교육을 통합하는 프로그램을 개발하고 적용하는 학교에 대한 재정적인 지원을 뒷받침하고 있다.

우리나라의 중 · 고등학교에서도 보다 효과적인 통합교육이 실시되기 위해서는 정부차원의 재정적인 지원이 확대되어야 할 뿐 아니라 지역사회의 성인교육, 학교시설 대여 등과 같은 수익사업으로 간접 적인 재원을 확대해 나갈 수 있어야 한다. 뿐만 아니라 아울러 정부는 직업교육의 중심적 역할을 사학(사설) 교육기관에 세제상의 혜택이 주어져야 한다. 세정 통계에 의하면 사학기관이 납부하는 국세 및 지방세는 우리나라 세수 총액의 0.03% 에도 미치지 못하는 것으로 나타나고 있다.

국·공립학교에 대한 기부금에 대하여는 세제상 전액 손비로 인정하면서 사학에 대한 기부금은 지정기부금 한도액까지만 손비로 인정함으로써 사학의 의욕을 상실하게 하는 정책적 오류가 시정되지 않고 있음은 매우 안타까운 일이다. 이는 국·공·사립 학교간의 교육재정 지원정책과도 위배됨은 물론 사학의 육성 차원에서도 시정·제정되어야 할 과제이다.

08 2+2 연계교육에서의 우대책

2+2 연계교육과정의 개발 모형과 절차를 제시하여, 일목요연하게 2+2연계 교육과정을 파악할 수 있게 하여 2+2 연계교육에서 이수자에 대한 우대책으로 연계교육 이수자를 우선 전형, 연계교육 이수자 중 우수한 학생에 대한 장학금 지급, 연계과정 입학자에 대한 학점인정을 받기 위해서는 고등학교에서 몇 단위 정도를 연계교육 과목으로 실시하여야 하며, 그 중 대학에서의 학점인정은 몇 단위 정도가 적정하고, 인정받는 학점에 대한 대학 교과목의 대체방법 및 성적인정 등의 예시가 있어야 할 것이다. 학점이수를 한 경우 월반이나 조기졸업도 가능할 수 있도록 구체적인 요건이 요구된다.

〈표 7-1〉 학과별 진로 분야 및 선택 권장 과목

계열	진로 분야	선택 권장 과목
경영 계열 학과	**사무직군** : 총무, 인사, 교육훈련, 기획조사, 정보, 관리, 경리, 자금, 구매 **영업직군** : 판매, 수출, 수입, 물적 유통, 금융 등에 진출할 수 있음	경영대요, 상업법규, 경영실무, 마케팅, 광고일반, 기업회계, 세무회계, 원가회계, 사무자동화 일반, 국제상무, 회계실무, 문서실무, 상업계산 실무, 사무자동화 실무
회계 계열 학과	회계, 세무 및 사무직으로 진출 할 수 있으며, 각종 회사의 경리직, 각종 금융회사에 진출할 수 있음	기업회계, 원가회계 세무회계, 마케팅, 경영대요, 상업법규, 경영실무, 국제상 무, 사무자동화 일반, 상업계산 실무, 회계실무. 문서실무, 사무자동화 실무
무역 계열 학과	각종 무역회사 및 수출입 업무와 관련 있는 각종 회사 등과 운수, 보험 및 은행의 국제영업과 외환업무에 진출할 수 있음	국제경영, 국제상무, 무역영어, 기업회계, 세무회계, 원가회계, 경영대요, 상업법규, 사무자동화 일반, 사무자동화 실무, 경영실무, 상업계산실무, 회계실무, 문서실무

〈표 7-2〉 상업계 학과별 취업분야 및 선택 권장 과목

직업군	취업 분야	선택 권장 과목(11, 12학년)
사무 관련직	재학 중 주산, 부기, 워드프로세스, 컴퓨터 활용능력, 세무회계 등의 자격을 취득한 후 대기업 및 중소기업의 사무직군에 폭넓게 취업	경영대요, 상업법규, 경영실무, 마케팅, 기업회계, 세무회계, 원가회계, 사무자동화 일반, 국제상무, 회계실무, 문서실무, 상업계산 실무, 사무자동화 실무
회계 관련직	재학 중 주산, 부기, 워드프로세스, 컴퓨터 활용능력, 세무회계 등의 자격을 취득한 후 대기업 및 중소기업의 회계 및 경영관련직에 취업	기업회계, 원가회계, 세무회계, 마케팅, 경영대요, 상업법규, 경영실무, 국제상무, 사무자동화 일반, 상업계산 실무, 회계실무, 문서실무, 사무자동화 실무
무역 관련직	재학 중 주산, 부기, 워드프로세스, 컴퓨터 활용능력, 세무회계 등의 자격을 취득한 후 무역관련 회사 사무직군과 각종 회사의 국제업무 담당자로 취업	국제경영, 국제상무, 무역영어, 기업회계, 세무회계, 원가회계, 경영대요, 상업법규, 사무자동화 일반, 사무자동화 실무, 경영실무, 상업계산 실무, 회계실수, 문서실무

직업군	취업 분야	선택 권장 과목(11, 12학년)
컴퓨터 관련직	재학 중 워드프로세스, 컴퓨터활용 능력, 정보처리 기능사, 정보기기 운용, 기능사 등의 자격을 취득한 후 각종 기업체 및 관공서의 전산요원, S/W, H/W 관련회사에 취업	재학 중 주산, 부기, 워드프로세스, 컴퓨터 활용 능력, 세무회계 등의 자격을 취득한 후 대기업 및 중소기업의 사무직군에 폭넓게 취업프로그래밍, 전자계산 실무, 자료 처리, 프로그래밍 실무, 사무자동화 일반, 컴퓨터그래픽, 경영대요, 상업법규, 원가회계, 상업계산 실무, 회계실무, 문서실무, 사무자동화 실무
시각 디자인 관련직	재학 중 워드프로세스, 컴퓨터 활용 능력, 정보처리, 기능사, 컴퓨터 그래픽 기능사 등의 자격을 취득한 후 편집 디자이너, 광고 디자이너, 패키지 디자이너, 디스플레이어 등을 담당	시각디자인 일반, 시각디자인 실무, 그래픽 디자인, 컴퓨터 그래픽, 사무자동화 일반, 자료처리, 경영대요, 기업회계, 원가회계, 사무자동화 일반, 상업계산 실무, 회계실무, 문서실무. 사무자동화 실무
관광경영 관련직	재학 중 주산, 부기, 워드프로세스, 컴퓨터 활용 능력, 등의 자격을 취득한 후 관광 호텔, 여행사, 한국관광공사 등에 취업	관광일반, 여행업무, 관광실무, 비서이반, 비서실무, 경영대요, 기업회계, 원가회계, 사무자동화 일반, 상업계산 실무, 회계실무, 문서실무, 사무자동화 실무
비서 관련직	재학중 주산 부기, 워드프로세스, 컴퓨터 활용 능력, 비서 등의 자격을 취득한 후 기업체 관공서 등의 비서 및 사무직군에 취업	비서일반, 비서실무, 사무자동화 일반, 경영대요, 상업법규, 경영실무, 기업회계, 세무회계, 원가회계, 상업계산 실무, 회계실무, 문서실무, 사무자동화 실무
사무 자동화 관련직	재학중 주산, 부기, 워드프로세스, 컴퓨터 활용 능력, 정보처리 기능사 등의 자격을 취득한 후 사무직군 및 정보처리, 컴퓨터 통신 등에 취업	비서일반, 비서실무, 사무자동화 일반, 경영대요, 상업법규, 경영실무, 기업회계, 세무회계, 원가회계, 회계실무, 문서실무, 사무자동화 실무, 상업계산 실무
유통경영 관련직	재학중 주산, 부기, 워드프로세스, 컴퓨터 활용 능력, 정보처리 기능사 등의 자격을 취득한 후 유통업체의 전문 직업인, 기업체의 사무직군에 취업	유통관리 일반, 유통관리 실무, 마케팅, 경영대요, 상업법규, 경영실무, 원가회계, 사무자동화 일반, 광고일반, 회계실무, 사업계산 실무, 문서실무, 사무자동화 실무

제8장 생활지도와 실험·실습 및 현장실습

제 8 장
생활지도와 실험·실습 및 현장실습

제 1 절 생활지도

01 생활지도의 원리와 영역

생활지도의 원리는 기초의 원리, 조직의 원리, 실천의 원리를 기본으로 하여 계속성의 원리, 균등성의 원리, 통일성의 원리(전인적 원리), 과학성의 원리, 적극성의 원리(건강지도), 행동성의 원리, 주체적 조직의 원리로 구분할 수 있으며, 생활지도의 영역은 건강지도, 교육지도, 가정관계지도, 직업지도, 사회성 · 시민성도, 성격지도, 여가지도, 도덕 · 종교지도의 영역으로 나눌 수 있다.

그림 8-1. 생활지도의 단계(활동)

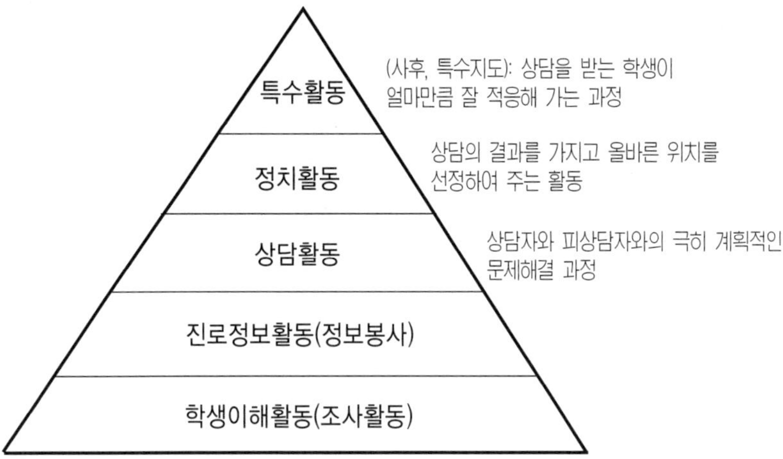

02 생활지도의 방법

관찰, 학교기록, 학생의 작문, 미술, 일기, 자서전, 면접, 교사의 적성검사, 표준검사(지능검사, 학력검사, 적성검사, 흥미검사, 태도검사, 성격검사), 투사법(사람의 내부에 품고 있는 요구, 소원, 공포 등을 탐지하는 심리적 진단법), 사회연구 등의 방법이 있으며, 학생지도의 방법은 개별지도(지시적 상담, 비지시적 상담, 절충적 상담), 집단지도(집단지도의 목표, 집단지도의 장면, 집단지도의 효과)로 크게 양분될 수 있다.

03 생활지도의 실체

1) 생활지도의 목표

학생이 직면한 문제를 유능하게 해결하기 위한 훈련, 학생의 문제를 자발적으로 해결하려는 능력 부여, 학생으로 하여금 부적응행동의 예방, 개성과 창의성을 신장시켜 사회에 독특한 봉사, 원만한 인격의 형성으로 정신건강을 증진시키는 그 목적이 있다.

생활지도의 계획은 학생의 이해 영역(가정환경, 신체 및 정신 건강, 성취도, 지적능력 또는 학업성적, 흥미, 특수능력, 인성, 장래계획)을 세밀하게 분석할 수 있는 좋은 자료를 얻기 위하여 실시하는 것이다.

2) 생활지도의 방법

상 · 벌 방법(상찬: 가치기준 확인, 내재적인 칭찬, 전망을 줄 것, 결과 본위가 아닐 것, 결심수준과 확인수준일 때 칭찬할 것, 질책 후 해독제로서 칭찬받는 수용태도, 지도, 애정과 고마움을 가지는 태도)을 공평하게 할 것, 공평한 생각을 가질 것, 감정적이어서는 안 되며, 가정에서는 면담상담, 가정통신, 방문지도 등으로 협력체계가 이루어져야 한다.

생활지도 방법에서 문제아의 분류는 첫째, 신체적 이상아에는 건강우량아와 신체적 결여아로 구분된다.

둘째, 신체적 결여아는 감각이상(시각이상아, 청각이상아), 신체이상(지체부자유아), 정신이상(허약아, 병약아)으로 구분할 수 있다.

셋째, 정신적 이상아로는 우수아－지적우수아, 특수재능아, 정신박약아－백치, 치우, 우둔, 중간아로 구분된다.

넷째, 사회적 이상(사회적응아, 사회부적응아－범죄아, 불량행위, 성격이상,

정서불안정, 언어장애아-발육 불능아, 실어아, 청아아) 등으로 세분화하여야만 적극적인 생활지도가 될 수가 있다.

안전지도의 유의점은 발달단계의 고려, 지역특수성 참작, 계획적인 지도, 학교 · 가정 · 사회와의 유기적인 관계, 안전생활 이해 철저, 교내외 구분 계획 등 세밀하게 문제아에게 맞는 최선의 방법을 선택하는 것이 요구된다.

제2절 실험 · 실습 및 현장실습

01 실험 · 실습 운영방안

실험 · 실습 방법에는 첫째, 기초지식과 기술을 습득할 수 있도록 실험 · 실습 비율을 50% 이상이 되도록 편성한다.

둘째, 급변하는 산업사회에서 창의적으로 적응할 수 있는 실습이 이루어지도록 한다.

셋째, 해당 분야에 졸업 후 취업할 수 있도록 전문적인 실기기능을 익힐 수 있는 실습이 이루어지도록 한다.

넷째, 교과목에 따라 다른 과목과 연계하여 실습이 이루어 질 수 있도록 한다.

다섯째, 체험학습이 이루어 질 수 있도록 실천적 실습이 되도록 한다.

여섯째, 지역사회와 학습자의 환경과 요구에 맞는 실험 · 실습이 이루어지도록 한다.

일곱째, 다양한 실습매체를 통하여 흥미를 유발하여 학습효과를 올릴 수 있도록 한다.

여덟째, 과목 특성상 실험이 곤란한 단원의 학습은 현장견학이나 각종 전달매체를 통하여 학습효과를 높이도록 한다.

아홉째, 2시간 이상의 수업은 연속적으로 진행하여 실험 · 실습 효과를 높일 수 있도록 한다.

열 번째, 지역별 · 영역별 특성을 고려하여 실습이 이루어지도록 한다.

열한 번째, 12학년에서의 현장실습과 연계하여 실험 · 실습이 이루어지도록 한다.

이때 실험 · 실습 운영시 유의점으로 첫째 실험 · 실습시 안전교육을 철저히 한다.

둘째, 평가요소를 적절히 추출하여 평가기준을 작성하여 활용한다.

셋째, 실험 · 실습 재료를 경제적으로 이용하여 자원절약의 습관을 가지도록 한다.

넷째, 환경오염이 발생할 수 있는 재료 및 기계 · 기구 사용 시에는 오염 방지대책을 함께 지도한다.

다섯째, 실험 · 실습에 필요한 기구 · 공구 및 기계의 올바른 사용방법을 철저히 지도하여 안전사고를 예방한다.

여섯째, 실험 · 실습 시 위험물 취급 및 발파의 실제실습 등은 반드시 자격증을 가진 사람의 입회하에 실시한다.

일곱째, 조별 실습과제를 개발하여 조원의 원활한 협조가 이루어지도록 지도하고 그 결과를 평가에 반영한다.

여덟째, 실험 · 실습 결과가 목표대로 달성하지 못한 경우도 그 원인의 규명이나 창의력, 분석력, 관찰력 등을 고려하여 평가하는 방법으로 안전사고에 유의하여야 한다.

02 현장실습 운영

1) 현장실습 목적

첫째, 실업교육 과정을 통하여 습득한 지식과 기술을 산업현장에서 적용함으로써 전공분야와 관련된 이론과 기술을 정확히 이해하도록 해야 한다.

둘째, 현장실무 능력을 신장시켜 산업현장에 적응할 수 있는 능력과 태도를 기른다.

셋째, 전공분야와 관련된 직종에 관한 사전경험을 통하여 자신의 적성에 맞는 직업을 선택할 기회를 제공한다.

넷째, 직업의 존엄성과 자신의 행동에 대한 책임감을 갖게 하고 원만한 인간관계를 유지하는 방법을 배우게 한다.

2) 현장실습 운영방침

현장실습 운영방침은 전문계 고교에서 현장실습이 전공 계열별로 교육과정과 관계없이 일정기간 실시토록 규정되었던 것이 교육과정 운영지침과 일치되게 교육과정상 교과단위로 편성 운영하게 됨에 따라 전문계 고교의 현장실습 운영에 관한 제반 규정 및 업무처리 요령 등 세부사항을 제시하여 효과적이고 내실 있는 현장실습을 운영하기 위함을 그 목적으로 하고 있다.

(1) 현장실습의 법적 근거

직업교육훈련생은 직업교육훈련과정의 이수 중에 산업체에서 현장실습을 받아야 한다. 다만 당해 직업교육 훈련과정과 동일하거나 유사한 분야에 재직 중인 자 기타 대통령령이 정하는 자의 경우에는 그러하지 아니하다(직업교육훈련촉진법 제7조).

(2) 현장실습의 운영

현장실습은 각 학교 학교장의 책임 하에 사전 안전교육 등 일정기간 준비교육을 포함하여 운영하되 교과단위로 운영하는 경우 지역 및 학교 여건을 감안하여 학교장 자율편성 교과 또는 관련 전공교과에 추가된 통합교과로 현장실습을 운영한다. 통합교과로 운영하는 경우 이수단위를 교과와 현장실습으로 구분하여 배정한다.

첫째, 선택실습 10단위는 실습 8단위와 현장실습 2단위로 한다.

둘째, 학교장은 관련학과 및 전공학생이 재학 중 최소 34시간으로 운영되는 현장실습 교과를 이수할 수 있도록 교육과정을 편성 운영해야한다.

셋째, 2단위의 현장실습을 운영하는 경우 현장실습 교과를 시간표에 배당하지 않고 현장견학(방학 중, 방과 후)형태로 계열별, 학급별 운영이 가능하도록 한다.

넷째, 현장실습은 연중(방학기간 포함)시행 가능하며, 현장실습의 시기 및 이수단위는 학교장이 정한다.

다섯째, 학생들이 요구하는 목적, 원하는 시기와 기간에 따라 다양한 현장체험 프로그램을 제공할 수 있는 현장실습을 운영한다.

여섯째, 현장실습 대상자 모집은 개별 학생의 선택에 의하되 현장실습 대상자 선발권은 해당 산업체가 보유할 수 있다.

(3) 현장실습 이수기간 및 학습인정

(가) 현장실습 이수기간

〈표 8-1〉 계열별 이수기간

계열별	기관 또는 과정	기 간
공업 · 농업 계열	직업교육 훈련기간이 2년을 초과하는 기간 또는 과정	1월~1년
상업 · 가사 · 실업 · 관광 계열	직업교육 훈련기간이 2년을 초과하는 기간 또는 과정	1월~6월
수산 · 해양 계열	직업교육 훈련기간이 2년 이상인 기관 또는 과정	1월~6월
	항해사기관사운항사 면허취득 관련 과정	6월~1년

(나) 현장실습의 학습인정

전문과목의 학습은 현장실습으로 대체할 수 있다. 이 경우 현장실습은 학과의 교육과정 내용과 직접 관련이 있어야 한다.

현장실습 시행기간에 따라 다음과 같은 단위 수를 학습 인정한다.

첫째, 17시간의 현장실습은 1단위 학습으로 인정한다.

둘째, 34시간 이상 40시간 이하 현장실습은 2단위 학습으로 인정한다.

셋째, 30일 이상 40일 이하 현장실습은 1개 학기 분량단위의 1/4이내 학습으로 인정(6단위)한다.

넷째, 5개월 이상 6개월 이하 현장실습은 1개 학기 학습으로 인정(34단위)한다.

다섯째, 10개월 이상 12개월 이하 현장실습은 2개 학기 학습으로 인정(68단위)한다.

(다) 현장실습 계획 수립

첫째, 현장실습 교육의 목표설정은 현장실습은 그 목적에 따라 다양하다. 따라서 현장실습을 실시하려고 할 경우에는 그 목적이 교양교육으로서 현장작업 관찰이냐, 인턴 십이냐, 아니면 산학협동 교육이냐가 명확히 정립되어야만 한다.

그렇게 함으로써 학교, 학생, 산업체, 지역사회, 학부모들이 목적의식을 갖고 현장실습에 임하고 또 각자 맡은 역할을 올바로 수행할 수 있다.

둘째, 현장 실습에 필요한 기본조사에서는 기초조사의 주된 내용은 학생 개개인의 학습능력의 진단, 현장실습 프로그램에 대한 흥미와 이해, 현장실습을 통하여 학습하고자 하는 학습의 내용과 욕구가 있다.

셋째, 진로, 특히 취업 및 진학계획은 직업에 대한 관심과 희망 분야, 학생 개개인의 생활관, 개인의 성격, 사회 · 경제적 특성, 현장실습 기관이나 지역사회를 중심으로 조사할 항목, 조사에 답해 주는 사람의 성명과 직위. 기업이나 대상기관의 형태 및 특성, 현재 고용되어 있는 수, 예상되는 고용 인력의 증원 또는 감원 등의 인력수요 조사, 학생에게 부여되었을 때 맡게 될 직무이다.

그 산업체의 기술, 목적, 고용형태의 변화 가능성, 그 산업체가 현재 실시하고 있는 훈련 프로그램, 체제, 실습대상, 수용가능 시설 및 능력, 현장실습의 의의에 대한 관심도와 태도 및 학교교육에 협조하고 참여하려는 태도, 학생들과 학교가 희망하는 분야에서 현장 실습을 할 수 있는 장소, 수용능력, 시간, 프로그램의 유형 등에 관한 종합적인 자료로 활용하도록 하여야 한다.

(라) 현장실습에 대한 학생들의 요구조사

학교에서는 팸플릿, 직접 소개 혹은 매체에 의한 소개 등을 통하여 현장실습 프로그램에 관한 정보를 학생과 학부모에게 제공해야 한다.

교사는 학생들이 자신의 직업적 요구와 관심분야에 관한 자료를 수집할 수 있도록 도와주어야 하며 직업 적성검사 또는 흥미검사 등의 표준화된 검사를 실시하여 학생들이 적성검사나 흥미검사에 나타난 결과를 보고 자기에게 흥미 있는 분야와 능력을 객관적으로 알 수 있게 하는 것이 바람직하다.

(마) 산업체와 사전협의

학교 측은 각종 자료를 통해서 잠정적으로 실습 대상 업체로 설정된 업체의 명단이 작성되었다 해도 교사가 직접 업체를 방문하는 것은 필수적인 일이다.

학교가 산업체와 평소에 꾸준히 여러 가능한 분야에서 상호협력관계를 유지해 나가는 것이 필요하다. 사전협의시 유의사항은 실무자와의 사전협의도 중요하지만, 첫째, 가급적 최고결정권자를 만나서 결정하도록 한다. 이를 위해 방문 전에 전화 등으로 사전약속이나 소재를 확인해 둔다.

둘째, 학생의 실습뿐만 아니라 산업체의 이익도 염두에 두고 있다는 사실을 보여준다.

셋째, 막연한 계획으로 이야기하지 말고 확실한 인원수의 실습예정자를 대상으로 상담한다.

넷째, 현장실습의 세부적이고 구체적인 사항을 하나하나 항목별로 상담해 나간다.

다섯째, 직업정보를 얻을 수 있는 모든 가능한 상대와 접촉한다(산업체 경영자들, 교사, 친분 있는 사람, 취업중인 졸업생, 산학협동, 자문위원들 등).

여섯째, 실습생에 관한 어떤 문제에 대해서도 협조할 것을 설명한다.

일곱째, 실습생에 대한 부담을 주지 않도록 한다.

여덟째, 간청보다 설득한다.

아홉째, 정해진 실습유형에 끌어 들이기보다 업체의 사정과 특수성을 파악한다.

열 번째, 업체의 종업원 수, 종업원 구성, 조직 구성, 시설의 종류 등에 대해 가능한 파악한다.

열한 번째, 추후 협의할 수 있는 방법을 구산한다.

열두 번째, 학교 소개 및 학생PR도 한다.

열세 번째, 현장실습 사전협의 조사표를 활용한다.

(바) 현장실습 대상 업체 선정

현장실습을 실시할 산업체는 직업교육 훈련생 또는 직업교육 훈련기관의 장이 산업체의 장과 협의하여 선정한다. 현장실습 산업체를 선정함에 있어서는 직업교육훈련생의 전공분야, 현장실습 프로그램의 적절성 등을 고려해야 한다.

현장실습 산업체의 선정기준은 다음과 같다. 법령에 의하여 설립된 산업체 중 상시 근로자의 수가 10인 이상인 산업체, 정부투자기관 관리기본법 제2조의 규정에 의한 정부투자기관, 특정연구기관 육성법에 의하여 설립된 정부출연 연구기관으로 한다.

법령에 의하여 설립되거나 국가 또는 지방자치단체로부터 계속하여 3년 이상 보조금 등의 지원을 받는 연구소, 기타 근로자의 인적 구성과 시설·설비 및 후생복지 등이 현장실습을 실시하기에 적합하다고 학교장이 인정하는 산업체 등으로 업체를 선정할 수 있다.

(사) 현장실습 계약의 체결

현장실습을 받을 직업훈련생과 현장실습 산업체의 장은 사전에 현장실습 계약을 체결해야 한다. 다만, 직업교육 훈련생의 보호 또는 현장실습의 내실화를 위하여 필요한 경우에는 직업교육 훈련 기관의 장이 현장실습 계약의 체결에 참여할 수 있다.

직업 교육 훈련생과 산업체의 장은 법 제9조의 규정에 의하여 노동부장관이 교육부장관 및 산업자원부장관과 협의하여 고시하는 표준 협약서에 따라 현장실습을 실시하기 7일전까지 계약을 체결하여야 한다.

표준협약서에는 현장실습 산업체의 장 및 직업교육 훈련생의 권리 · 의무, 현장실습의 내용 · 방법 및 기간, 현장실습 결과의 평가, 직업교육 훈련생의 복리후생 등에 관한 사항이 포함되어야 한다.

(아) 현장실습 운영위원회 설치 및 운영

직업교육 훈련기관은 효율적인 직업교육 훈련 운영계획의 수립 · 시행 · 산학협동의 추진 등을 위하여 산업체 및 직업교육 훈련을 대표하는 자, 학부모, 직업교육 훈련 교원, 지역사회를 대표하는 자 등으로 구성되는 운영위원회를 설치 · 운영할 수 있다.

(자) 산 · 학 협동센터 운영

학교장은 현장실습 대상학생의 선발, 실습 산업체 선정 및 실습학생 평가 등 현장실습 운영에 대한 업무를 효율적으로 처리하기 위해 산 · 학 협동센터 또는 현장실습 지원부서를 운영한다.

(차) 현장실습 학생 사전교육

현장실습 파견 전에 실시하는 사전교육(오리엔테이션)의 내용은 다음과 같다.

첫째, 현장실습의 목적과 의의를 이해시킨다.

둘째, 실무지식, 기술습득, 진로개발, 직업태도 등을 함양한다.

셋째, 교육과정의 일환으로서 현장실습의 당위성을 인식시킨다.

넷째, 실습생 준수사항으로는 실습생은 생산조업인의 일원이라는 자세로서 책임감을 갖고 성심·성의를 다하여 실습에 임하여야 한다.

다섯째, 실습생은 배운다는 자세로 현장지도자의 지시에 수긍하고 순응하여야 하며 항상 존경하고 예의를 준수하야야 한다.

여섯째, 현장실습 기간은 산업체의 작업시간에 따라 준수하여야 하며, 작업공정을 관찰하고 직무를 이해하며 현장적응 능력을 기르도록 한다.

일곱째, 실습과정에서 발생하는 문제점을 해결할 수 있는 방안을 연구하고 지향할 수 있는 태도를 기르도록 한다.

여덟째, 학생신분을 망각하는 일체의 행위를 삼가고 학교의 불명예를 초래하는 일이 없도록 각별히 유의하여야 한다.

아홉째, 실습기간 중 특별한 일이 발생하였을 경우에는 즉시 지도교사나 학교에 그 사실을 보고하고 지시를 받아야 한다.

열 번째, 각종 서식을 작성 및 제출하여야 한다.

열한 번째, 현장학습 체험일지는 매일 작성하여 현장 책임자의 검사를 받아야 하며 실습 종료 후 3일 이내에 지도교사에게 제출하도록 한다.

열두 번째, 도착 신고서는 실습할 산업체에 도착 후 산업체장의 확인을 받아 3일 이내에 지도교사에게 제출한다(우송 가능).

열세 번째, 실습완료 인정서는 현장실습 완료 후 산업체장의 확인을 받아 지도교사에게 제출한다.

열네 번째, 현장실습 평가서는 현장실습 완료 후 산업체의 장과 산업체 실습지도 책임자의 확인을 받아 지도교사에게 제출한다(해당 산업체에서 직업 지도교사에게 우송 가능).

(카) 현장실습 파견절차

학교실정에 맞는 현장실습생 산업체 배정 규정을 제정하여 운용한다. 현장실습생 파견 절차는 다음과 같다.

첫째, 학생에 관한 제반 사항을 조사한다.

둘째, 실습업체의 제반 조건과 비교하여 학생을 업체에 서류상으로 배정한다.

셋째, 학생에게 배당된 실습업체의 위치, 생산품, 규모, 하는 일 등을 알려주고 학생의 동의를 받는다. 이의가 제기되면 재조정한다.

넷째, 업체에 파견된 학생의 인적 사항을 알려준다.

다섯째, 학생에게 실습업체의 주소, 전화번호, 접근방법, 도착일시, 최초 면담자의 직책 및 성명을 주지시킨다.

여섯째, 실습관련 제반 서류를 배부해 준다.

일곱째, 파견할 때 교사가 직접 인솔하지 못할 때는 조장을 선입하여 행동통일을 기하게 한다.

3) 외국의 직업교육 동향

(1) 직업교육 체제의 다양성 추구

선진화된 나라들의 일반적 직업교육 경향은 의무교육이 끝나는 16 ~ 18세부터 시작되며 그 체제는 매우 다양하다.

유럽 대부분의 나라들은 의무교육을 마치면 부분적으로는 중학교 단계에서부터 그리고 본격적으로는 고등학교 단계부터 복선형 체제로 여러 형태의 직업교육이 이루어지고 있다. 그러나 우리나라를 비롯한 일본, 대만 등 아시아 나라들과 미국 등은 단선형 제도에 의해 직업교육이 실시되고 있다.

복선형 교육체제에서 직업교육이 실시되고 있는 독일에서의 직업교육은 한국의 중학교 단계에 해당되는 과정에서부터 짐나지움(gymnasium), 레알슐레(realschule), 하우프트슐레(hauptschule)의 세 가지 유형이 있는데 학생의 능력과 적성에 따라 그 중 한 학교를 선정받아 직업교육을 받게 된다.

그리고 중학교의 졸업생들은 대부분 이원화 제도에 의해 산업현장에서 4일 전후의 도제교육과 1 ~ 2일 정도의 학교교육을 교대로 받는 직업학교(berufschule)에서 직업교육을 받는다.

최근에는 이원화 제도에 대해 회의적인 논의가 제기되고 있는데 그 이유는 독일의 대학생 수가 도제제도에 의해 교육을 받고 있는 학생(apprentice) 수 보다 많아졌다는데 있다. 이는 독일 역사상 처음 있는 일로서 독일의 하우프트슐레와 이원화 제도의 교육체제에 대해 재검토할 필요성이 있다는 것을 시사하고 있는 점이라고 한다.

우리나라를 비롯한 일본, 대만 등의 다선형 교육체제하에서도 일반계 고등학교와 전문계 고등학교로 분리 운영되고 있다. 그러나 최근 세계개발은행(world bank)은 고등학교에서 일반계 고등학교와 전문계 고등학교를 분리 운영하는 것은 바람직하지 않다고 보고한 바 있다. 즉, 고등학교에서는 보통과정과 직업과정을 함께 교육받을 수 있는 종합고등학교(comprehensive high school) 체제가 바람직하다고 제안하였다.

종합고등학교 체제는 스웨덴, 영국, 독일, 미국과 같은 나라에서 쉽게 찾아 볼 수 있다. 일본의 경우는 종합고등학교는 아니지만 주로 대학입시 준비교육이 강조되고 있는 인문고등학교와 직업준비를 목적으로 하고 있는 직업고등학교의 교육과정도 폭넓은 보통교육을 이수할 수 있게 종합과(comprehensive course)를 최근 시범, 설치 운영하고 있다.

(2) 직업교육 체제간의 종적 연계 강화

오늘날 선진 여러 나라들의 직업교육 경향은 첫째, 고등학교와 고등교육기관에 유기적으로 연계지어 실시하려는 경향이 높아지고 있다. 예로써 미국의 경우 고등학교와 전문대학 간의 유기적인 연계체제를 통한 직업교육을 실시하기 위하여 2+2 체제, 즉 tech prep program을 설치 운영하고 있다.

2+2체제는 고등학교 2학년부터 전문대학에 진학하는 것을 목적으로 하는 학생들을 대상으로 고등학교 2,3학년과 전문대학 1,2학년, 즉 4년에 걸쳐 이수하여야 할 교육과정을 고등학교와 전문대학 간에 사전 협의를 통하여 편성하고, 이에 맞춰 운영하는 교육체제이다.

고등학교와 고등교육기관과 연계를 짓고 있는 또 다른 유형은 중학교 졸업생을 대상으로 하는 5년제 고등전문학교제도이다. 이 제도는 일본과 대만에서 실시하고 있는 경우로써 1960년대와 1970년대에는 훌륭한 직업교육체제로 높이 평가받았다.

그러나 1980년대 후반에 접어들면서 장점 못지않게 여러 가지 단점이 점점 더 제기되어 5년제 고등전문학교의 개선을 위한 다각적인 방안을 강구하고 있다.

그래서 일본에서는 직업교육기관 간에 새로운 형태의 연계체제가 구축되고 있다. 즉, 직업고등학교와 전수학교(90% 이상은 전문학교)와의 연계로서 직업고등학교 재학생이 동일계열의 전수학교에서 일정교과를 이수하게 하여 자격증 취득을 용이하게 하고 있다.

프랑스, 독일, 스위스, 오스트리아 등의 나라에서도 고등학교와 단기 고등교육기관 간의 연계를 통하여 교육 프로그램을 이수하게 하여 이에 상응하는 자격증을 취득하게 하고 더 나아가 계속해서 직업학사(vocational baccalaureate) 과정으로 연계할 수 있는 방안을 강구하고 있다.

최근 선진 여러 나라에서는 학교 간에 벽이 무너지고 있다. 일반적으로 동일지역사회 내에서는 가능하면 일반계 고등학교 학생이 전문계 고등학교 직업과정을 이수하게 하고, 일반계 고등학교의 보통교과 담당교사가 전문계 고등학교에도 동일교과를 담당하게 된다든지, 시설의 공동이용 등을 활발히 확대, 전개하여 학교교육기관과 사회교육기관 간에도 상호간에 동일교과 이수를 인정하는 체제로 전환되고 있다.

이런 상호 접근 교육현상은 OECD 회원국들이 최근 교육정책을 결정하면서 교육과 훈련, 학교교육(formal education)과 사회교육(nonformal education) 그리고 일반교육(general education)과 직업교육(vocational education) 간의 낡은 개념과 구분을 없애고 학습체제를 재조직해야 한다는 주장과 연계지어 이루어지는 경향으로 볼 수 있다.

고등교육이 엘리트 교육 단계를 지나 대중화 단계를 거쳐 보편화 단계에 있는 나라에서 국민의 교육수요 충족을 위해 다양한 직업교육이 강조되고 있는 것은 필연적인 결과이다. 특히 선진화되어 가는 나라일수록 직업교육의 중핵과정이 고등학교 단계에서 고등학교 이후(postsecondary education) 단계로 상향 이행되고 있다.

또한 고등교육기관 중 단기고등 교육기관의 직업교육체제가 더욱 다양하고, 직장인을 위한 성인을 대상으로 한 직업교육도 활성화되고 있다. 미국에는 약 22,000개의 직종이 있는데 그 중 75%가 고등학교 졸업 후 1 ~ 3년 정도의 학력을 지닌 소위 한국의 전문대학 졸업 수준의 학력을 지닌 사람을 필요로 하고, 학사학위 이상의 학력을 요구하는 직종은 18%정도로 파악되고 있다. 따라서 미국의 직업교육은 고등학교 이후의 단기고등 교육기관에서 집중적으로 실시되고 있음을 알 수 있다.

일본의 경우도 18세 대학입학 적령 인구 중 실제로 매년 고등교육기관에 입학한 4년제 대학 입학자가 45.7%, 단기대학(우리나라의 전문대학에 해당)은 21.8%, 5년제 고등전문학교에는 1% 그리고 전문학교에는 31.5%로 밝혀지고 있다. 이러한 계수상의 비교를 통해 볼 때 일본의 경우도 고등교육 입학자 중 54.3%가 단기 고등교육기관이고, 4년제 대학은 45.7%로 일본의 직업교육이 단기 고등교육에서 강조되고 있음을 알 수 있다.

(3) 실용적인 교직능력 함양을 위한 교사의 양성

오늘날 선진 여러 나라의 교사자격은 직업현장에서 필요한 교육학적 능력이 어떤 교직과목을 얼마나 많이 이수하고 무엇을 어느 정도 아느냐가 중요한 것이 아니라, 교육현장에서 실제로 적용하고 실천할 수 있는 능력을 얼마나 가지고 있느냐가 중요시되고 있다.

그래서 직업 · 기술교사 양성은 능력중심 교사교육(competency based teacher education 또는 performance based teacher education)이 강조되고 있다. 이들 나라들은 직업 · 기술교사 양성에 있어 능력중심 교사교육을 강조하기 위하여 최근에는 직업교육에 관한 전문적인 능력 외에 직업교육에서의 컴퓨터 활용, 성인을 위한 직업·기술교육 등에 관한 능력 등을 추가로 강조하고, 직업·기술교사 양성을 위한 교직과목의 다양화와 대학 및 학과에 자율성을 부여하고 있다.

예로써 미국에서는 교사교육을 주로 담당하고 있는 대학에서의 교직과목 편성과 이수학점을 대학자율에 일임하고 있어 대학들은 직업교육 전공학과의 특성에 따라 다양하게 개설 운영되고 있다.

이상과 같은 관점에서 볼 때, 우리나라가 교사자격증을 취득하기 위하여 20학점 이상의 교직과목 명칭이 지정되어 있어 어떤 교사자격증을 취득하든 간에 교과교육에 관한 2과목 4학점을 제외하고는 똑같은 교육학 중심의 교직과목을 이수하는 나라의 예는 매우 드물다.

그러므로 우리나라에서의 직업·기술교사 양성체제는 교사양성 교육과정과 자격증과의 불일치, 교사수급 불균형, 상치 교과 담당교사의 증가, 전공분야 실기능력 부족, 교직과목의 부적절성, 고등교육에서 직업·기술교육 담당교수양성 등의 면에서 외국의 사례가 시사 하는 바 크다.

(4) 학생 중심의 교육과정 개발과 운영

직업교육을 위한 교육과정은 학교나 정부 측이 고용주와 노동조합, 상공회의소 대표들과 함께 개발하여 '교육 수요자 중심'으로 운영하는 것이 선진국의 일반화된 경향이다. 교과과정도 직무분석이나 직업군 분석에 의해 개발되기 때문에 학교에서 배우는 내용과 현장에서의 직무능력 간에 연계성이 높고 관련분야 자격증 취득도 용이하다.

수업은 모듈수업(modular instruction)에 의해 전개되고 있으며, 이를 위해 교재도 모듈수업에 적합하도록 편찬되는 경향이 많으며, 수업 자체도 개별화 수업을 중요시하고 있으며, 학사운영 역시 매우 내실 있게 운영되고 있다. 실례로 Hong Kong Polytechnic의 경우는 동일 분야를 전공하더라도 전일제 학생으로 주간과정을 이수하면 3년 만에 졸업할 수 있는데 야간과정을 택하면 주간과정에서 3년 만에 이수할 내용을 5년 걸쳐 이수하도록 교육과정을 편성 운영하고 있다.

(5) 산학협동 체제의 강화와 교육지원 체제의 체계화

학교와 산업체 간의 파트너십이라 불리어지는 산학협동은 직업교육의 성패를 좌우하는 중요한 원인이다. 그러므로 이들 나라들은 정부나 지방정부 차원에서 직업교육을 위한 행정조직이 매우 체계적이다. 특히 산업인력의 양성, 배분, 관리를 일관성 있게 하기 위하여 최근에 교육부와 노동부가 통합되어 가는 경향을 보이고 있다. 그 실례로 호주는 이미 1987년에 교육부와 노동부를 통 · 폐합하여 고용, 교육, 훈련을 하나의 부처에서 담당하고 있으며, 영국에서는 교육을 담당하는 부서와 노동부의 통합이 이루어졌다.

그리고 중앙에는 직업교육을 총괄하는 위원회가 설치 운영되고 있다. 더욱이 아시아 여러 나라들을 제외한 이들 대부분의 나라는 직업교육기관을 국립 또는 공립으로 설립 운영하고 있다. 그러나 우리나라는 국가와 사회가 필요로 하는 인력양성의 직업교육을 개인이 설립 운영하는 직업학교에의 의존율이 너무 높아 이들에 대한 재정적 지원은 매우 미흡한 실정이다. 그 밖의 선진 여러 나라에서의 직업 교육과 관련된 제도적 특징으로는 졸업생들의 직무능력을 객관적으로 평가하는 방법으로 시행되는 공신력 있는 자격검정제도이다. 이들 선진화된 나라에서는 직업교육의 질 관리의 하나로 자격검정제도를 철저히 시행하고 있다. 또한 자격검정종목도 이공계열 뿐만 아니라 인문 사회계열을 위시해서 모든 직종에 걸쳐 필요에 따라 확대하고 있다. 이에 비하여 우리나라는 정부가 직업교육의 양적 문제에 관해서는 많은 관심을 보이고 있으나, 직업교육의 질 관리를 위한 직업교육 평가체제 자격검정제도, 그리고 양성된 인력의 배분 및 관리의 중요성에 비해 정책적 배려가 미흡한 실정이다.

제9장 미국의 고등학교 직업교육

제 9 장
미국의 고등학교 직업교육

제 1 절 직업교육 정책

01 개혁 · 개편의 배경 및 방향

최근의 미국 교육개혁은 주로 두 가지 시대적 요구에 의하여 시작되었다. 그 첫째, 국가의 국제경쟁력을 제고 하는 것이고, 다른 하나는 사회 · 경제 · 문화적으로 불이익을 받는 집단들의 학업성취도를 향상시킴으로써 교육기회의 균등을 보장하는 것이다. 이 두 가지 시대적 요청이 결국 21세기 미국의 흥망성쇠와 직결된다는 위기의식이 커지게 되어, 국가적 차원에서의 체계적인 교육개혁 추진의 필요성이 제기되었다.

특히, 직업교육은 청소년들의 중도탈락률을 줄이는 동시에 성인에게는 평생학습에 대한 기회를 제공하고, 대학에 진학하지 않거나 진학하지 못하는 학생들을 수용하며, 또한 농업, 상업, 마케팅, 의료, 가정경제,

무역, 기술・정보 등에 대한 다양한 과정을 제공하였다.

그러나 대학에 진학하지 않는 학생들의 높은 실업률과 방황, 부실한 인력양성의 주원인이라는 비난을 받으면서 80년대 이후부터 다양한 개혁방안이 모색되고 있다. 이를 위한 구체적인 교육개혁의 실천 방안을 10가지로 정리하면, 첫째 직업기초능력의 습득을 강조한 것이다. 사회에서 요구하는 지식과 기술이 빠르게 변화되기 때문에, 학교에서는 졸업 후 바로 직무를 수행할 수 있을 정도의 전문적인 지식과 기술을 가르치기보다는 직업세계에 필요한 기초적인 지식과 기술을 가르치는데 중점을 두고 있다.

둘째, 책무성을 강조한 것이다. 학교에 대한 정부의 규제는 최소화하되, 일정한 학교 평가기준에 도달하지 못한 학교에 대해서는 실패에 대한 책임을 묻는 한편, 성과가 뛰어난 학교에 대해서는 보상을 해 준다. 학교의 책무성에 판단기준은 주로 학생들의 교육 성취기준 달성 여부이다.

셋째, 단위학교의 자율성을 확대한 것이다. 교육개혁을 위하여 각 학교에 대한 연방정부의 지원을 확대함과 동시에 각종 규제는 완화하여 각 학교의 자율성을 최대로 부여한다.

넷째, 평생 직업교육체제를 구축한 것이다. 미국에서의 직업교육은 종국교육이 아니라 직업인 양성을 위한 직전교육, 취업 후의 계속교육, 직무능력 향상을 위한 직장에서의 인적자원개발과 같은 사회교육을 포함하는 평생 직업교육체제 하에서 이루어지고 있다.

다섯째, 교육수요자의 요구를 적극 반영한 것이다. 누구든지, 배우고 싶은 내용을, 언제라도 수요자가 편한 시간에, 다양한 방법으로 배울 수 있도록 수요자들의 요구를 적극적으로 수렴하여 직업교육을 계획・운영하고 있다.

여섯째, 학교의 종적 연계를 강화한 것이다. 대학에 진학하지 않는 학생들을 대상으로 고등학교 단계의 직업교육과정과 2년제 대학의 직업교육과정을 연계·운영하는 Tech Prep 등을 실시함으로써 학교의 종적 연계를 강화하고 있다.

일곱째, 고등교육에서의 직업교육을 강화한 것이다. 사회에서 요구되는 지식과 기술 등의 수준이 점차 높아짐에 따라 고등교육에서의 직업교육 역시 강화하고 있다.

여덟째, 고등교육에서의 직업교육체제를 다양화한 것이다. 고등교육에서 직업교육프로그램은 학위과정, 비학위과정, 전일제, 정시제 등 교육자의 요구에 부응하기 위하여 다양한 유형으로 개설, 운영되고 있다.

아홉째, 직업기술교사의 자격요건으로 산업현장 경험을 강조한 것이다. 직업기술교사가 되기 위해서는 취득하고 있는 교사자격증과 밀접한 관련이 있는 산업현장에서 일정기간 이상의 직무경험이 필수적으로 요구되고 있다.

열 번째, 성취정도를 파악할 수 있는 평가준거를 마련한 것이다. 직업교육의 성패를 평가할 수 있는 기준이 표준화되어 있지 않기 때문에 학생들이 제대로 배우고 있는지 혹은 학교에서 학생들을 제대로 가르치고 있는지를 판별하기 어렵고, 이는 직업계열 학교에 대한 전반적인 불신으로 이어지고 있다는 지적에 따라 학생들의 성취정도를 파악할 수 있는 평가준거를 마련하고 있다.

02 지원정책

연방정부는 부분적인 개혁보다는 교육제도 전반에 걸쳐 총체적이고 통합적인 개혁을 계획하고 추진하고자 주와 지방에 자금을 지원하였고, 보다 체계적인 교육개혁을 추진하기 위한 취지로 클린턴 대통령과 연방교육부가 교육개혁을 추진하였다.

그 중 고등학교 직업교육을 위한 구체적인 지원정책을 크게 네 가지로 정리하면 첫째, 학교 현장에 유능한 교원을 확보한 것이다. 이를 위해서는 유능한 수석교원들을 발굴하고 보상하여야 한다. 국가전문교직기준위원회(National Board for Professional Teaching Standards)는 1995년 이래 500명 이상의 수석 교사들을 발굴하였으며, 향후 10년 간 대통령실 예산으로 유능한 수석 교사 10만 명에게 자격증을 부여할 예정이다.

그리고 사회의 전문직업 종사자를 교직으로 유인한다. 교사 재교육은 주로 야간 대학원에서 담당하며, 교사들은 수시로 원하는 과목을 선택하여 학점을 축적해 갈 수 있도록 한다. 또한 학교 자체의 연수 프로그램과 교사 주도의 연수 프로그램 강화한다.

둘째, 공교육의 선택권을 확대하고 책무성을 강화한 것이다. 이를 위해서는 학부모의 학교선택권을 넓혀야 한다. 책무성을 강화하기 위해서 기준에 미치지 못하는 학교를 신속하고 직접적으로 개선하고 또 이를 위해서는 학교 평가기준을 명확하게 책정하고, 교장과 교사들에게 재량권과 권위를 보다 많이 부여하는 대신 실패에 대한 책임을 묻는 한편, 성과가 뛰어난 학교는 이에 준하는 보상을 한다.

셋째, 평생교육을 지원한 것이다. 학교와 기업을 연결하여 학업에 종사하면서 일을 배울 수 있도록 함으로써 고등학생들의 중도 탈락률을 낮추고 바로 대학에 진학하지 않는 학생들의 흥미를 계속해서 유발하는 「학교직장연계법(School-to-Work Opportunities Act)」을 비롯하여, 직업교육과 평생교육 방안을 강구한다.

마지막으로, 교사와 학생들의 정보기술 소양 교육을 강화하고 장비를 지원한 것이다. 1995년 클린턴 대통령은 다음의 네 가지 중점 추진 사업을 표명하였다. 그것은 모든 학교와 교실을 초고속 정보망으로 연결하고, 모든 교사와 학생들에게 첨단 컴퓨터 이용 기회를 제공하며, 교육과정에 필요한 양질의 소프트웨어와 온라인 학습 자료를 개발하는 것이다. 또한 모든 교사가 학생들의 정보교육을 담당할 수 있도록 최대한의 훈련과 지원을 제공하는 것이다.

03 관련 법령 및 제도

미국의 법규들은 연방정부가 직접적으로 교육을 지원하거나 통제하도록 규정하지는 않고 있다. 그러나 연방정부는 직업교육에 대한 지원을 연방법에서 규정하는 등 국가적 차원에서 직업교육에 관심을 갖고 있다.

이와 같은 연방정부의 직업교육에 대한 계속적인 관심은 「직업교육법(Vocational Education Act)」을 1963년에 제정하면서부터 본격적으로 직업교육에 대한 연방정부의 역할을 증대시켰다. 이 법은 ① 이미 인정된 프로그램의 확대 및 새로운 프로그램의 개발, ② 연구와 실험의 촉진, ③ 직업 프로그램들 중에서 청소년들에게 계속 장려할 수 있는 work-study 프로그램의 제공, ④ 직업교육 관련 시설의 건축을 위한 자금 등에 관한 사항들을 규정하고 있다.

이 법은 1968년에 1963년 법의 내용을 더욱 확대, 강화하는 방향으로 개정되었다. 개정된 주요 내용으로는 현존하는 직업교육 프로그램을 유지・확대・개선하고, 새로운 직업교육 프로그램을 개발하며, 경제적 수입이 필요한 청소년들에게 시간제(part-time) 일을 제공하는 것

등을 규정하였으며, 지역주민에 대한 직업교육 및 협동교육 등이 새롭게 부각되었다.

또한 1976년에는 「Vocational Education Act(1963)」를 다시 개정하였는데, 1968년의 개정과 마찬가지로, 1976년의 개정에서도 직업교육에 대한 연방정책이 더욱 완전하게 현실화될 수 있도록 요구되는 과정과 절차에 대한 규정을 더욱 강화하는 방향으로 개정하였다.

한편, 직업교육과 밀접한 관련이 있는 진로교육에 대한 연방정부의 지원은 1970년대 초에 시작되어 1970년대에 걸쳐 계속 강화되었다.

특히, 1977년에는 진로교육에 대한 연방정부의 독립적인 지원을 위하여 「진로교육 진흥법(Career Education Incentive Act)」을 1977년에 제정함으로써 진로교육 활동에 대한 대폭적인 예산지원이 이루어졌다. 그러나 1980년대에 접어들면서 경기침체 및 진로교육에 대한 예산위원회 및 입법관련 담당자들의 이해부족으로 진로교육에 대한 예산지원은 대폭적으로 삭감되었으며, 1982년에는 「Career Education Incentive Act」가 거대한 정액교부금(Block Fund)으로 통합되면서 하나의 독립된 연방정부 지원 프로그램이었던 「Career Education Incentive Act」는 사실상 폐지되었다.

1980년대에 접어들면서 미국 연방정부는 청소년과 미숙련 성인들의 직업능력을 개발할 수 있는 프로그램의 설치와 저소득 계층 및 취업에 심각한 장애를 가진 사람들에게 직업훈련(Job Training)을 허용하는 것을 주요내용으로 하는 「직업훈련지원협력법(Job Training Partnership Act)」을 1982년에 제정하였는데, 이 법에서는 정부 및 기업, 노동, 교육계 대표들로 구성된 지역 및 주 민간기업협의회(Private Industry Councils)를 설치하여 훈련 프로그램을 운영하도록 하였다.

1990년대 중반에는 학교교육과 산업체간의 산학협력 강화를 위한 School-to-Work 프로그램의 제도적 지원을 내용으로 하는 「School-to-Work Opportunities Act(1994)」를 새롭게 제정하였으며, 1990년대 후반에 이르러서는 변화하는 기술 및 산업 환경에 적극적이고 유연하게 대응할 수 있는 종합적인 직업교육훈련체제 구축이 강조되면서 기존 법안의 강제규제조항을 완화하는 한편, 직업교육 및 훈련에 관해 개별적으로 규정해 온 별도의 법안을 대대적으로 수정하고 통·폐합하는 방향으로 직업교육 관련 법규들을 정비해 가고 있다.

제2절 직업교육 체제

01 학제를 중심으로 한 직업교육 체제

1) 미국 교육의 학교제도

직업교육의 학제를 살펴보기 전에 먼저 미국 교육의 학제를 알아보고자 한다.

미국의 주는 대부분의 경우 중등교육까지 무상 의무교육을 실시하고 있다. 주마다 약간의 차이는 있으나 대체로 6세에서 16세까지의 학생들이 무상의무교육을 받고 있다.

취학 전 교육은 만 2세부터 4세까지의 아동을 교육의 대상으로 하는 유아원(Nursery School)과 만 5세의 아동을 대상으로 하는 유치원(Kindergarten)으로 구성된다.

근래에 유치원은 K학년이라는 이름으로 초등학교 저학년과 함께 언급되고 있으며 이에 따라 중등교육까지의 교육체제가 K-12의 교육체제라고 일컬어진다. 그리고 많은 주에서 유치원 교육을 초등학교의 무상 의무교육과정으로 포함시키고 있기 때문에 실질적인 의미의 취학전 교육은 유아원 교육이라고 볼 수 있다.

초등교육은 연령별로 만 6세에서 12세, 또는 만 6세에서 14세, 또는 만 6세에서 9세까지를 대상으로 하며, 학년으로 보면 일반적으로 6학년까지를 의미하나 주에 따라서는 4학년이나 8학년까지 초등학생으로 불리는 경우도 있다.

중등교육의 대상을 일반적으로 7 ~ 12학년이지만, 주에 따라 그 범위가 달라진다. 중등학교를 구분하는 명칭도 고등학교(High School)와 중학교(Middle School), 상급 중등학교(Senior High School)와 초급 중등학교(Junior High School), 중등종합학교(Combined Junior-Senior High School) 등으로 다양하다. 그러나 많은 경우 고등학교가 9 ~ 12학년에 걸쳐 있다.

고등교육도 매우 다양하게 운영되고 있으며, 2년제 직업 및 기술전문대학(Vocational/Technical Institution), 2년제 초급 및 지역사회대학(Junior or Community College), 4년제 단과대학 및 종합대학(Colleges and university) 등으로 나눌 수 있다.

이상과 같은 미국의 학제를 정리하면 [그림 9-1]에서 제시하였듯이, 미국의 학제는 매우 다양하다는 것을 알 수 있다. 미국의 학교제도는 이와 같이 다양한 형태를 취하고 있지만, 학년중심의 교육과정 운영을 통해, 학생의 학구 및 학교간 이동을 보장하고 있다. 미국의 학제는 역사적 연원, 학교간 거리, 학교구의 크기, 학생 인구의 급격한 증감, 교원수, 교육적 요구에 따라 무척 다양하다.

그림 9-1. 미국의 학교 제도

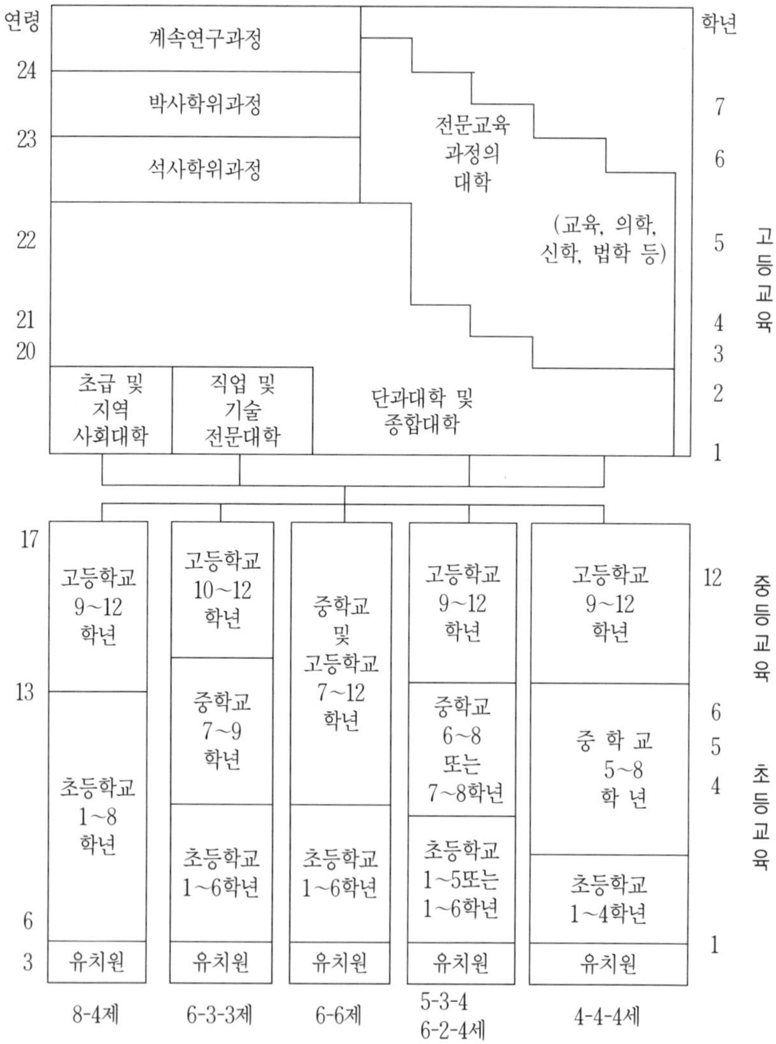

자료 : National Center for Education Statistics(1996). Digest of Education Statistics 1996. Washington, D.C: U.S. Deapartment of Education Office of Educational Research and Improvement. 7.

미국에서는 한 주안에서도 다양한 형태의 학제가 운영되고 있는데, 주류를 이루고 있는 학제는 초등학교를 8년, 고등학교 4년을 다니는 8-4제, 초등학교 6년, 중학교 3년, 고등학교 3년을 다니는 6-3-3-제, 초등학교 6년, 중학교 및 고등학교 6년을 다니는 6-6제, 초등학교 5 ~ 6년, 중학교 2~3년, 고등학교 4년을 다니는 5-3-4제 및 6-2-4제, 초등학교 4년, 중학교 4년, 고등학교 4년을 다니는 4-4-4-제 등이다.

이 중 가장 많이 채택하고 있는 학제는 6-3-3-제이지만, 소규모 학교군에서는 8-4제, 6-6제가 선호되고 있고 그 밖에도 6-2-4제, 4-4-4제, 5-3-5제 등 다채롭다. 학교의 형태로는 인문계 고등학교, 공립 종합 고등학교, 기술 및 직업 고등학교, 사립 고등학교 등이 있다.

종합고등학교체제는 수재에서 부진아까지 다양한 능력과 일류 대학에서 트럭 운전기사를 꿈꾸는 다양한 진로의 학생들이 한 지붕 아래 민주적 환경에서 배우도록 한 지극한 미국적인 구상의 학교이다.

2) 직업교육의 학교제도

미국의 직업교육 중심의 학제를 보면 우리나라에서 중학교인 전기중등교육에서는 일반적인 직업교육을, 고등학교인 후기중등교육에서는 직업적 소양 개발 및 직업훈련 준비를 한다.

후기중등교육은 직업기술 고등학교 및 일반교육과 직업교육을 함께 운영하고 있는 종합 고등학교가 있다. 또한 2년제인 직업 및 기술전문 대학과 2년제 초급 및 지역사회 대학에서 고등교육기관으로서 직업교육을 담당하고 있다.

그림 9-2. 미국의 직업교육 체제

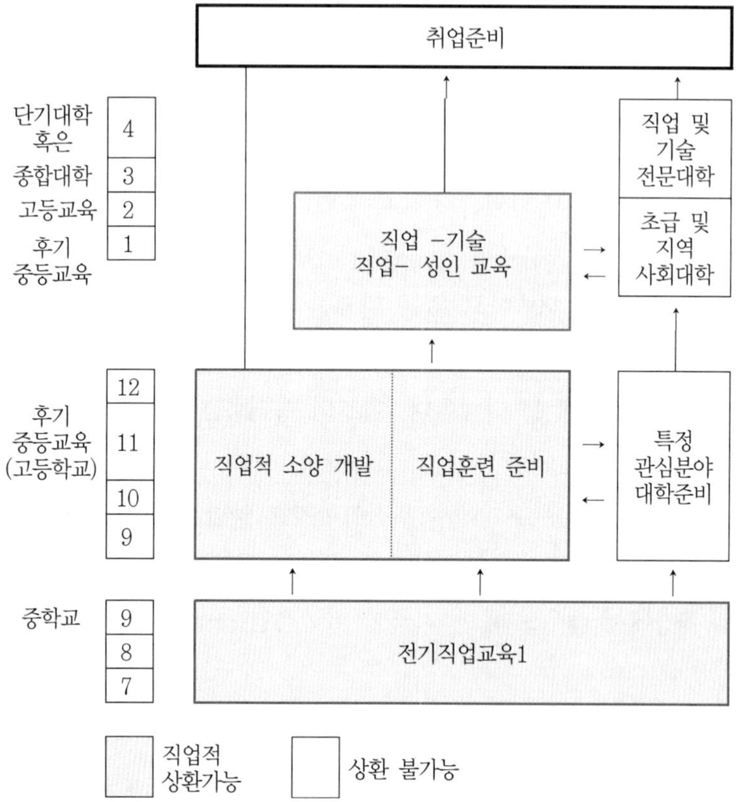

자료 : Occupational Education(1977). Course of study for Elementary and Secondary Schools K-12. Curriculum/Administration Series. North Carolina. Dept if PublicIntroduction.

직업교육의 경우 첫 단계는 우선 학생·아동이 모든 직업에 대한 폭넓은 지식을 몸에 익숙하도록 배려하는 것으로부터 출발한다. 다음으로는 학생·아동의 능력과 적성을 신장하면서 의욕을 돋우기 위하여 필요한 직업에 대한 “오리엔테이션”이 행하여지고 중학교 단계에서는 직업에 대한 이해를 높여주며 고등학교 또는 그 이상의 단계에서는 취업준비를 하는 것으로 되어 있다.

고등학교와 그 이상의 단계에서 실시되고 있는 취업준비교육은 미국에서도 한국과 마찬가지로 고등학교 전문계 과정과 2년제 초급대학을 비롯하여 기술계통의 각종 대학에서 직업과 관련되어 실시되는 기술교육을 의미한다.

미국 내 직업교육 기관은 종합고등학교(Comprehensive high school), 지역 직업기술센터(Area Voc-tech centers), 직업고등학교(Vocational high school), 전문대학(Community college), 특수학교(School for the handicapped), 교도시설(Correctional facility) 등으로 분류될 수 있다.

이 중 지역 직업기술센터에서는 중등단계 학생뿐만 아니라 성인도 교육대상이며, 직업고등학교에 비해 광범위한 지역에 분포되어 있다. 또한 종합고등학교에 비해 프로그램이 깊이 있고, 연계적이다. 직업고등학교의 경우 17개 주에만 분포되어 지역에 제한이 있으며, 지역에 따라서 일반교육과 직업교육을 병행하고 있는 경우도 있다. 이 중에서 중등단계 직업교육은 주로 종합고등학교의 직업과정과 “고등학교 아카데미”라고 불리는 직업고등학교 등에서 전문적으로 실시되고 있다.

종합고등학교는 미국 내 고등학교 중 가장 보편적인 형태로서 일반교과와 직업교과 교육이 함께 이루어지는 통합 교육기관이다. 종합고등학교에서의 직업교육은 고등학교 졸업 후 바로 노동시장에 진입하여 취업하거나 아니면 기술계통의 대학에 진학하여 해당 분야의 직업교육을 계속 이수하려는 학생들을 대상으로 실시되고 있는데, 직업교육과정에 따라 다시 소비자 및 가사교육과정, 일반 노동시장 준비과정, 특정 노동시장 준비과정으로 구분된다.

직업 아카데미에서의 교육과정은 일반적으로 다른 고등학교에서는 제공되지 않으며, 각 아카데미는 커뮤니케이션 관련 예술, 공업기술, 건강 보건 서비스, 상업 등의 특정 직업분야 중심으로 운영되고 있다. 직업 아카데미를 졸업한 후 학생들의 진로는 직업세계로 곧장 진출하거나, 대학의 관련 분야로 진학한 것이다. 또한 직업 아카데미에서도 지역사회 내의 칼리지나 후기중등교육기관과 교육과정을 연계하여 운영하기도 한다.

02 고등학교 직업교육 체제

1) 일반계 교육과 전문계 교육의 비율

중등단계에서의 교육은 다양하게 대학진학을 준비하는 교육(College pre-paratory)을 담당하는 일반계 고등학교와 취업을 목적으로 하는 직업교육(Vocational schools)을 담당하는 직업·기술 고등학교, 대학준비와 취업준비를 선택할 수 있도록 전문계열과 대학진학계열이 함께 들어 있는 일반교육(General school)을 담당하는 종합고등학교로 이루어지고 있다.

〈표 9-1〉에서 제시하였듯이, 고등학교 졸업반 학생들의 계열별 비율을 살펴보면 1992년 미국 고등학교를 졸업한 학생들을 1982년에 비해 직업계열이 26.9%에서 11.9%로 감소하고 있고, 반면에 대학 진학을 준비하는 인문계열이 37.9%에서 43%로 증가하고 있음을 보인다.

〈표 9-1〉 고등학교 졸업반 학생들의 계열별 비율

(단위 : %)

연도	일반계열 (진학 + 취업 준비 과정)	인문계열 (대학 진학 준비)	직업계열 (취업 준비)
1982	35.2	37.9	26.9
1992	45.3	43.0	11.9

자료 : NCES(1999). Vocational Education in the United States in 1990's. [On-line]. Available: ttp://www.ed.gov/offices/OVAE/datastat.html.

또한 진학 및 취업교육을 동시에 운영하고 있는 일반계열이 45.3%로 가장 많은 비중으로 차지하고 있다. 이는 즉, 고등학교에서 자신의 진로를 선택할 수 있도록 자율성을 부여하는 학교가 더욱 인기가 높다는 것을 알 수 있다.

미국의 학생 중에서 대학진학을 준비하는 인문계열 학생은 전체 학생의 43%, 명확히 특정 영역의 직업을 준비하는 직업계열 학생은 12%, 그리고 이를 통합한 일반계열 학생은 45%를 점하고 있다. 여기서 순수 직업계열 학생은 12%에 지나지 않음을 알 수 있다. 따라서 일반계열(진학+취업) : 인문계열(진학) : 직업계열(취업)은 45 : 43 : 12로 나타낼 수 있다.

2) 국립 · 공립 · 사립의 비율

미국 중등단계의 교육유형은 일반계 고등학교(Classical high school), 직업 · 기술고등학교(Vocational and technical high school), 종합고등학교(Comprehensive high school) 등으로 구분된다.

다음 〈표 9-2〉에서 제시하듯이 전체의 약 80%가 공립고등학교가 차지하고, 사립고등학교가 약 20%정도 차지하고 있어 사실상 미국 고등학교 전형은 공립고등학교라고 볼 수 있다.

공립고등학교는 4년제인 공립과 2~3년제인 공립, 또한 공립직업기술기관이 있으며, 사립고등학교는 4년제 사립과 4년제 미만인 비영리 사립고등학교가 있으며, 영리를 목적으로 하는 사립고등학교가 있다.

또한 4년제 공립고등학교는 종합고등학교가 58.8%를 차지하여 가장 많고, 그 다음으로 일반계 고등학교가 차지하고 있다. 반면에 2~3년제 공립고등학교는 취업만을 준비하는 직업-기술고등학교가 58.4%로 가장 많은 비중을 차지하고 있다. 이를 통해 직업-기술 고등학교는 2~3년제 고등학교가, 종합고등학교는 4년제 고등학교가 많다는 것도 알 수 있다.

〈표 9-2〉 고등학교 공립과 사립의 비율(1994년)

(단위 : %)

구 분	4년제 공립	4년제 사립 (비영리)	2~3년제 공립	4년제 미만사립 (비영리)	공립직업 기술기관	사립학교 (영리)
전체	39.9	17.3	36.7	0.3	1.6	4.8
취업 준비 (직업 · 기술고등학교)	21.8	6.3	58.4	1.2	1.8	10.5
취업준비+진학준비 (종합고등학교)	58.8	15.7	21.9	0.3	2.2	1.2
진학준비 (일반계 고등학교	52.3	26.4	18.7	0.0	1.5	1.0
기타 / 일반과정	31.2	12.8	47.4	0.3	1.6	6.8

자료 : National Center for Education Statistics(1994). National Education Longitudinal Study of 1988. Third Follow-up and High School Transcript Study.

03 진로지도 및 고등교육과의 연계 체제

1) 중앙정부 차원의 진로개발 지원체제

정부에서는 진로개발 지원의 중요성을 명확하게 인식하고 이를 지원할 수 있는 다양한 구심체를 설치하여 운영되고 있다. 변동하는 노동시장에 따라 변화하는 고용상황과 정보에 대한 대중들의 요구는 광범위하게 지속적으로 증대됨에 따라, 이에 부응하기 위해 1976년 중앙직업정보 조정위원회 NOICC(National Occupational Information Coordinating Committee)를 설치하여 운영하고 있다.

NOICC의 기능은 크게 직업 및 진로에 관련된 정보체계를 구축하여 많은 사람들이 정보를 빠르게 쉽게 얻을 수 있도록 하는 전달체계(Career Information Delivery System) 구축을 지원하고 국가적 진로개발에 관련된 정책방향과 지침(National Career Development Guideline; NCDG)을 제시하고 있다.

이 NCDG는 학교, 고용 및 훈련 서비스 센터에서 그리고 학교에서 일터로의 전환(STOW) 프로그램들의 운영지침을 제공하고 있는 바, 40개 이상의 주정부의 One-Stop Career Centers와 그 밖의 관련기관에서 활용되고 있다.

NCDG는 여러 가지 상황 속에서 다양한 수준의 종합적인 능력기반(Competency-based)을 계획하고 개발하고 집행할 수 있는 기준 틀을 제공해 주고 있다. 또한 NOICC는 부설 CDTI(Career Development Training Institute)를 통해 직업훈련이나 진로지도 서비스 관련 영역의 직원들의 연수와 훈련의 서비스를 제공하고 있다.

2) 수요자 중심 서비스 전달체계 수립 및 운영

직업 및 진로지도를 위해 지역주민이 쉽고 가깝게 이용할 수 있는 지역서비스센터를 구축하고 있다. 청소년을 위한 진로지도 지원을 위하여 Career center 체계로 운영되고 있고, 성인 대상으로는 Employment center 체계로 양분되어 운영되고 있다. 주마다 상황이 조금씩 다르기는 하지만 청소년들이 쉽게 정보와 진로지도 서비스를 얻을 수 있는 지역 진로센터를 설치하여 운영하고 있다.

진로지도센터는 대상별로 대체로 이분화되어 있는 바, 청소년을 위한 진로센터로서 Career Services 혹은 Career Center를 구축하고 있고, 성인을 위한 센터로는 고용센터 Employment Center 혹은 Employment Service라는 명칭을 쓰고 있다. 그러나 평생학습의 개념이 점차 강화되면서 중앙정부차원에서는 이 두 개념을 통합시키는 노력이 진행되고 있음을 보여준다.

즉, 청소년을 위한 진학, 진로지도와 성인은 위한 고용, 직업지도는 개인의 생애개발이라는 관점과 평생 학습적인 관점에서 볼 때, 연계되어야 하는 요소라는 관점이 힘을 얻으면서 이들 체제를 통합시키고 있다. 특히 One-Stop Career Center의 개념에는 전 연령과 발달단계에서 활용할 수 있는 진로개발 관련 종합 서비스를 제공하고자 하는 아이디어가 분명히 제시되어 있다.

3) 수요자 중심 직업진로정보망 구축 및 운영

최근 진로개발을 지원하기 위해 중앙정부 차원에서의 전산화된 진로정보망을 구축하여 서비스를 제공하고 있다. ALX(America's Learning

Exchange), 각 주정부에서 제공하고 있는 '진로 정보전산 시스템'(Computerized Career Information Delivery System) 등이 그 예라고 할 수 있다.

최근에 진로정보망 구축에서 볼 수 있는 경향은 수요자 중심에서 정보망을 구축하고 제공하고자 한다는 것이다. 정보망은 서비스를 이용하는 최종 수요자를 위한 것이므로 이들이 보다 쉽게, 보다 효율적으로 정보를 얻어갈 수 있도록 구축되어야 할 것이다.

개인의 진로개발을 위해서는 교육 및 훈련의 기회에 관한 정보, 그리고 직업 및 고용에 관한 정보 등이 포괄적으로 제공되어야 하는데, 이와 같은 정보는 국가적 차원에서 수집·관리되어야 하고, 일종의 정보 인프라 역할을 하고 있기 때문에 중앙정부 차원에서 이를 지원하고 있다.

04 지원 현황 및 선발 방법

미국의 중·고교 교육은 의무교육이며 지역제이기 때문에 거주지역 내의 학교에 다녀야 한다(물론 사립학교에 다닐 때에는 관계가 없다). 교육의 책임은 연방정부에 있는 것이 아니라 각 주 정부에 있으며, 각 주 안에서도 지역마다 교육위원회가 있어서 자치적으로 교육을 시행한다.

학제를 살펴보면 한국의 중학교 1학년은 미국의 7학년에, 고등학교 3학년은 12학년에 해당되며 어느 학년을 교육시키는가에 따라 각각 middle school(6~8학년), intermediate school(7~8학년), junior high school(7~9학년), senior high school(9~12학년)로 구분된다.

미국의 중·고교에서는 상담사들이 우리나라의 담임역할을 한다. 상담사가 주로 하는 일은 학생들의 개인 시간표 작성 등 생활지도와 진학, 취업 등 학생들의 진로에 관해 상담한다.

미국의 학부모들은 학교 자문위원회에 참석하여 자신의 의사를 전달하는 등 학교행정에 참여하고 상담사와의 면담을 통해 자식들의 개인 시간표를 작성하는 등 많은 관심을 기울인다.

교육은 영어, 수학, 역사 과목을 위주로 이루어지며 학급당 인원은 23 ~ 24명 정도여서 개별적인 지도가 손쉽게 이루어질 수 있다. 우리나라와 다른 점은 체육, 예능 활동 등 과외활동이 활발하며 이것이 대학진학에도 유리하게 작용한다는 것이다. 또한 졸업규정을 살펴보면 한국의 대학과 같이 학점제여서 일정한 수의 학점을 채우고 졸업시험에 합격하며 졸업장이 수여된다.

사립학교의 교육도 대체로 공립학교에 준하여 실시되나 상당한 자율권이 부여되므로 학교에 따라 다양한 교육이 시행되고 있다. 공립학교와 사립학교의 수준에 대해서는 이견이 많으나 전체적으로는 사립이 조금 높은 편이다.

미국의 고등학교에는 AP프로그램(Advanced Placement 프로그램 : 뛰어난 고등학교 학생들을 위한 고급과정으로서 과정 이수 후 시험에 응시하여 5점 만점에 3점 혹은 4점 이상을 맞으면 대학에서 학점으로 인정해 주는 프로그램), 대안 교육(alternative education), 현장경험 교육(work experience education), adult education(성인교육) 등 다양한 프로그램을 제공하고 있다.

대학입학을 위해 고등학교 때 치러야 하는 SAT, PSAT, AT, ACT 등 각종 시험에 대해 서 알아보면, SAT(Scholastic Aptitude Test)는 우리나라의 수학능력시험과 같이 대학진학을 원하는 학생들이 치러야 하는 시험의 하나로서 총 3시간에 걸쳐 어학 및 수학 실력을 측정토록 문제가 출제된다. SAT는 고교과정의 이해정도를 측정하는 것이라는 점에서 한국의 수학능력시험과는 구별된다.

PSAT(Preliminary Scholastic Aptitude Test)는 SAT 응시 전에 학생이 대학교육을 받을 능력이 있느냐 없느냐를 측정하기 위해 치르는 것으로서 점수가 어느 정도 이상이면 대학 측에서는 더 이상 고려하지 않는다.

AT(Achievement Test)는 SAT와 같이 대학진학을 위해 보아야 하는 시험 중의 하나이다. AT는 모두 14개 과목에 걸쳐 실시되나 이 모두를 치를 필요는 없고 자신에게 필요한 과목을 골라 응시하면 된다. 대학에 따라서 SAT 점수만 요구하는 대학도 있으나 명문대학일수록 한 과목 내지 세 과목의 AT 점수를 원하고 있다.

ACT(American College Test)의 시험과목은 영어, 수학, 사회과학 및 자연과학의 4과목이다. ACT는 미국의 중서부 지역에 분포된 대학교에 주로 요구하는 시험이다.

05 학교교육 문제

미국 고등학생의 학교교육 문제는 한두 가지가 아니지만 가장 큰 문제는 학력저하 문제와 학생 생활지도 문제이다.

공립학교 교사들은 학교 밖의 인사들과는 달리 학교교육에 대해 전체적으로 긍정적으로 평가하고 있다. 학부모들은 자기 자녀가 다니는 학교에 대해서는 대체로 좋게 평가하고 있는 반면에 일반적인 미국학교 전반에 대해서는 낮게 평가하고 있다.

학교교육에 대한 평가에서 교사들은, 아주 우수함(47.5%), 우수함(45%), 보통임(6%), 형편없음(1%)으로 응답하고 있어, 일반인에 비해 미국의 고등학교 교육이 아직은 괜찮은 수준이라고 파악하는 편이다.

〈표 9-3〉에서 제시하였듯이 교사들도 여러 가지 측면에서 교육이 극복해야 할 문제들을 지니고 있음을 인정하고 있다. 학생들의 행동, 학업 문제와 사회적 빈부격차나 학부형의 문제가 학교교육을 어렵게 만드는 요인으로 지목되고 있다.

공립학교 교사들은 사립학교 교사들에 비해 학교에 문제가 많으며, 또한 심각하다고 인식하고 있다. 학생의 결석, 음주, 임신, 약물복용,

〈표 9-3〉 교사들이 보는 고등학교 재학생의 교육 문제

(단위: %)

고등학교 재학생의 교육 문제	공립학교 교사	사립학교 교사
• 학생의 지각	18.3	4.3
• 학생의 결석	27.1	5.2
• 교사의 결근	1.9	1.2
• 학생들의 수업 중단	11.9	2.4
• 학생들간의 신체적 싸움	8.6	2.1
• 도벽 및 절도	5.8	1.4
• 학교 재산 파손	9.0	2.0
• 학생 임신	18.4	1.1
• 학생 음주	23.1	11.0
• 약물 남용	14.2	4.0
• 학생의 무기 소지	5.6	0.6
• 교사에 대한 언어적 모욕	14.8	2.8
• 교사에 대한 경멸	23.6	4.2
• 학생의 중도 탈락	14.1	1.3
• 학생의 공부에 대한 무관심	38.0	9.7
• 동기 부족	10.4	2.5
• 부모의 참여 부족	34.5	7.1
• 부모의 알코올 약물 남용	12.3	4.2
• 빈곤	15.9	3.2
• 인종간 갈등	6.7	1.7
• 학생의 학습 준비 부족	36.0	7.6

자료: National Center for Education Statistics(1994). Vocational Education in the United States: 1969-1990.

폭력, 공부에 대한 무관심, 수업준비 소홀 등을 문제점으로 들고 있다. 사립학교 교사들은 학생들의 음주, 학생의 공부에 대한 무관심 등을 심각하게 생각하고 있다.

06 졸업 후 진로

미국정부의 보고서에 따르면, 전형적인 미국의 직업교육은 학문적 능력개발을 소홀히 하고 수요가 없는 직업훈련을 실시하여 시대에 뒤떨어져 있고, 졸업생의 절반 이하만이 졸업 후 관련된 분야에서 전일제 직업을 갖게 된다는 것이다. 따라서 직업교육 강좌의 활용률은 모든 직업분야에서 매우 낮은 수준에 있다.

다음 〈표 9-4〉에서 제시하였듯이 농업, 건축, 정밀생산, 기술과 통신의 강좌 활용률은 남학생이 높고, 실업, 마케팅, 건강, 직업적 가정

〈표 9-4〉 고등학교 재학생들의 남녀별 강좌 활용율

(단위 : %)

직업분야	강좌활용율	
	남학생	여학생
• 농업	43.6	26.9
• 실업	32.4	65.4
• 마케팅	20.9	38.3
• 건강	7.5	78.8
• 직업적 가정경제	14.4	31.5
• 건축	42.0	0.0
• 기계기술자와 보수	45.5	35.2
• 정밀생산	36.0	17.8
• 운수	6.2	0.0
• 기술과 통신	22.1	31.6
• 평균강좌활용율	38.0	53.0

자료 : 강무섭 외(1999). 전문계고등학교 종합대책 연구. 서울: 한국직업능력개발원. 미국 교육부.

경제, 운수, 기술과 통신은 여학생이 높았다.

평균 강좌활용률은 남학생이 38.0%이고 여학생이 53.0%로, 여학생이 훨씬 높았다. 이를 통해 남학생보다는 여학생이 학교에서의 직업교육을 졸업 후 많이 활용한다는 것을 알 수 있다.

또한 종합고등학교에서 직업교육 프로그램을 이수한 학생의 실업률은 14% 이상이며, 시간당 평균임금은 8달러 이하로서 열악한 노동환경에 놓여 있다. 몇몇 종합고등학교에서는 우수한 직업교육 프로그램을 제공하고 있으나, 대부분의 직업교육 프로그램은 좋은 직업을 얻는데 한계가 있는 것으로 평가된다.

제3절 직업교육과정 및 운영

01 교육과정 개발 및 운영체제

미국에서는 교육과정을 주와 지역 수준에서 결정한다. 그러므로 연방정부 단위에서는 국가 교육목적 및 평가준거를 제시하는 것 이외에는 각 주의 교육과정 개발이나 운영에 직접적인 관여를 하지 않는다. 모든 교육과정이 주 단위에서 결정되는데 이러한 교육과정 개발 권한은 주 교육위원회에서 가지고 있다.

교육과정 개정 주기 역시 각 주별로 다양하지만, 캘리포니아 주의 경우 각 교과별 '교육과정 체제'의 개발 혹은 개정 주기가 약 7년이며, 보통 1년에 1개 교과에 해당하는 것만을 개발한다.

각 지역 교육 군에서는 주에서 제공하는 각 교과별 교육과정 체제에 근거하여 '교육과정 지침서'를 제작한다. 현직교사들이 주축이 되어 교육과정 지침서를 제작하는 데는 약 3년이 소요되며, 이 문서는 각 교과별로 제작되고 해당 지역 교육 군에 속해 있는 모든 공립학교에서 수업을 진행하기 위한 실제적인 지침서가 된다. 따라서 단위 학교에서는 지침서에 따라 교육과정을 편성, 운영한다.

직업교육과정 개발은 주 단위에서 이루어지기 때문에, 각 주별로 교육과정 개발의 기간, 절차, 방법 등이 다양하다.

최근에 중등단계 직업교육은 대부분의 주에서 다른 중등교육을 관리하는 것과 똑같은 체제에 의해 관리하고 있다. 대부분의 경우 주 교육위원회(state board of education)에서 직업교육을 관리하고 있지만, 콜로라도, 아이다호, 인디애나, 메릴랜드, 북다코타, 오클라호마에서는 별도의 직업교육위원회가 있어 이러한 기능을 수행하고 있다.

주교육위원회 혹은 직업교육위원회에서 교육과정의 기준을 수립하고 검토 및 승인의 절차를 수행하고 있다. 또한 미국은 고등단계의 직업교육 기관과의 연계가 활발하여 교육과정 역시 연계 운영되는 사례가 많다.

02 교육과정 편제

1) 직업교육과정 계열과 학과의 유형

주별로 교육과정이 다양하므로 직업교육과정 계열과 학과 유형을 일반화시키기에 어려운 문제가 있다.

중등단계의 직업교육을 실시하는 학교들로는 이미 직업교육체제에서 살펴보았듯이 종합고등학교, 직업고등학교, 지역직업학교 등이 있다. 이러한 학교들은 주, 학구, 그리고 각 학교의 특성에 맞게 상이한 교과

과정이 개설되어 운영되고 있다.

이 중 중등단계 직업교육을 실시하는 대표적인 학교는 종합고등학교인데, [그림 9-3]에서 볼 수 있듯이, 이들 학교의 교육과정은 대개 일반교육과정, 직업교육과정, 개인 및 기타 과정으로 나뉜다. 다시 직업교육과정은 소비자 및 가사교육, 일반 노동시장 준비, 특정 노동시장 준비로 구분된다.

일반 노동시장 준비 교육은 타자/워드 프로세싱, 산업의 이해, 현장경험, 진로탐색, 일반노동 기술로 이루어지고, 구체적 노동시장 준비 교육은 농업, 경영, 마케팅, 보건, 직업적 가정경제, 무역과 산업, 기술과 통신으로 이루어진다.

그림 9-3. 종합고등학교의 직업교육과정

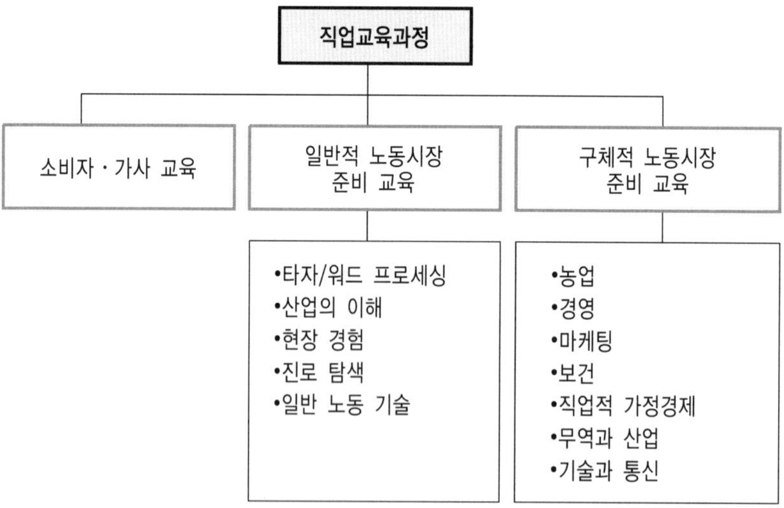

자료 : 미국교육통계청(1989). 미국 중등학교 분류. 미국 교육부.

2) 개설 교과의 구분방식, 종류, 시간배당 및 선택권

보통교과와 전문교과, 필수교과와 선택교과, 전문이론 교과와 실습교과 등의 구분, 유형 및 시간배당 비율, 각 교과목의 명칭 및 시간배당(괄호 안에 분으로 환산하여 병기), 학교와 학생의 교과목 선택권, 개설교과의 구분방식, 종류에 대하여 주별 교육과정의 각론에 따라 계열별 교과구분과 실제 단위 학교별 개설교과로 나누어 보면, 단위 학교별 개설교과는 교육부 및 지역 교육구청에서 개발되는 교육과정 지침에 따라 각 학교에서 다양하게 작성 · 운영하고 있다.

3) 각 계열 학교 및 학과의 교과편제와 시간배당

개별 학교 및 학과의 교과편제 역시 시카고의 한 학교를 예로 들어 살펴보면 다음과 같다. 학기당 · 학년당 이수과목의 제한이 없고, 졸업을 위해 학생들은 총 220 단위 학점을 취득해야 한다. 이 중 필수 단위학점은 115학점이며, 나머지 105학점은 선택학점이다.

필수 단위학점에 포함되는 교과로는 영어, 사회과학, 수학, 과학, 체육이며, 선택 단위학점에 포함되는 교과는 음악, 미술, 연극, 외국어, 직업교육으로 이 과정들 중에서 1과정을 1년 과정으로 수강할 것을 주 교육법은 지정하고 있다.

교과편제 양식을 살펴보면, 교과별로 수준, 선수과목, 대상, 기간, 단위 학점으로 구성되어 있다.

03 직업 교과내용

교과내용의 선정 및 조직은 교과담당 교사와 교육프로그램 개발가, 교과전문가 등으로 구성된 위원회에서 담당한다. 교과내용의 조직을 살펴보기 위하여 교육과정 문서형식과 맥을 같이하여, 교과 전반에 대한 총론에서는 주로 학습 자료의 제시, 시청각자료 사용에 대한 안내, 외부강사의 초청, 실습실 사용시 안전규칙, 수업 시수, 교과개요, 교과별 종합 목표 등으로 구성되어 있다.

04 직업교육 방법 및 평가

미국은 1960년대 접어들면서 엘리트 선발을 위한 지식주의 및 기능주의 교육관으로 대표되는 학문중심 교육과정으로 인하여, 이때부터 미국의 직업교육은 낮은 수준의 기술을 요하는 기능공 계층을 양성하는 소위 2등 교육으로서 전락해 왔다.

직업교육 영역들에서의 문제점들이 누적되면서 우선 학교교실과 작업장 간의 관계가 변해야 한다는 목소리가 높아졌다. 그 이유는 산업현장에서 요구하는 기술수준이 점점 높아졌고, 응용학습과 학문중심이론의 학습 간의 관계에 대한 비판이 일어나기 시작했기 때문이다.

특히 직업교육의 현장에서 학교지식과 학습간의 관계에 대한 비판이 일어나기 시작했기 때문이다. 특히 직업교육의 현장에서 학교지식과 산업체가 요구하는 지식 및 기술 간의 관계 변화의 필요성은 당연한 결과였다.

이러한 관계변화의 필요성에 대한 인식은 국가교육기준・개선위원회(National Education Standards and Improvement Council)와 국가기술표준위원회(The National Skill Standards Board)에서 정한 학문 중심적·직업 기술적 표준이라는 기준치를 적용하여 교육의 내용과 수준을 개선하도록 부추겼다. 학교와 현장의 격차(gap)를 좁혀주어야 하는 가교적인 프로그램들이 요청되었으며, 하나의 통합된 시스템 하에서 프로그램들이 서로 결집되고 조정될 수 있어야 했다.

마침내 연방정부는 "School-to-Work Opportunities Act(STWOA)"를 제정하도록 하였다. 즉, 1994년 5월 4일 클린턴 대통령이 서명하여 법적 효력을 발휘하기 시작한 STWOA는 상부 하달식의 일반 프로그램이 아닌 새로운 교육시스템의 설계와 운영에 관한 특별법의 형식을 띠고 있다.

이는 오늘날 직장에서 급격히 요구되는 공통적이고 개별적인 산업적 욕구를 충족시키기 위해 새로운 방법으로 함께 일하기 위하여, 모든 지역사회의 교육훈련적 요소들을 한 곳에 초대하려고 하는 목적을 가지고 있다.

최근 미국에서 커다란 반응을 얻고 있는 새로운 산학협동 교육의 모델로 등장한 "School-to-Work" 시스템과 프로그램들은 학생들로 하여금 학교에 시간제로 다니게 할 수 있게 하였으며, 아울러 회사 및 기업체 현장에서 시간제로 일을 할 수 있도록 하고 있다.

다음 〈표 9-5〉에서 제시하였듯이, "School-to-Work" 프로그램은 크게 3가지 핵심요소로 나눌 수 있다. 이것은 학교 교실수업 중심의 직업교육, 현장실습 중심의 직업교육, 마지막으로 학교교육과 현장 실습의 연계인 산학협동 교육이다.

〈표 9-5〉 "School-to-Work" 프로그램의 요소별 내용

요 소	내 용
• 3가지 핵심 요소	• 학교 교실수업 중심의 직업교육 • 현장실습 중심의 직업교육 • 학교교육과 현장 실습의 연계인 산학협동 교육
• 9가지 실천 요소	• 학교교육과 현장실습을 연계한 직업훈련계획 수립 • 연방 및 주 기준에 적합한 학습 프로그램 편성 • 전문교과와 보통교과 교육과정 통합 • 산업의 전반적인 측면 이해 제고 • 증등단계학교와 고등교육기관의 프로그램 연계 • 직업세계에 대한 교육 및 상담 교육 • 전공분야 선택 • 취업 · 진학 지도 및 지원 • 현장실습 지도자 배정

1) 학교 수업방법

학교에 기반을 둔 학습(School-Based Learning)은 보통교과와 전문교과의 교육과정을 통합하기 위한 것이다.

(1) 질 높은 진학 및 취업 준비

학생들은 자신의 생애동안 나중에 선택할 직업을 준비하기 위하여 현재 중요한 기술을 배울 필요가 있다. 과거에는 비진학 직업과정 수업은 대학진학을 계획하지 않는 학생들만을 위한 것이었다.

그러나 오늘날과 같은 고기능 직업시장에서, 모든 고등학교 졸업생들은 일 지향 교육을 통하여 진보된 학문적 지식과 현장기술과 훈련을 증진시켜야 함을 요구한다. 전문직은 기술적인 기능과 팀에서 일할 수

있는 능력을 필요로 하고, 기술직은 문제를 진단하고 분석하는 능력을 요구한다.

(2) 보다 훌륭한 학습방법

"School-to-Work" 프로그램은 교육을 재구조화하여 학생들이 학문적 수행능력을 향상시키고 학습으로 돌아가도록 한다. 이것은 대학생이 아닌 학생들만을 위한 새로운 프로그램이 아니라, 모든 학생들에게 현실세계에서 경제적 성공에 필요한 지식과 기능을 갖추도록 하는 방법 중의 하나이다.

학생들은 자신이 하는 공부의 목적을 이해할 때 더 잘 학습한다. 인지적 연구에 따르면, 사람들은 자신의 학문적 수업을 현실세계의 활동 및 조건에 적용할 때 행함으로서 가장 잘 학습한다. 학교와 현장을 연계시킴으로서, "School-to-Work"프로그램은 학생의 동기유발 및 학문적 수행능력을 향상시키고, 학생들에게 진로를 선택하고 이를 추구하도록 준비시킨다.

(3) 직업과의 연계 강화

진로지도 관련 인사들은 고등교육 및 현장에서 학생들에게 그들이 가진 최대한의 선택권을 알려준다. 학생들은 4년제 대학, 2년제 대학, 기술훈련프로그램, 등록된 도제프로그램, 숙련된 일 등과 같은 최대한의 선택권을 가지고 고등학교를 졸업한다.

성인 멘토와의 연계 및 관계, 그리고 자신의 흥미에 초점을 둠으로써, 학생들에게 내적 학습동기를 유발시키고 그렇게 하게 하는 지원체제를 제공한다. 학생들은 교사를 기쁘게 하거나 낙제를 피하기 위하여 수업을 듣거나 완성하는 것이 아니다. 그들은 그 수업이 나중에 자신에게 도움을 어떻게 제공할지 이해하고 있다. 그들은 교실수업과 진로 간의 관계를 이해한다.

모든 학급 코스 및 프로그램은 모든 학생들이 가장 높은 학문적 표준을 충족시키도록 설계되어 있다. 고등학교의 후반기에, 학생들은 자신이 성공할 수 있는 기술을 가지고 있음을 확신하면서 일의 세계나 대학으로 들어갈 지를 선택한다.

2) 학교 실습방법

일에 기초한 학습(Work-Based Learning)은 작업경험, 작업장에서의 개별학습 그리고 산업체가 요청하는 특별한 기술들은 기술숙련과정과 직무훈련 간의 연속적인 프로그램 속으로 병합시키기 위한 것이다.

(1) 행함으로서 학습(Learning By Doing)

일의 세계에서 각 장의 뒷부분에서 제기되는 문제들을 가진 교과서가 없다. 대신에 노동자들은 행함으로써, 완전한 과제에 필요한 지식을 획득하고, 일상생활에서의 활용을 통한 자신의 기능을 향상시킴으로써 학습한다. "School-to-Work"시스템은 학생들의 학교교육기간과 평생 동안의 기간을 연계시키는 것이다. 학생들이 학교에서 하는 것과 훌륭한 진로에서 요구되는 것 간의 관계를 이해할 때, 그들은 학습의 중요성을 이해하고 장래에 관한 훌륭한 결정을 내릴 수 있다.

(2) 학습의 장소로서의 현장(Workplaces)

효과적인 "School-to-Work"프로그램에서, 고용주, 노동자 및 교사들은 각 직업에서 요구하는 능력을 파악하고, 학생들이 이러한 능력들을 획득하도록 협력한다. 학교 및 일에서의 교육과정은 서로를 강화하기 위하여 설계되어진다.

3) 산학협동교육의 체제 및 방법

"School-to-Work" 프로그램의 운영주체는 학교, 고용주 그리고 작업 및 지역사회에 기반을 둔 노동조합 및 단체들이다. 이들의 역할과 과제에 대하여는 美교육부가 시행령으로 규정하고 있지만, 프로그램의 시행 주관처로서의 주정부와 각종 산업 환경 및 기업 환경 그리고 학교교육의 지역적 특수성에 따라 융통성이 부여되어 있다.

이러한 시스템과 프로그램을 기획하고 운영하기 위해서, ① 중학교와 고등학교 그리고 지역사회 대학들의 각 급 학교는 일에 기초한 학습활동에 적극적으로 참여할 수 있어야 하며, ② 학교에서 일의 세계로 이동시켜 주는 각종 프로그램들의 활성화가 이루어져야 하며, ③ 중등교육과 중등 후 교육의 교육과정을 연결시키는 제도가 구체화되어야 하며, ④ 지역사회 주체들과의 동반관계가 중요한 사항이다.

4) Tech Prep 프로그램

Tech Prep 프로그램은 일명 "2+2 프로그램"으로도 불리는데, 고등학교 2, 3학년 과정과 대학(주로 2년제 지역사회대학) 2년 과정을 연계해 놓은 직업교육 프로그램이다.

5) 청소년도제 프로그램

청소년도제 프로그램은 나이 어린 학생들을 대상으로 하기 때문에 성인을 주 대상으로 하는 기존의 도제프로그램처럼 특정한 직종분야에 한정된 기술습득을 위해 대부분의 기간을 할애하는 것이 아니라 상급학교 진학을 위한 학습도 병행해서 이루어지는 프로그램이다.

6) 진로아카데미 프로그램

진로아카데미 프로그램은 학교 내의 학교(school within school)라고 불리는 3-4년 과정의 프로그램으로써, 보통교과와 전문교과를 통합시킨 교육과정과 더불어 학생들이 전공분야와 관련된 직장에서 실습활동을 할 수 있도록 한 프로그램이다.

또한 학생들과 이들을 지도하는 교사들이 하나의 팀을 형성하여 교육이 이루어지는데, 통상 학생 수가 많은 대도시지역 소재 고등학교 내에서 교육의 효율성을 높이기 위하여 시작하였다.

7) 협동교육 프로그램

협동교육 프로그램은 학교의 강의교육과 작업현장의 실습을 결합한 프로그램으로써, 주로 고등학교 2, 3학년 학생과 2년제 지역사회대학 학생들이 참여한다. 이 프로그램에서는 학교의 강의수업과 현장실습의 성과에 따라 성적이 부여되는데, 현장실습에 대한 성적평가에는 해당 실습기업도 함께 참가한다. 또한 학생, 기업의 고용주, 그리고 직업과목 담당교사(coordinator) 사이에 정식으로 문서화된 계약 하에서 이루어지는 것이 보통이다.

8) 학교-직장 도제 프로그램

학교-직장 도제 프로그램은 협동교육 프로그램과 마찬가지로 학교의 강의와 현장실습을 하나로 결합한 프로그램으로써, 일반적으로 고등학교 3학년 때부터 시작하는데 졸업하기 전까지는 시간제(part-time)로 일하면서 현장실습교육을 받는 한편 학교수업도 병행하고 있다.

그리고 고등학교 졸업 후에는 전일제(full-time)로 도제프로그램에 참가하는데, 졸업 후 도제프로그램을 모두 마칠 때까지는 약 2-4년 정도가 소요된다. 도제프로그램을 다 이수한 후에는 이를 증명하는 자격증을 취득한다.

9) 학교기업 프로그램

학교기업 프로그램은 학교 재학 중에 대개 실습활동 중심으로 이루어지는 직업교육 프로그램으로써, 협동교육 프로그램이나 도제 프로그램과는 달리 기업체 등 외부기관에서 실습활동이 실시되는 것이 아니라, 학교 자체에서 운영하는 식당, 건설프로그램, 자동차 수리점, 이발소 또는 미장원, 소매점, 탁아소 등에서 실습활동이 이루어지고 있다.

또한 다른 직업교육 프로그램과는 달리 학생들이 실습활동을 할 마땅한 외부업체가 드문 경우에 하나의 대안으로서 운영되는 경우가 많다.

제4절 교육과정의 통합 및 연계 체제

01 교육과정 통합 · 연계체제

직업 기술교육 및 훈련과 일반 진로과정을 위한 개혁을 전략 중 하나로 응용 인문과목과 중등 및 후기 중등 직업 교육과정의 연계에 초점을 두는 것이 Tech Prep 교육이다.

1) Tech Prep의 정의

Tech Prep 교육이란 미국의 교육개혁 운동에서 가장 중요한 혁신 중의 하나이다. 이것은 고도 숙련기술 직종을 학생들에게 준비시키기 위해 계획된 대안적인 교육-진로 행로를 제공한다.

중등학교와 후기 중등학교의 인문교육과 직업교육과정을 형식적으로 연계시킴으로써 Tech Prep은 교육과정에서의 주요한 구조적 변화를 위한 기초를 제공한다. Tech Prep 교육은 자력을 갖춘 기능인(technician)으로서 산업현장에 직접적인 진입 혹은 대학 및 학위를 위한 계속교육과 연속되도록 고안되었다.

Tech Prep 교육은 대학진학 준비, 직업-기술 혹은 일반교육 행로의 학생들을 포함한 모든 중등학생들에게 제공되는 일련의 학습 프로그램으로 계획되었다. 이것은 또한 경제적으로 어려운 자, 장애자, 소수 인종, 영어가 능숙하지 못한 자, 학교를 중퇴한 자 등에게 제공된다.

바람직한 Tech Prep 교육 프로그램은 3가지 기본 특성을 갖는다. Tech Prep은 고등학교에서 보통 2년제 초급대학 혹은 기술대학(소위 전문대학을 의미함)으로의 학생들을 바로 연결한다. 이것은 고등학교, 늦어도 11학년 때부터 시작하여 후기 중등교육에서 최소한 1년 과정에 마치는 하나의 기술 분야의 계획된 학습계열성에 기초되어 있다. 그리고 이것은 기술분야의 진로를 위해 학생들을 준비하기 위한 참여하는 중등학교와 후기 중등기관간에 형식적이며 프로그램과 구체적인 연결을 요구한다.

2) Tech Prep 모형

Tech Prep 교육을 위한 몇 가지 접근법이 있다. Tech Prep 모형들의 차이는 중등학교-후기 중등학교 연계 협정의 특성에 일차적으로 기초한다. 이것은 수직적이고 수평적인 통합이다.

아래에 제시된 5가지 모형들은 현재 실행되는 가장 흔한 접근법들이다.

① "2+2"모형 : 고등학교의 마지막 2년 + 후기 중등교육의 2년, 일반적으로 준 학사 혹은 직업수료증을 받게 된다.

② "4+2"모형 : 사전 Tech Prep 준비의 2년과 고등학교의 마지막 2년을 포함한 중등교육의 4년 + 후기 중등학교 수준의 구체적인 직업 교육의 2년

③ "2+2+2"모형 : 고등학교의 마지막 2년 + 후기 중등 기술교육의 2년 + 4년 제 학사 학위를 수여하는 고등교육의 2년

④ "2+1"모형 : 고등학교의 마지막 2년 + 후기 중등 수준의 직업적으로 구체적인 교육의 1년, 직업 자격증/수료증을 받게 된다.

⑤ "2+도제훈련"모형 : 고등학교의 마지막 2년 + 최고 2년간의 도제 훈련, 수료증을 받게 된다.

또한, Tech Prep 교육법(Tech Prep Education Act)은 2가지 목적을 가진다.

① 2년 준학사 학위 혹은 2년 수료증을 주는 Tech Prep 프로그램을 제공하기 위해 계획된 4년 프로그램의 개발 및 운영을 위해 지방 교육기관과 후기 중등교육기관의 협력체에 계획과 시범 보조금을 제공하는 것이다.
② 중등학교와 후기 중등교육기관 사이의 체계적인 방법으로, 견고하게, 그리고 종합적인 연계로 제공하는 것이다.

3) Tech Prep 프로그램의 실행

Perkins로 인해서 전국적으로 대략 100,000명의 학생들이 참여하는 1,000개의 Tech Prep 프로그램이 실행되고 있는 것으로 추정된다. 국립 직업교육 연구원에 의해 수행된 조사에 따르면, 대부분의 주들은 관련 과거 경험을 기반으로 프로그램들을 세우고 있다.

예를 들어, 21개 주는 연계합의(articulation agreements)로 사전 경험을 갖고 있고, 최소한 11개 주는 "2+2 유형"의 프로그램을 운영했으며, 9개 주는 약간의 Tech Prep 경험을 갖고 있다. 적어도 6개 주는 Tech Prep 노력을 미연방 노동성이 관할하는 직업훈련협력법(JTPA)이라는 연방법에 연결하여 왔다. 도제훈련이 관심이 있는 곳에서는 개발 초기단계에서의 Tech Prep에 대한 연계는 최소한으로 요구되고 있다.

02 자격제도와의 연계체제

1) 민간자격기구와 직업교육기관과의 연계 유형

민간자격을 부여하는 방식을 유형별로 제시하면, 전문가 협회에서 직업교육과정과 자격부여과정을 하나의 종합적 프로그램으로 운영하는 방식(종합형), 순수 자격검증기관을 설립하여 직업교육기관과는 무관하게 운영되는 방식(독립형), 그리고 한 산업부문에 있어 프로그램을 인증하는 방식(인증형)으로 대별할 수 있다.

2) 연계 유형별 자격제도의 비교

종합형은 직업기술 기준을 중심으로 직업교육과정과 성취, 평가, 자격증 수여가 순서적으로 연계된다는 점에서 직업교육과정이 보다 효율적으로 이루어지는 장점을 갖는다. 특히 기술기준설정에 있어 산업체에서 요구되는 바가 잘 반영된다면 더욱 그러할 것이다.

그러나 이와 같은 유형으로 전국적으로 통용 가능한 민간자격제도를 개발하기 위해서는 직업교육기관의 전국적인 네트워크가 필요하고 비용이 상당히 많이 들기 때문에 민간부문에서의 활용은 대단히 제한적일 수밖에 없을 것이다. 또한 자격증을 얻을 수 있는 기회가 반드시 해당 교육기관을 통해서만 가능하므로, 직업교육기회의 접근가능성(accessibility)이 제한된다는 한계를 갖는다.

독립형은 이념상 어떤 직업교육과정에서 교육을 받든 간에 설정된 기준에 맞게 된다면 자격을 부여받을 수 있기 때문에 자격획득에 있어서 더 많은 기회를 갖게 된다. 그러나 직업교육과정과 직접적인 연계가 없기 때문에 직업교육과정 프로그램을 적절하게 선정하는 것이 중요하다. 이와 함께 어떤 특정 직업에 요구되는 합의된 방식의 기술 기준 설정 역시 중요하다.

프로그램 인증형은 직업교육을 받는 개인들이 어떤 프로그램을 선택해야 하는가에 대해 보다 정확한 판단을 도와줄 수 있는 정보를 제공해 줌으로써 독립형 자격제도가 가질 수 있는 이러한 문제를 보완해 줄 수 있다. 프로그램 인증의 경우, 실제로 어떻게 진행되고 있는가에 대한 실사가 필요하다는 점에서 재정적 소요가 상당할 수 있다.

3) 직업교육과정과 자격제도 연계의 특징

미국의 자격제도는 종합적인 체제가 존재하지 않고 산업별·직업별로 다양하게 전개되고 있다. 또한 직업교육과정 역시 그러하다. 따라서 전체적으로 볼 때, 직업교육과정과 자격제도와의 관계 역시 느슨하게 그리고 개별영역 주체에 따라서 대단히 다른 모습을 보인다.

대체적으로 공익에 밀접한 관련이 있기 때문에 정부가 보다 적극적인 규제를 하고 해당 자격증을 공인해 주는 경우, 그리고 전국적으로 직업교육과정 네트워크가 잘 구축되어 있는 경우에는 건설 및 건축 부문의 도제프로그램과 같은 종합형의 자격제도가 활용되고 있다.

이에 비해 해당 자격부문에 관련된 직업이나 산업부문이 여러 영역에 걸쳐 있을 경우, 직접적으로 공익과 관련되어 있지 않고 정부의 규제시도가 강하지 않은 영역에서는 대부분 순수자격검정기관의 독립형이 개발되었다고 할 수 있다. 직업교육과정제도가 자율적이고 다양하게 운영될 경우 현장수요에 빠른 적응력과 독창성이라는 장점을 갖는다. 그러나 개별 교육기관에서 무엇을 가르치고 얼마만큼 학생들이 성취하였는가를 비교할 수 없게 되며, 자격증 역시 호환성이나 통용성이 없게 되어 효율적인 인적자원을 양성하는데 장애가 된다.

이에 따라 국가기술표준위원회의 설치를 통해 국가적으로 통용될 수 있는 기술표준을 확립하고 이를 직업교육기관의 교육 및 훈련, 그리고 평가의 지침이 되게 함으로써 직업교육기관의 책무성을 높이고자 하는 것이 미국의 자격제도 개혁의 동기인 것이다. 이와 같은 시도는 도제 프로그램과 같이 직업교육과 직접적인 연계는 불가능하지만, 설정된 직업기술 기준에 따라 직업교육, 그리고 직업교육에 대한 평가, 성취에 대한 자격부여로 이어지는 종합적 연계를 추구하는 것이다.

제10장 영국의 고등학교 직업교육

제 10 장
영국의 고등학교 직업교육

제 1 절 직업교육 정책

영국은 다양성과 개성을 중시하여 전통적으로 지방분산적인 교육과정을 운영해 왔으며, 더구나 이제까지 인문교육 중심의 학교제도를 운영해 온 영국에서 국가 교육과정의 설정과 직업·기술교육의 강화는 주목할 만한 변화이다. 특히 최근에는 16세 이후에 학교를 떠나는 학생들의 교육과 훈련에 대한 관심이 증대하고 있으며, 각 지방별로 이에 대한 다양한 대처방안이 마련되고 있다.

01 직업교육 정책의 개편 배경 및 방향

영국은 비교적 학력경쟁이 심각하지 않으며 기본적으로 학생의 적성과 능력에 맞는 진로교육체제와 다양한 교육과정을 운영하여 전통적으로 진로지도에 별 문제가 없었다. 따라서 영국의 교육개혁은 교육기회의 확대, 자율성 보장, 학부모의 교육선택권 증진 등을 목표로 혁명적이기 보다 개혁주의적인 사고방식과 전통을 중시하는 경향 속에서 급진적이기보다는 점진적으로 이루어져 왔다.

그러나 1980년대 후반에 이루어진 교육개혁 방향에서는 두 가지 중요한 변화가 발견된다. 하나는 국가 교육과정의 설정이며, 또 다른 하나는 직업·기술교육의 강화이다.

1988년의 교육개혁법(Educational Reform Act)은 산업구조의 수요에 맞는 과학기술교육 및 직업교육을 강화하여 학습의 종류와 일과의 관련성을 마련하는 데에 초점을 두었으며 이를 효율적으로 수행하기 위해 특히 중앙정부의 역할을 강화하였다. 그리하여 1989년에는 각 단계별로 성취해야 할 수준과 목표, 학습 프로그램, 평가체제 등에 대한 교육지침이 국가 교육과정이 공포되었다. Wragg(1986:90-91)는 그 외에 특히 영국의 경우에 중앙정부와 각 지방이 중등교육에 대해 관심을 갖게 된 요인을 두 가지 측면에서 지적하고 있다.

첫째, 학생 수의 감소이다. 1964년 최고점에 달했던 출생률은 1970년대 이후 계속 떨어져 그 후 13년 동안 1/3이 정도로 감소했다. 출생률의 급격한 저하는 이미 초등교육단계에 영향을 미쳐 특히 농촌이나 도시 중심부에서는 여러 학교가 폐쇄되거나 통합되었다. 중등학교 학생 수도 줄기 시작했는데, 1990년대에는 더욱 눈에 띄게 줄어들 것으로 예상되었다. 학생 수의 감소가 특히 심각한 지역의 지방교육당국은 그들의 중등교육기관들을 재정리할 필요가 있었던 것이다.

둘째, 급격한 산업구조의 변화로 인한 실업률의 증가이다. 전통적인 고용구조에서 16세에 학교를 떠나는 젊은이들이 수행해 왔던 수많은 직무가 사라진 것이다. 그 결과 이제는 16세에 학교를 떠나는 젊은이들 가운데 극히 일부만이 직업을 갖게 되고 나머지 청소년들은 학교를 떠나 직업도 없이 길거리에 놓인 것이다.

중등교육이 대학입학준비 교육으로 중심으로 운영되어 왔으며, 너무 어린 나이에 특정 분야의 전공을 선택하도록 하는 등 직업세계에 관심을 두지 않았다는 것에 대한 비판이 시작되었다. 더불어 이러한 현상은 학교가 부모, 대학시험위원회 등 외부로부터의 끊임없는 압력에 대응해야만 했기 때문에 불가피했다는 의견이 대두되었다.

고도화된 산업구조에 필요한 인력수요, 학생 수의 감소, 의무교육을 마친 초기 중등교육단계 졸업자들의 실업률 증가 등은 중등교육체제 전반에 걸친 개선을 불가피하게 하였다. 그리하여 80년대에 영국에서 추진되어 온 교육개혁은 보다 많은 젊은이들에게 교육, 훈련 장소를 보장하는 것이 최우선 목표로 이루어져 왔다.

궁극적으로 해당 연령 청소년들의 90% 이상이 참여하는 계속교육과 직업훈련과정의 질을 높여 모든 수준의 자질을 얻도록 하는 것이 진행 중인 교육개혁의 목표인 것이다.

02 지원정책

영국정부는 직업교육과 기술훈련체제의 질과 규모는 80년대에 극적으로 성장하고 개선되었으나 아직도 청소년들이 그들의 재능과 기술을 최대한 개발하기 위한 여건이 미비하다고 인식하여 개선책들을 마련하고 있다. 다음에서는 이러한 목표달성을 위해 추진되고 있는 21세기를 향한 직업교육을 위한 지원정책들을 살펴보면 다음과 같다.

첫째, 산업구조의 변화로 초기 중등교육단계를 마친 청소년들의 실업률이 늘어나 학교에도 직장에도 머물지 않는 청소년의 수가 증가하였는데 이에 대한 첫 번째 대책은 보다 많은 16세 이상의 청소년들이 교육이나 직업훈련을 받도록 장려하는 것이다.

둘째, 영국정부는 전문계 자격증이 현재보다 더 많은 학생들에게 적절하다고 판단하여 16 ~ 19세 청소년들에게 더 많은 학교에서 더욱 다양한 직업기술 자격증을 제공하고 더욱 다양한 직업훈련과정을 마련하도록 장려하고 있다.

셋째, 영국정부는 더 많은 젊은이들이 실업교육을 받도록 유도하고 장려하기 위해서는 이제까지 평가 절하되어 온 계속교육과 전문계 자격증에 대해 인문계 자격증과 동등한 대접이 필요하다고 인식하고 있다.

넷째, 이미 학문적인 자격과 직업 · 기술 자격간의 인위적인 구분을 없애려는 노력이 시작되어 중등자격시험 제도를 전면 개편하였으며, 인문교육과 기술훈련에서의 성취정도가 동등하게 평가될 수 있는 새로운 학력제도를 개발하고 있으며, 인문교육과 기술훈련에서의 성취 정도가 동등하게 평가될 수 있는 새로운 학력제도를 개발하고 있다. 직업기술자격증 체제를 전면 개편하여 전국적이고 일반적이며 경제체제의 수요에도 적절한 새로운 직업기술자격증 체계를 마련하고 있는 것이다.

다섯째, 성공적인 직업교육을 위해서는 기업가들의 협조가 절대 중요하다. 영국정부는 기업가들이 훈련 및 기업위원회(TECs)를 통해 교육에 대한 영향력을 증대시키며 기업과 교육체제 간에 상호보완 협력체제를 구축하도록 장려할 계획이다. 이는 학생들이 학교를 떠나기 전에 일터에 대해 잘 알고 이해하며 적응하는 데 필요한 것들을 습득하도록 하기 위한 것이다.

여섯째, 최근 영국의 중등단계 직업기술 교육과 관련한 개혁동향으로 위에서 언급된 개선방안들은 후기 중등교육기관에 진학하지 않는 17 ~ 18세들을 위해 마련된 청소년 직업훈련과정(YTS)의 운영에는 이미 도입되어 시도되고 있는데 긍정적인 평가를 받고 있다.

그 동안 영국의 청소년 직업훈련 과정은 낮은 표준, 낮은 안정성 등으로 기업주들이 교육제도에 대한 이해 없이 젊은이들을 값싼 노동력으로 이용, 착취하도록 한 것으로 비판되어 왔다. 그러나 청소년 직업훈련 과정 프로그램은 계속 개선되고 있으며, 학생들의 생활기록부 활용 등과 같은 제도 교육과의 연계장치들도 새로이 마련되고 있다.

청소년 직업훈련과정은 기계적인 기술연마에만 중점을 두는 것이 여전히 문제점으로 남아 있기는 하나, 만약 기업주, 교육기관 훈련 기술자, 소년 직업훈련 과정 자격증 위원들 간에 협조가 잘 이루어진다면, 직업기술교육을 위한 제 기관들 간의 협력체제구축의 좋은 모형이 될 것으로 기대되고 있다.

영국의 청소년 직업훈련 과정은 그 운영방식이나 교육과정, 교육내용 등에 있어서 현재 우리나라에서도 소규모로나마 시행중인 직업훈련기관들에 많은 시사를 줄 수 있을 것으로 보여 영국의 청소년 직업훈련과정 운영방식 및 교육내용 등에 대한 보다 상세한 연구가 요구된다.

그러나 중등단계 직업기술교육과 관련된 개혁안은 물론 영국의 전체적인 교육개혁방식에서 배워야 할 가장 중요한 사항은 어떠한 개혁도 단기일 내에 급진적으로 이루려고 하기보다는 오랜 준비기간과 다각적인 검토와 시험, 보완과정을 거쳐 점진적으로 추진해 나간다는 사실이다.

03 관련 법령 및 제도

영국은 전통적으로 산업체에서 직업교육을 담당하여 왔는데 이에 대한 반성으로 정부가 직업교육에 관여하기 시작하였다. 산업체 중심의 직업교육의 대표적인 형태로 도제교육을 들 수 있다.

중세의 길드로부터 생겨난 도제교육은 1960년대 중반까지 활발히 진행되었다. 하지만, 도제교육의 문제점에 대한 반성이 일게 되었는데 이 가운데 특정 분야에 대한 좁은 기술의 개발에 관심을 두어 과학 기술의 변화에 대처할 수 없었다는 반성을 직업기초능력에 대한 논의의 출발점으로 파악할 수 있다.

직업교육에 대한 정부의 관여는 1960년대부터 시작되었는데 1970년대가 되면서 국가적인 차원의 직업교육훈련 체제를 구축할 필요성을 실천에 옮기기 시작하였으며 이로 인해 등장하게 된 것이 BEC (Business Education Council)와 TEC(Technician Education Council)이었다.

이 가운데 BEC의 교육과정은 '직업의 사회화'와 관련이 깊다고 할 수 있는데, 이는 보다 광범위한 교육목표를 강조하여 학생들이 적절한 교육을 받아 광범위한 교육의 기초를 함양하는 데 목표를 두어 직업기초능력과 밀접한 관련을 갖는다고 파악할 수 있다.

1977년 교육과학부(Department of Education and Sciences)는 FEU(Further Education Unit)를 설립하였는데 이 기관에서는 주로 전일제 취업전 코스에 대한 연구를 수행하여 1979년에 A Basis for Choice라는 연구물을 내놓아 '새로운 직업교육 중시주의'(new vocationalism)으로의 전환을 가속화하였다. 이 새로운 사조의 기초를 이루는 개념 가운데 핵심 교육과정(core curriculum), 직업기초능력(core, transferable, life skills)에 대한 인지 등이 직업기초능력과 관련하여 설명 할 수가 있다.

1980년대에 접어들면서 취업 전 교육에 전일제로 등록하는 학생들의 수가 급증하였다. 하지만 학문적인 능력과 관련하여 GCE A-levels는 여전히 대학진학을 위한 주된 수단이었고, 약 30%의 학생들이 낙제하는 등 그 문제의 심각성이 제기되었다. 또한 직업적인 능력과 관련하여 각 자격수여기관별로 최상의 선택조건을 제공하고 있었지만, 학생들이 획득한 능력수준에 있어서는 주변국들과 비교할 때 아직까지 여러 의문이 제기되었다.

영국 정부는 1986년에 NCVQ(National Council for Vocational Qualifications)를 설립하여, 고용수요를 충족시키고, 국가 직업자격의 질적 품위를 보증하고, 누구나 이용하고 이해할 수 있는 새로운 국가 직업자격 체제를 정착시킬 것을 요청하였다.

NCVQ가 갖는 특징은 이 기관이 어떤 법적인 힘을 지니고 있는 것이 아니라는 것이다. 이 기관에서는 서로 경쟁적인 시험출제기관과 자격수여기관들의 자발적인 참여를 기초로 하여 서로 동의할 수 있는 체제를 개발하고, 취득자격을 축적해 가는 틀을 개발하는 자격관장기관이다. 직업기초능력과 관련하여 NCVQ는 후에 등장하게 되는 GNVQs를 관장하게 된다.

NCVQ는 1989년에 단일화 된 자격증 제도로 NVQs(National Vocational Qualifications)를 개발함으로써 직업교육에 '조용한 혁명'을 일으키기 시작하였다. NVQs에서는 현재 600여 종의 자격을 5개 수준으로 구분하여 수여하고 있는데, 특정 직업에서 직무를 수행하는

데 필요한 기술과 지식을 강조하였다. 하지만 현직에 종사하는 근로자들을 주 대상으로 하여 정규교육제도 안에 있는 학생들에게는 부적절하였다.

단일화 된 자격증제도로 NVQs가 도입된 후 1980년대 후반에 접어들면서 과학기술의 발달로 인해 산업사회의 변화속도가 상당히 빨라지게 되었다. 이로 인해 모든 직업 영역에서 공통적으로 필요한 직업기초능력(core skills)에 대한 연구가 시작되었다. 실질적인 의미에서의 직업기초능력에 대한 연구는 주로 이때부터 시작되었다고 볼 수 있다.

이러한 상황에서 1992년 정규 교육훈련 기관에 등록하고 있는 학생들을 위한 프로그램으로 GNVQs가 설립되었는데 여기에서는 대부분의 직업에서 공통적으로 필요로 하는 기본적인 지식과 능력에 대한 평가를 포함하고 있다.

최근에는 학문자격증과 직업자격증 모두를 관장할 단일기관으로 QCA(Qualifications and Curriculum Authority)가 새로이 설립되었는데, 이 기관에서는 직업기초능력에 대한 연구를 활발히 수행하고 있다.

제2절 직업교육 체제

01 학제를 중심으로 한 직업교육 체제

영국의 학교제도는 전통적인 지방분산 체제로 중앙정부의 권한이 강하지 않고 지방교육 당국과 학교가 역할을 분담하여 왔다. 각 지방에 따라 조직과 운영방식이 복잡하고 다양하나 대체로 4단계로 나눌 수 있다.

5 ~ 11세를 위한 초등교육단계, 11~18세를 위한 중등교육단계, 16 ~ 18세를 위한 계속교육, 18세 이상 성인을 위한 고등교육 단계로 구분된다.

의무교육은 5세에서부터 16세까지의 초등교육과 중등교육을 통해 이루어지고 있으며, 학생이 원할 경우 18 ~ 19세까지 무상으로 계속된다. 11세부터 18세까지는 중등교육과정으로 16세까지가 의무교육 기간에 해당한다.

대학준비반이 있는 학교, 취업준비의 전문학교, 두 과정 모두 선택할 수 있는 학교로 나뉜다. 16세까지의 의무교육기간이 끝난 후 학생들은 2년간의 대학진학을 위한 준비과정인 제6형식 전문학교(Sixth Form Colleges) 과정으로 진학하여 대학진학에 필요한 GCSE나 GCE A-Level 시험을 위한 준비를 하거나 좀 더 전문적인 직업교육을 받기를 원하는 학생들은 계속교육 칼리지(FE: Further Education Colleges)로 진학한다.

대략 70%의 학생이 이렇게 학교에 남아 교육을 받고 있다. 기타 다른 학생들은 직업세계로 진출한다. 18세에 폴리테크닉(Polytechnic)이나 대학(university)에 입학함으로써 고등교육(higher education)을 시작하게 된다. 16세에 의무교육을 마친 학생들은 본인이 원할 경우 3년 더(19세까지) 학교에 머무를 수 있다. 영국의 교육제도는 대략 [그림 10-1]과 같이 나타낼 수 있다.

의무교육이 끝나는 16세에는 일반중등교육자격(GCSE: General Certificate of Secondary Education) 시험을 치르고 있으며 시험결과에 따라 약 40%의 학생은 계속교육 단계로 진입하여 대학입시를 준비하는 제6형식 전문학교(Sixth Form College)로 진학하거나 제3단계 전문학교(Tertiary College), 계속교육 칼리지(College of Further

그림 10-1. 영국의 교육체계

자료 : 김현수, 단기해외연수보고서. 미간행보고서. 서울: 한국직업능력개발원, 1999.

Education) 등의 학교에서 직업자격증이나 일반자격증 취득을 위한 공부를 하며, 나머지 60%의 학생은 취업준비를 하거나 그렇지 못한 경우 실업자가 된다.

18세에 주로 응시하는 시험은 상급일반교육자격(GCE A-level)과 상급보충일반교육자격(GCE AS-level) 등이 있으며, NVQ나 GNVQ 같은 직업자격도 취득할 수 있다.

16세까지의 의무교육기간을 마쳤다 하더라도 GCSE 시험에 통과해야만 중등교육수료를 인정받게 된다.

16세 이후에는 법적으로 취업이 가능하다. 이 시점에서 학생들은 자신의 미래에 대해 생각하고 중요한 결정을 내려야 한다. 대부분의 학교는 제6형식(Sixth Form) 과정에서 본인이 공부해오던 학교에서 계속 공부할 수가 있다. 이 경우 본인이 원하는 과정을 찾아 학교를 옮길 수도 있다. 연령별 교육에 대해 살펴보면 다음과 같다.

1) 취학 전 교육

5세 이하의 어린이에 대한 교육은 의무교육은 아니지만 많은 지방교육청(LEA: Local Education Authorities)들이 자격 있는 교사들을 두고 취학 전 교육(pre-school/nursery education)을 실시하고 있다. 또한, 일반 개인이나 자원단체들도 지방교육청과는 별도의 취학 전 그룹 과정을 운영하고 있다. 이러한 취학 전 교육은 대체로 어린이들이 초등학교에 입학할 때 학교생활에 적응할 수 있도록 하는 데 목표를 두고 있다.

2) 초등교육

공립 초등학교에서는 5 ~ 11세까지의 교육이 이뤄지는데, 스코틀랜드나 잉글랜드의 일부지역에서는 12세까지도 이뤄진다. 초등학교는 보통 '유아'infants)와 '초급'(junior) 단계로 나뉜다.

몇몇 지역에서는 지방교육청이 3단계 구조로 학교를 운영하기도 하는데 이는 초급, 중급, 고급학교들로 8 ~ 9세와 12 ~ 13세에 다음 단계로 넘어가게 된다. 몇몇 사립학교들은 보통 '예비'(preparatory) 학교로 알려져 있고 7 ~ 13세까지의 학생들이 다니며, 사립 중등학교의 입학시험을 준비하게 된다.

3) 중등교육(Secondary Education)

중등교육은 16세까지 의무교육이며 학생이 원할 경우 18 ~ 19세까지 무상으로 교육을 받을 수 있다. 제2차 세계대전 이후까지 영국은 3원화 중등교육체제(tripartite system)를 유지하였다.

즉, 모든 학생들은 초등교육을 마치는 11세에 "11+시험"을 치르게 하고 이 시험의 결과에 따라 주로 학문적인 교과를 가르치는 문법학교(Grammar School: 인문계 중등학교), 인문계 중등학교에 가지 않는 학생들을 대상으로 보통 시민으로서의 교양을 터득하기 위하여 일반교육을 목적으로 하는 중등현대학교(Secondary Modern School), 그리고 일반교육을 제공하되 기술과목에 보다 큰 비중을 두는 중등기술학교(Secondary Technical School) 중의 한 학교에 입학하도록 하는 선발제 중등교육이 정착되었다.

이러한 3원화 체제는 서로 다른 능력을 갖고 있는 학생들에게 서로 다른 성격의 교육을 시키기 위한 것이었다.

중등학교의 유형을 구체적으로 살펴보면 다음과 같다. 공립학교(maintained schools)는 3원체제 형태로 운영되고 있으며. 문법학교, 중등현대학교, 기술학교를 잉글랜드와 웨일즈에서는 3원 중등교육체제(tripartite system)로 부르며, 스코틀랜드와 북아일랜드는 그 용어가 다르다.

① 문법학교(grammar school) : 11 ~ 19세까지 주로 선발된 학생들을 위한 학문교육에 치중하고, ② 중등현대학교(secondary modern school) : 문법학교에 입학하지 않거나 못한 학생들을 위한 일반교육(general education)을 받으며, ③ 기술학교(technical school) : 일반교육과 기술교육을 병행. 예전부터 그 수가 많지 않았고 1991년 현재는 잉글랜드에만 4개교가 있다.

현재 이상의 3원 중등교육기관은 영국에서 아주 극소수에 불과하며, 매우 지역적이다.

02 학교의 구분

1) 종합학교(comprehensive schools)

종합학교는 학생들의 능력에 관계없이 모든 학생들을 받아들인다. 종합학교의 분류는 매우 다양하고 어떠한 학교가 완전한 종합학교인지 구분하는 정도도 매우 다양하다. 만일 어느 학교가 학문적 자질이 우수한 학생을 받아들일 경우 기타 다른 학교들은 그 학교가 이름은 종합학교라 할지라도 그렇게 생각하지 않을 수도 있다.

2) 중등학교(secondary school)

중등학교는 16세의 의무교육까지만 학생들을 받아들이는 학교와 11세부터 18 ~ 19세까지의 모든 학생들을 받아들이는 제6형식 교육(sixth form)을 담당하는 학교로 구분된다.

제6형식 교육을 실시하는 학교는 16세 이후에 학생들이 3년간 학교에 더 머무를 수 있고, 제6형식 교육을 실시하지 않는 학교의 학생들은 16세 이후에는 제6형식 교육을 실시하는 학교로 이동하거나 중등학교를 떠나 제6형식 교육을 실시하는 제6형식 전문학교(Sixth Form College), 제3단계 전문학교(Tertiary College), 또는 계속교육 칼리지(Further Education College)로 진학할 수 있다.

3) 도시기술전문학교(CTC: City Technology College)

도시기술전문학교는 1988년의 교육개혁법령에 의거하여 최근에 새로 설립된 학교이다. 이는 전통적으로 교육시설이 취약한 도심지역에 산업체로 하여금 학교를 설립·운영하도록 하되, 국가가 운영경비를 부담하고 있어 지방교육청의 통제를 받지 않는다.

11 ~ 18세의 남녀학생을 대상으로 폭넓은 중등교육을 실시하고 있다. 학생은 일반종합학교와 같이 능력과 관계없이 선발되고 있다. 설립자·후원자(promoter)가 학교 부동산을 소유하거나 임대하고 있고 교사의 임용 등 학교운영의 책임을 지고 있다.

이 학교에게는 국가에서 제시한 교육과정(National Curriculum)을 존중하도록 요구되고 있다. 그러나 이 학교는 한 때 우수한 시설과 높은 경쟁률로 관심을 끌기도 하였지만, 1998년 현재 15개교만이 운영되고 있어 중등교육 체계에서 중요한 부분을 차지하지 못하고 있다.

4) 기술전문학교 및 기타 전문가양성학교(Technology College and other specialist schools)

기술전문학교는 도시기술전문학교와 달리 기술, 과학, 수학 등에 중점을 두고 전적으로 국가교육과정 내에서 정부의 재정지원과 기업체의 지원으로 운영되는 중등학교이다.

1998년 현재 잉글랜드에 227개의 기술전문학교가 있다. 이보다 숫자는 적으로 유사한 형태로 운영되는 전문가양성학교는 언어전문학교(58개교), 스포츠전문학교(26개교), 예술전문학교(19개교) 등이 있다.

5) 자치학교(independent schools)

자치학교는 대부분 학생들로부터 등록금을 받고 있으며, 일부 학교는 전액 무료로 운영되기도 한다. 모든 자치학교는 지방교육청(LEA)에 등록해야 하고 교육기준국(OFSTD: Office for Standards in

Education)의 감사를 받기도 한다. 많은 자치학교가 높은 수준의 학문 위주의 교육을 입학시험을 통한 능력에 기초하여 선발된 학생들에게 제공하고 있으나, 일부학교는 음악에 재능 있는 학생, 특별한 도움이 필요한 학생, 외국인 학생, 종교적 소외집단의 학생을 모집하여 교육을 제공하기도 한다.

자치학교들은 1995~96년 현재 학생 10.3명당 교사 1인 정도로 학생 18.0명당 교사 1인의 비율을 갖는 공립학교에 비하여 상대적으로 낮은 학생/교사 비율을 갖고 있다.

자치학교 학생의 약 25%가 기숙사생활(boarding)을 하고 있는데 이 비율은 공립학교에 비하여 훨씬 높은 것이다. 기숙사생활은 유명한 비영리사립학교(public schools)에서는 여전히 일반적이지만 매우 급속히 감소하고 있다. 비영리사립학교는 일반적으로 13세부터 입학이 가능하나 11세부터도 가능하다.

이러한 자치학교에는 비영리사립학교(public schools), 영리사립학교(private schools), 준비학교(preparatory schools), 비공립학교(non-maintained schools)를 포함한다.

6) 비영리사립학교(public schools)

특히 잉글랜드에서 전통적으로 등록금을 받지만 영리를 추구하지 않는 다양한 매우 유명한 단체에 속한 사립학교를 일컫는다. 그러나 현재는 이들 학교는 자치학교(independent school)라는 명칭을 더 선호하고 있다. 이는 자치학교정보서비스(ISIS: Independent Schools Information Service)라는 이름 때문인데, 이 협회는 자치학교에 관한 다양한 정보서비스를 제공하고 있다. 스코틀랜드에서는 'public schools'

이라는 용어가 공립학교의 의미로 사용된다.

7) 비공립학교(non-maintained schools)

이전에 영국의 공식 정부통계에 사용하던 개념이지만, 이제는 대부분 자치학교로 용어가 바뀌고 있다. 북아일랜드에서 자율적인 문법학교(voluntary grammar schools)을 일컫기도 하지만, 이 역시도 공립학교로 대부분 바뀌고 있다.

8) 영리사립학교(private schools)

영리사립학교는 교사나 기업가에 의하여 영리추구를 목적으로 운영되는 학교를 말한다. 이러한 측면에서 영리사립학교(private schools)는 영리를 추구하지 않는 비영리사립학교(public schools)와 반대되는 개념이다.

그러나 영국 이외의 대부분의 국가에서는 'private school'이 사립학교(independent school)를 포괄하는 일반적인 개념으로 사용되고 있다.

9) 계속교육

계속교육(Further Education)은 제3단계 교육(tertiary education)이라고 불리는데, 이는 대학을 제외한 중등학교 이후의 모든 교육을 의미한다. 제3단계 교육이라는 용어는 비의무교육(non-compulsory), 후기학교교육(post-school)이면서 A-level 혹은 그 이하 수준의 계속교육(further education)과 A-level 혹은 그 이상 수준인 고등교육(higher education)을 모두 포함하는 용어이다.

계속교육과 고등교육 모두가 1988년의 교육개혁법(Education Reform Act)과 1992년의 계속 및 고등교육법(Further and Higher Education Act) 제정으로 인하여 최근에 본질적인 변화를 경험하고 있다. 북아일랜드에서도 최근에 계속교육의 재조직화가 진행되고 있다.

계속교육은 16세 이후 학생들이 학교를 졸업하고 이론과 기술을 배우는 과정을 말하고, 일반적으로 FE로 표시된다. 계속 학교교육을 받고자 원하는 청소년들은 16세에 대개 계속교육(FE)과정에 들어가지만 계속교육과정 학생들의 대다수는 정시제(part-time) 성인학생들로 구성되어 있다.

영국의 계속교육 과정은 학위과정이 아닌 직업자격증을 위한 과정으로 16세 이상의 학생들이 배우게 되며 College에서 실시하고 있다. 직업교육과정은 학위과정보다 좀 낮은 단계의 교육과정부터 산업현장에 종사하고 있는 사람들을 위한 고급훈련과정도 있다.

계속교육은 다음과 같은 다양한 기관에 의하여 제공되고 있다.

① 중등과정의 제6형식 학교 및 제6형식 전문학교(colleges: 잉글랜드와 웨일즈)
② 일반직업전문학교(general further education colleges)
③ 농업 및 원예 대학
④ 예술 및 디자인 대학
⑤ 해양대학 등 전문가양성 기관

계속교육의 운영은 예전에 직접적으로 정부로부터 지원금을 받는 계속교육 칼리지(FE College), 고등전문학교(tertiary Colleges), 제6형식 전문학교는 1993년 4월부터 직업교육분야에서의 자율적인 운영권이 부여되었다. 따라서 내부적인 조직, 재정 및 경영은 각 전적으로 각 기관의 결정사항이다. 모든 직업교육기관들은 운영기구를 구성하고 있으며, 여기에는 지방기업체와 지역사회의 대표자가 참여하고 있으며, 많은 교육과정이 지방 기업인들과의 협조 하에 운영되고 있다.

직업전문대학은 교육과정의 규모와 내용이 기관마다 다양하다. 규모가 큰 전문대학의 경우에는 매우 청소년과 성인을 대상으로 학문 과정과 직업과정 그리고 전문자격과정을 기초수준부터 학위수준에 이르는 거의 모든 과목에 걸쳐 평생학습 차원에서 유연하면서도 포괄적으로 제공하고 있다. 모든 교육과정은 전일제, 정시제 및 원거리학습을 통해서도 이수가 가능하다.

10) 제6형식 전문학교(Sixth Form College)

1992년의 계속 및 고등교육법 제정에 의하여 중등학교(지방교육청의 관리)에서 계속교육 부문으로 이전되었다. 이 학교는 6학년차 과정이 없는 종합학교 출신의 16 ~ 19세의 학생들을 대상으로 운영된다. 교육과정은 학문과정 및 직업과정을 모두 가르치고 있으나, 대부분이 학문과정으로 구성되어 있다. 1973년에 잉글랜드에 21개교의 제6형식 전문학교가 있었으나 1996년에는 110개로 증가하였다. 이는 중등학교 학생 수의 감소로 인하여 소규모 학교에서 인기가 덜한 A-level 학급을 운영하기가 어려워짐에 따른 것으로 파악된다.

11) 고등전문학교(Tertiary college)

고등전문학교는 제6형식 전문학교와 계속교육 칼리지(FE College)의 기능을 겸비한 학교이다. 이 학교는 모든 능력에 관계없이 모든 학생들이 입학할 수 있고 다양한 영역의 직업 및 학문 교육과정을 제공한다. 1994년 현재 잉글랜드에 51개의 고등전문학교가 있으며, 웨일즈에는 7개교가 있다.

12) 계속교육 칼리지(College of Further Education)

영국에는 약 550개의 계속교육 칼리지가 있다. 이들은 계속교육 칼리지, 농·원예 칼리지(college of agriculture and horticulture), 기술칼리지(technical college), 예술칼리지(college of art), 상업칼리지(college of commerce) 등 학교명칭도 다양하다. 여기에서는 다양한 형태와 수준의 교육과정을 제공하고 있다.

13) 고등교육(Higher Education)

영국에는 1997년 현재 공공부문에서 재정지원하고 있는 176개의 고등교육기관이 있으며, 이 가운데 잉글랜드에 137개, 스코틀랜드에 21개, 웨일즈에 14개, 북아일랜드에 4개가 있다. 학생 수는 170만 명에 달한다. 구체적으로 고등교육기관을 살펴보면 다음과 같다(김현수, 1999).

(1) 단과대학 및 고등교육기관(colleges and institutes of higher education)

영국에는 완전한 대학교의 지위를 갖지 못하는 53개의 단과대학 및 고등교육기관이 있다. 잉글랜드와 웨일즈에서 이들 기관의 대부분이 교육대학(college of education), 기술대학(technical college) 등이 더 큰 기관으로 합병되면서 교사훈련(teacher training)이 대학교 밖에서 이루어지던 다른 고등교육과 통합되던 1970년대에 생겨났다.

(2) 종합기술전문학교(polytechnics)

종합기술전문학교는 1966년 이후부터 설립되기 시작하였고, 그들이 대학교로 변신한 1992년 이후로는 더 이상 별도로 분류하지 않고 있다. 이들 학교의 대부분에 해당하는 33개교가 잉글랜드에 있었고, 웨일즈와 북아일랜드에 각각 1개씩 있었다. 다음에 설명할 스코틀랜드는 이와 다른 이름을 갖고 있었다. 종합기술전문학교의 교육과정은 주로 기술이나 직업에 초점을 두고 다학문적인 내용을 담고 있으며, 모듈형태로 구성되어 있었다.

종합기술전문학교는 대학교(university)와 거의 유사한 교육과정을 운영하고 있으며, 수여하는 학위도 대학교와 동일하다. 그러나 직업교육을 바탕으로 하는 학교의 역사적 전통을 갖고 있어 일반 대학교와는 달리 GNVQ와 같은 직업자격을 취득한 중등학교 졸업생에게 입학의 문호가 비교적 넓은 편이다.

14) 중앙교육기관(central institution)

1992년까지 스코틀랜드에는 16개의 중앙교육기관이 있었으며, 이들은 잉글랜드와 웨일즈의 종합기술전문학교와 유사한 기능을 수행하였다. 이들은 지방교육청이 아닌 스코틀랜드 교육부에 의하여 통제를 받았고, 교육과정은 대부분의 종합기술전문학교보다 더 좁은 직업분야에 한정되어 졌다.

1992년 이후 일부 재조직화와 합병을 거쳐 그들은 5개의 새로운 대학교, 다양한 교원을 갖는(multi-faculty) 3개의 고등교육 단과대학, 3개의 교육대학, 2개의 예술대학, 그리고 국립스코틀랜드음악 및 연기 아카데미(Royal Scottish Academy of Music and Drama)를 형성하게 되었다.

15) 대학교(university)

1992년까지 영국에는 약 50개의 대학교가 있었다. 현재는 약 90개로 늘어났는데 여기에는 종합기술전문학교와 스코틀랜드의 중앙교육기관 그리고 고등교육 단과대학 등이 포함되어 있다. 이들은 대체로 다음과 같이 분류될 수 있다.

(1) 전통적 대학교(ancient university)

여기에는 대부분 500년 이상 된 역사를 갖고 있는 6개의 대학교가 해당된다. 이는 잉글랜드의 옥스퍼드와 캠브리지, 스코틀랜드의 성앤드류스, 글라스고, 애버딘, 애딘버러 등이다.

(2) 붉은 벽돌 또는 구도시 대학교(redbrick or odler civic university)

이들은 19세기 이후에 설립된 것들로 대부분 공업도시에 있다(Leeds, Manchester 등).

(3) 신도시 대학교(newer civic university)

이들은 제2차 세계대전 이후 당시 존재하던 단과대학을 늘리면서 생겨난 것으로 대학교의 수준에까지 이르게 되었다(Newcastle, Leiester 등).

(4) 신대학교(new university)

제2차 세계대전 후 또 다시 새로운 교육기관이 생겨났다(Kent, Stirling 등).

(5) 이전의 고급기술단과대학(CAT: The former College of Advanced Technology)

이들은 1964년 이후에 대학교의 지위가 주어진 기관들이다(Aston, Strathclyde 등).

(6) 1992년 이후의 대학교

이들은 종합기술전문학교, 스코틀랜드의 6개의 중앙교육기관, 2개의 고등교육단과대학 등이다(Huddersfield, Glasgow Caledonian, Luton 등).

제3절 진로지도

영국의 경우 16세에 의무교육이 끝나게 되는데, 이 시점에서 학생들은 자신의 진로를 결정하여야 한다. 즉, 제6형식 학교(sixth form school)에 진학할 것인지, 계속교육(further education) 기관에서 본격적인 직업교육을 받을 것인지, 아니면 취업할 것인지를 결정하게 된다. 이러한 결정을 체계적으로 도와주는 제도가 진로지도라고 할 수 있는데, 영국의 경우 진로지도를 법적으로 규정하고 있다는 점이 독특한 점이라고 할 수 있다.

잉글랜드, 웨일즈 및 북아일랜드에서 학교는 학생들에게 진로정보서비스와 진로지도를 실시하고, 훈련 및 진로기회를 인식하도록 지도하며, 그들이 일의 세계를 준비하도록 돕는 것을 법으로 규정하고 있다. 다만, 스코틀랜드의 경우에는 독특한 교육과정 운영방식 때문에 진로지도를 법적 의무로 규정하지 않고 있다.

잉글랜드, 스코틀랜드 및 웨일즈에서는 진로교육이 모든 학교와 대학의 주 정부와 연계 하에 운영하는 지역 진로 서비스 기관들과 네트워크로 연결되어 있다. 그들은 학생들에게 종합적인 진로정보를 제공하고, 교육이나 훈련을 받을 것인지, 취업할 것인지를 결정하는 데 도움을 주고 있다.

제4절 직업교육과정 및 운영

01 교육과정 개발 및 운영체제

영국의 모든 공립학교(maintained school)의 교육과정은 기초교육과정으로 구성되는데 이는 종교교육과 의무교육 연령의 학생들을 위한 학교에 등록된 학생들을 위한 교육과정, 즉 국가교육과정(National Curriculum)으로 구성된다.

영국에서는 오래 전부터 교육과정의 결정권이 형식적으로는 지방교육청에, 실제적으로는 교장이나 일선교사에게 주어져왔고, 실질적으로 중앙정부는 별다른 권한을 행사할 수 없었다.

이러한 입장은 계속해서 대처 수상의 노동당 정부에 이어져, 학교의 질적 격차가 크다는 점에 관심을 두고 학교교육에 대한 중앙정부의 개입 필요성이 꾸준히 강조되었다. 이러한 시각은 1985년에 발간된 교육백서 "*Better School*"에서 폭넓고 균형 있으며, 보다 적합성이 높은 교육과정을 위해 학교 교육과정에 대한 국가수준의 목표 설정에 대한 필요성을 지적한 이래 교육개혁법(Education Reform Act, 1988)에서 국가교육과정의 도입을 법제화하였다.

국가교육과정은 앞서 언급한 의무교육기간에 대한 교육과정으로 여기에서는 학생의 연령에 따라 4개의 주요 단계(Key Stages)를 설정하였는데 이는 〈표 10-1〉와 같다.

〈표 10-1〉 영국 의무교육 기간의 주요단계

구 분	학생의 나이	기 간
주요 단계 1	5~ 7	1~ 2
주요 단계 2	7~11	3~ 6
주요 단계 3	11~14	7~ 9
주요 단계 4	14~16	10~11

주요 단계에 따라 제정된 국가교육과정의 기본구조를 살펴보면, 10개의 '기초교과'(foundation subjects)로 구성되어 있는데 이는 다시 '핵심교과'(core subjects)와 '그 밖의 7개 기본교과'로 구성된다.

'핵심교과'는 그것들이 없이는 다른 학습이 효과적으로 이루어질 수 없다고 여겨지는 기본적인 개념, 지식, 기능을 포함하는데 영어, 수학, 과학이 이에 속한다. 언어, 산술, 과학적 방법에 관한 능력은 나머지 교과를 학습하는 데 있어 기본적으로 필요한 것이며 성인으로서의 생활 전반에 걸쳐 요청되는 것이기에 '핵심교과'로 설정하였다.

'그 밖의 7개 기본교과'에는 기술, 역사, 지리, 음악, 미술, 체육, 그리고 핵심단계 3 이상에 있는 학생들을 위한 현대 외국어가 포함되어 있다. 한편 1944년부터 필수교과로 지정되었던 종교교육은 비록 국가교육과정의 일부는 아니지만 여전히 필수교과의 지위를 가지고 있다.

실제적으로 교육과정의 결정은 개개 학교의 교장에게 위임되어 있으며, 학교 내부에서 이를 여러 교사들이 분담하고 있는 경우도 적지 않다. 대규모 학교에서는 복수(3인 정도)의 부교장(교감) 중 1명이 교육과정을 담당하고, 교장 및 각 교과의 책임자와 의견을 교환하고 있다.

02 교육과정 편제

1) 직업교육과정의 계열 및 학과의 유형

영국에서는 중등단계 직업교육과정으로 Part One GNVQs과정과 GNVQs과정이 운영되고 있다. Part One GNVQs는 국가적으로 인정된 자격으로 14세에서 16세의 학생들이 과정을 이수하여 자격을 취득할 수 있도록 하는 것을 목적으로 한다. 또한 이 자격은 1999학년부터 16세 이상의 사람도 취득할 수 있게 되었다.

대부분의 중등학교 6학년 과정(sixth-form)에서는 학생들의 능력과 흥미에 부합되도록 인문교육과정과 직업교육과정을 폭넓게 제공하고 있는데, 직업교육과정은 GNVQs와 연계하여 진해되고 있다.

2) 직업교과내용

GNVQs 교육과정은 직무수행에 필요한 기본지식이나 기능 및 배경, 이해 등을 중심으로 구성되어 있다. 영국의 GNVQs에서 각 단위를 교과내용으로 간주할 때, 각 교과내용은 요소(elements), 그리고 각 요소 하위내용으로 수행준거(performance criteria), 범위(range), 증거지표(evidence indicators), 부연설명(amplication), 학습지도(guidance) 등으로 제시된다.

중급단계의 상업(business) 분야는 4개의 필수단위로 구성되어 있는데, 이러한 필수단위와 요소를 예시하면 다음 〈표 10-2〉와 같다. 이 표에 제시한 바와 같이 요소만으로는 성취해야 할 기능과 지식이 모호하므로 수행기준(performance criteria)에서 '수행해야 하는 필수사항'을 명확히 하고 있다. 즉, 특정 요소를 수행하기 위해서는 모든 수행기준을 만족해야 하므로 수행기준은 학생이 수행해야만 하는 기능과 지식에 대한 명확한 개념을 제공하고 있다.

〈표 10-2〉 상업 중급 단계의 단위 및 요소

단위(unit)	요소(element)
상업조직과 취업	• 상업조직의 목적과 유형을 설명하기 • 상업위치, 환경, 시장 및 제품조사하기 • 취업에 대한 조사 결과 제시하기
상업조직에서의 사람	• 조직 내의 구조화 작업 준비를 조사하고 비교하기 • 고용주와 근로자의 권리와 책임을 설명하기 • 직무역할에 관한 조사결과 제시하기 • 취업 또는 자영업 준비하기
소비자와 고객	• 소비자와 고객의 중요성 설명하기 • 홍보자료 계획, 설계 및 제작하기 • 고객 서비스 제공하기 • 서비스 향상을 위한 제안하기
재정적 및 행정적 지원	• 계약 및 문서 설명하기 • 문서를 완성하고 회계 기록에 대해 설명하기 • 상업문서를 만들고 평가하고 보고하기

한편, 범위(range)는 학생들이 증명해 보여야 하는 수행과 지식에 관하여 명확히 제한을 가하고 있다. 범위는 학생들이 수행기준에 부합되는

기술, 지식 그리고 이해의 분야를 자세하게 나타낸 부분으로서 수행기준에서 사용된 용어를 반복하여 굵은 글씨로 강조한 내용을 담고 있다.

학생들이 습득한 지식과 기능은 쓰기, 읽기, 측정하기, 수행하기, 인터뷰하기 등 다양한 활동을 통해 나타내 보일 수 있다. 이러한 증거지표(evidence indicators)는 학생들의 포트폴리오에 포함되어야 하는데, 여기에는 모든 수행기준을 이행하는 데 필요한 증거의 형태를 제시하고 있다.

부연설명(amplication)은 요소에 사용된 주요 용어를 명확하게 하는 부분으로, 주요 용어를 설명하고 있다. 또한 각 용어가 담고 있는 여러가지 예들이 제시되어 있다. 또한 각 용어가 담고 있는 폭과 넓이를 자세하게 제시한다. 그리고 학습지도(guidance)는 전달해야 하는 내용에 관하여 교사에게 조언을 제공하고, 요소(element) 사이의 연계를 나타낸다. 이 부분에는 어떻게 증거들을 만드는지에 대한 방법이 제시되어 있다. 이와 같이 학습지도에는 교사들이 학습과정을 고안할 때 도움이 될 수 있는 내용이 포함된다.

3) 직업교육 방법 및 평가

GNVQ는 프로그램에 대한 학습과 평가에 대해서 지원자에게 많은 권한이 주어져 있다. 따라서 지원자는 자격을 취득하기 위하여 어떠한 조건을 충족시켜야 하는지 분명히 이해할 필요가 있다. 교육과정은 인가된 센터(approved center)에서 이수가 가능하다.

GNVQ과정은 교사들에게 학생들이 지역사회에 기초한 프로젝트, 연구과제, 산업 및 시장 조사, 사례연구를 수행할 수 있도록 학습활동과 연구 과제를 고안하도록 권장하고 있다. 이러한 권장사항을 토대로 볼 때, GNVQ 과정의 교수-학습시에는 다양한 활동중심의 교수-학습 방법이 적용되고 있다고 볼 수 있다.

03 교육과정의 통합 및 연계 체제

1) 직업교육과정의 통합

직업기초능력(key skills)에 해당되는 의사소통능력, 수리활용능력, 정보활용능력은 KS 4에서의 국가교육과정인 영어, 수학 및 정보기술과 연계되어 있으며, 직업단위(vocational unit)로 통합될 수 있도록 설계되었다. 이러한 조치는 학생들이 직업기초능력을 따로 분리하여 학습하도록 하기보다는 해당분야의 직업지식과 기능을 함께 습득하도록 한 것이다.

2) 직업교육과정과 자격제도와의 연계 체제

영국의 중등 직업교육과정은 여러 가지 자격제도와 밀접하게 관련지어 운영되고 있다. 즉, 영국의 직업교육과정은 다양한 종류의 자격시험을 준비하는 과정으로 볼 수 있다. 이들 자격시험은 진학은 물론 취업과도 연결됨으로 학생들은 자신이 원하는 진로에 맞추어 필요한 자격시험을 준비하여야 한다.

학생들은 일반교육과 직업교육영역의 자격을 동시에 준비할 수 있는데, GNVQs 과정은 GCSE나 GCE A/AS-level, 또는 NVQs와 병행하여 이수할 수도 있다. GNVQs는 원래 의무교육 이수 후의 학생들을 위해 도입되었으나 몇몇 과목은 14세에서 16세 학생들도 이수할 수 있게 되었다. 이는 Part One GNVQs로 알려져 있으며, 현재 시범운영단계에 있다.

이와 같이 영국의 학교교육은 자격제도와 연계되어 운영되고 있다. GNVQs는 고용 및 훈련이나 계속교육 및 대학교육으로 이동할 수 있도록 해주는 징검다리와 같은 기능을 하고 있다. GNVQs의 상급단계는 GCE A-level 또는 AS level과 같은 수준으로 인정되어 고등교육 진학시 활용되고 있다.

하지만 이와 같은 비교는 GNVQs의 각 단계가 학문자격의 각 수준과 비슷하다는 것이지 엄밀한 의미에서 동등함을 뜻하지는 않는다. 이는 GNVQs에서의 평가가 GCSE의 평가와 방법상에서 차이를 보이고 있기 때문이다. 그럼에도 불구하고 학문자격과 직업자격을 동등하게 하려는 시도는 계속되고 있다.

GNVQs 자격을 위한 기준은 QCA에 의해 설정되나, 실제적인 GNVQs 자격의 부여 및 이를 위한 시험의 관리는 민간기관이 '검정기관'(Awarding Body)에서 담당하게 된다. 현재 검정기관은 BTEC, C & G, RSA 등 3개 기관이다.

GNVQs 자격은 모듈 식으로 운영되는 일련의 단위(unit)를 이수함으로써 취득하게 되는데, 각 단위의 이수 여부는 내신 성적과 외부시험결과에 의해 판정된다. 즉, GNVQs에 대한 평가는 내부평가와 외부평가로 이루어지며, 그 비율이 30 대 70으로 이루어진다.

내부평가는 일반적으로 교육훈련 과정의 일환으로 교육기관 내에서 이루어지며, 외부평가는 독립적인 외부평가자에 의해서 등급이 매겨지는 시험, 필기 또는 실기, 구술시험, 일련의 과제 등이 포함된다.

외부평가는 각 단위가 끝날 때 각 단계의 필수과정에 대한 필기시험으로 이루어지며, 교육훈련 기관이 아닌 검정기관에서 문제를 출제한다. 직업영역에 대한 지식과 이해 정도를 파악하기 위한 시험으로 약 1시간 정도가 소요되고 문제유형은 단답형과 객관식이다.

이 시험에 통과하기 위해서는 70% 이상의 성적이 요구된다. 첫 번째 시험에서 요구된 기준에 도달하기 못하면 최대 4번까지 재시험을 치를 수 있다. 1월과 3월에 시험이 있으며 9월에 재시험이 있다.

제11장 일본의 고등학교 직업교육

제 11 장
일본의 고등학교 직업교육

제 1 절 직업교육 정책

01 개혁 · 개편의 배경 및 방향

일본은 소자(少子) · 고령화, 정보화, 국제화가 급속하게 진행되는 한편으로 제2차 세계대전 후에 일관되게 성장 발전하여 온 경제활동이 장기간에 걸쳐 정체되어 실업문제가 심각하게 되는 등 명치유신, 제2차 세계대전 후에 이어진 개혁이 또 다시 필요하게 된 때가 되었다고 인식하고 있으며, 정치, 행 · 재정, 경제구조 등 사회의 여러 분야에서 종래의 시스템을 바로 잡기 위해 대담한 개혁을 추진하고 있다.

사회의 거의 모든 분야에 걸쳐서 기반이 되는 교육 분야에 있어서 지금까지의 교육의 성과를 바탕으로 하여 새로운 시대에 맞는, 그렇게 변화되는 시대에 맞도록 앞서 가는 교육을 만들기 위하여 적극적으로 노력하고 있다.

일본의 교육은 제2차 세계대전 후, 성별이나 가정의 수입 등에 관계없이 능력, 적성, 의욕에 따라 평등하게 교육기회가 보장되어야 한다는 교육의 기회균등의 실현을 기본이념으로 내세워, 교육을 중시하는 국민성이나 세계에서 1, 2위를 다투는 국민의 소득수준의 향상 등도 함께 내세워 눈에 띄게 교육을 발전시켜 기적이라고 불릴 정도로 국가발전의 원동력이 되어 왔다.

문부성에서는 이러한 인식에 바탕을 두고 현재 다음과 같은 4가지 관점에서 결심한 교육개혁을 추진하고 있다.

첫째, 지금부터의 교육은 가정, 지역사회, 학교를 통하여 지역편중의 풍조나 지식주입형의 교육을 고쳐서, 아동들에게 '여유'를 가지게 하여 그 속에서 스스로 배우고, 생각하며, 행동하는 "살아가는 힘"을 기르는 것이 중요하다.

둘째, 제2의 관점은 "개성을 신장하는 다양한 선택을 할 수 있는 학교제도의 실현"이다. 교육 시스템 전반에 걸쳐서 지금까지 너무 강조된 평등주의나 획일성을 시정하고, 아동들 한 사람 한 사람의 개성, 능력을 존중한 교육으로 전환할 필요가 있다.

셋째, 제3의 관점은 "현장의 자주성을 존중한 학교 만들기의 촉진"이다. 학교교육의 과도한 평등주의나 획일성의 문제가 교육행정의 제도나 운용자세에 기인하는 점이 크기 때문에 학교교육을 지탱하는 행정제도에 관하여 지방분권을 지향한 개혁이 행해지고 있는 점이다.

넷째, 제4의 관점은 "대학개혁과 연구진흥의 추진"이다. 자원이 부족한 일본이 국제사회 속에서 경쟁력을 유지하고 활력 있는 사회를 실현하기 위해서는 그 원동력이 되는 뛰어난 인재의 육성을 도모함과 동시에 과학기술창조 입국을 지향하고, 기초연구나 첨단기술 등을 수준을 한층 더 향상시켜 가는 것이 불가결하며, 그 때문에 대학개혁과 연구진행을 한층 더 추진할 필요가 있다.

02 교육개혁 진행 경과

학력편중의 풍조나 수험경쟁의 과열화, 청소년의 문제행동 혹은 학교교육의 획일화·경직화의 폐해 등 여러 가지 문제가 지적됨과 아울러 사회의 변화에 대응하는 교육의 실현을 강하게 촉구함에 따라, 이러한 제 과제를 다루기 위하여 1984년 8월에 나까소네 총리대신이 임시교육심의회를 발족시켰다.

1985년에는 임시교육심의회에서 제1차 답신을 제출하였는데, 그 주요 내용은 교육개혁의 기본적인 생각으로서 개성중시의 원칙 등을 내세움과 아울러 당면한 구체적인 개혁으로서 학력사회의 폐해 시정, 대학입학자의 선발제도의 개선, 대학입학자격의 자유화·탄력화, 6년제 중학교의 설치, 단위제 고등학교의 설치 등을 제안한 것이었다.

1986년 4월에 교육개혁에 관한 제2차 답신이 있었는데, 그 주요 내용은 21세기를 위한 교육목표를 제시함과 동시에 평생학습 체제로의 이행, 초·중등교육과 고등교육의 개혁, 국제화·정보화에의 대응, 교육 행·재정의 개혁의 기본방향 등에 관한 제언이었다.

1987년 4월에는 교육개혁에 관한 제3차 답신이 있었는데, 그 주요 내용은 제2차 답신에 맞추어 평생학습 체제로의 이행, 초·중등교육의 개혁, 고등교육기관의 조직·운영의 개혁, 스포츠와 교육, 국제화·정보화에의 대응, 교육비·교육재정 본연의 존재방식 등에 관한 제언이었다.

1988년에는 자신의 학습계획에 기초하여 배우는 학년제에 의하지 않는 단위제 고등학교가 제도화되었으며, 초・중・고등학교의 신임교원에 대하여 채용 후 1년간의 실천적인 연수를 행하는 초임 교원연수가 제도화되었다. 그 해 7월에는 문부성에 평생학습국을 설치하는 등 대대적인 조직개편이 있었다. 12월에는 보통 면허장의 종류의 개선, 사회인의 학교교육에의 활용, 대학에 있어서 보통 면허장을 취득하기 위한 단위수의 인상 등 교원면허제도가 개선되었다.

1989년 3월에는 교육과정심의회의 답신을 받아 유치원교육요령 및 초・중・고등학교의 학습지도요령을 개정하였다. 4월에는 교과서 검증제도에 관한 대폭적인 중점화・간소화를 도모하여 간단하면서 이해하기 쉽게 함과 아울러 보다 공정하면서도 적절한 심사가 이루어지도록 개선되었다.

1990년 1월에는 국・공・사립의 각 대학의 판단과 창의적인 연구에 의해 교과・과목 등에 관하여 자유로이 이용할 수 있는 대학입학센터 시험을 처음으로 실시하게 되었다.

1992년 9월에는 유치원, 초・중・고등학교, 맹・농・양호학교에 있어서 매월 제2주 토요일을 휴업일로 하는 학교 주 5일제를 실시하게 되었다.

1993년 3월에는 전일제 과정에 있어서 단위제 고등학교의 창설, 기타 고등학교, 전수학교에 있어서 학습 성과나 기능심사의 단위 인정, 조사서를 쓰지 않는 것을 가능하게 하는 고등학교 입학자 선발 방법을 도입하였다.

1994년에는 대학교원의 채용에 있어서 공모제가 한층 더 강화되었으며, 대학교원의 선발에 있어서 교육능력의 적극적인 평가나 질을 중시한 연구능력의 평가에 중점을 두면서 열린 선발방법을 채택하도록 하였다.

1995년 4월에는 9월에는 유치원, 초・중・고등학교, 맹・농・양호학교에 있어서 매월 제2주 토요일과 제4주 토요일을 휴업일로 하여, 월 2회의 학교 주 5일제를 실시하게 되었다. 11월에는 일본의 과학기술의 수준향상을 도모하기 위한 「과학기술기본법」이 공포되었다.

1996년 7월에는 과학기술기본법에 기초하여 1996년부터 2000년까지의 5년간에 과학기술정책을 구체화한 「과학기술기본계획」이 각의에서 결정되었다.

1997년 1월 「교육개혁 프로그램」이 책정되었다. 전후의 발전을 지탱해왔던 일본의 경제 사회 시스템 전체를 바로 잡기 위하여 행정개혁, 경제구조개혁, 재정구조개혁 등의 5대 개혁과 병행하여, 모든 사회 시스템의 기반인 교육에 대해서도 개혁의 구체적인 과제와 스케줄을 제출하라는 하시모토 총리대신의 지시가 있었고 이를 받은 문부성은 관계되는 성청(省廳)과 연대하여 교육개혁의 과제와 스케줄을 제시한 「교육개혁 프로그램」을 책정하고 이를 총리대신에게 보고하였다.

1999년 3월에는 대학에 있어서 추계입학의 도입 촉진, 단위 상호호환 및 대학 이외의 교육시설 등에서 이수한 단위의 인정을 확대하였다.

국립대학이 개방됨에 따라 1984년에 공개강좌 수강생이 249,399명이었던 것이 1999년에는 643,436명으로 증가되었고, 1985년에 방송대학이 설치되어 1999년 현재 한 학기 학생 수가 73,446명에 이르고 있다. 학교 주 6일제가 1992년에 월 1회 주 5일제로 되었다가 1995년에는 월 2회 주 5일제로 되었으며, 2002년부터는 완전 주 5일제로 시행되고 있다.

사회교육시설로는 1984년에 공민관 17,520관, 도서관 1,642관, 박물관 676관, 청소년 교육시설 1,031관, 부인 교육시설 100관 등이었던 것이 1999년에는 공민관 17,819관, 도서관 2,396관, 박물관 986관, 청소년 교육시설 1,319관, 부인 교육시설 225관으로 증가되었다.

1) 초 · 중등 교육의 개혁

1984년 임시교육심의회가 발족될 당시 초등학교 1 · 2학년의 이과 · 사회과가 생활과로 통합되어 1992년부터 시행되고 있으며, 중학교 3년간의 선택교과 시간이 140시간에서 1991년부터 140 ~ 280시간으로 증가되었으며, 고등학교 가정과가 여학생들만 이수하던 것이 1994년부터 남녀 공통 필수로 되었다.

연간 수업시간 수도 감소되었는데, 소학교는 1984년의 1,015시간에서 1999년에는 945시간으로 줄었고, 중학교는 1,050시간에서 980시간으로 줄었다. 교육내용도 초등학교, 중학교에서 약 30% 정도가 삭감되었는데, 학교가 완전 주 5일제로 됨에 따라 여유를 가지고 학습할 수 있도록 교육내용을 엄선하여 기초 · 기본을 확실하게 몸에 익힐 수 있도록 하고 있다.

초등학교 3학년부터 고등학교까지 총합 학습시간을 도입하여 지금까지 획일적인 수업에서 지역이나 학교, 아동들의 실태에 맞추어 학교가 창의적인 연구를 살려 특색 있는 교육활동이 가능하도록 하였다.

고등학교의 졸업에 필요한 단위 수가 1984년의 80단위(보통과의 경우, 필수 최저 38단위)에서 74단위(필수 최저 31단위)로 줄었다. 이것은 특색 있는 학교 만들기를 추진하기 위한 것이다. 학생의 흥미 · 관심, 진로

희망 등에 맞추어 각 분야에 관하여 심도 있게 배워 각각의 능력신장을 도모하기 위하여 필수과목의 단위를 감축함과 아울러 선택과목의 단위 수를 확대하여 학생이 선택하여 학습할 수 있는 폭을 확대하였다. 또한, 학습지도요령에서 정해진 교과 · 과목 이외에도 지역, 학교 및 학생의 실태 등에 맞춘 각 학교 독자의 교과 · 과목 '학교 설정 교과 · 과목'의 도입이 가능하게 되었다.

1993년부터 고등학교가 다양화되었다. 그 동안 보통과와 전문학과로 나누어져 있던 학교체제가 총합학과가 제도화됨으로써 고등학교가 다양화되었다. 보통과목과 전문과목에 걸친 폭 넓은 선택과목 중에서 자신의 흥미 · 관심에 맞추어 과목을 선택할 수 있고, 자기의 개성을 발견하여 장래의 삶의 방법이나 진로에 잘 맞도록 학습할 수 있게 되었다.

1999년 현재 124개교가 총합학과를 설치하고 있다. 고등학교가 다양화된 또 하나의 것은 단위제 고등학교의 제도화를 들 수 있다. 1988년부터 단위제 고등학교가 실시되기 시작하였는데, 이것은 자기가 시간표를 작성하여 자신의 학습계획에 따라 필수과목 이외에는 배우고 싶은 요일, 시간에 자신의 흥미 · 관심에 맞추어 과목을 선택하여 학습할 수 있게 되었다. 1999년 현재 단위제 고등학교는 266개교에 이르고 있다. 1999년부터 중 · 고 일관교육 고등학교가 제도화되었는데, 이 제도로 6년간 여유 있는 안정적인 학교생활 속에 개성이나 창조성을 신장시키는 것이 가능하게 되었다. 1999년 현재 병설 및 제휴 형을 포함하여 3개교가 중 · 고 일관교육 고등학교로 집계되고 있다.

2) 정보화에의 대응

신학습지도 요령에 의거하여 정보교육의 충실화를 도모하고 있다. 고등학교에서는 필수교과로서 '정보'가 신설되었고, 중학교에서는 기술·가정 교과에서 '정보와 컴퓨터'를 필수화하였다. 소학교에서는 종합적인 학습시간에 컴퓨터와 익숙해지도록 하는 활동을 충실히 하도록 하고 있다.

03 교육개혁 프로그램

일본 문부성은 '교육개혁 프로그램'에 따라 교육 전반에 걸친 개혁을 추진하고 있는데 앞으로 전개된 교육개혁 프로그램은 다음과 같다.

1) 마음의 교육을 충실히 한다.

유아기부터 마음의 교육을 충실히 하도록 한다. 마음의 교육을 충실히 하는 방안으로서는 지역이나 가정에 있어서 교육력을 충실히 하고, 학교는 마음을 기르는 장으로 만들며, "살아가는 힘"의 육성과 여유 있는 학교생활을 실현하며, 아동들의 고민을 해결해줄 수 있는 교원의 양성 등으로 요약할 수 있다.

2002년부터 완전 주 5일제와 신교육과정이 실시된다. 아동들의 고민을 해결해줄 수 있는 교원을 양성하기 위하여 교원양성 커리큘럼을 개선하며 교원면허제도를 한층 개선하며 연수휴업제도를 창설하고 교육의 양성과 채용·연수의 연계를 원활히 한다.

2) 개성을 신장하는 다양한 선택이 가능한 학교 제도를 실현한다.

이를 실현하기 위하여 중·고 일관교육의 추진, 대학·대학원 입학자격의 탄력화, 초·중등교육과 고등교육과의 접속 개선, 공립 소·중학교 통학구역의 탄력화, 유치원과 보육소의 연대강화 등의 시책을 실시한다.

3) 현장의 자주성을 존중한 학교 만들기를 촉진한다.

이를 실현하기 위하여 자주적 · 적극적인 교육을 전개하며, 학교의 자주성 · 자율성의 확립, 자유로우면서 활달한 사회교육의 추진 등을 실시한다. 지방분권 추진 관련 법안이 성립되었으며, 현장의 자주성을 존중하는 시책을 추진한다.

4) 대학개혁과 연구진흥을 추진한다.

이를 실현하기 위하여 21세기의 대학 상을 책정하고 유학생 교류를 추진하며 학술연구와 과학기술연구의 종합적 전개를 추진하며 산학연계에 의한 연구의 활성화를 도모하며 주요 국가 수뇌회의(summit)를 통한 교육개혁을 추진한다.

21세기의 대학 상을 책정하기 위한 과제에서는 첫째, 학부단계의 교육기능을 강화하고, 둘째, 대학원의 교육연구의 고도화 · 다양화를 추진하며, 셋째, 국립대학의 운영체제를 개혁하며, 넷째, 대학의 자주적 · 기동적인 운영을 가능하게 하는 조치를 취하며, 다섯째, 다원적인 평가 시스템을 확립한다.

04 교육 지원정책

일본에는 우리나라와 마찬가지로 산업교육진흥법이 있는데, 최근까지는 1998년 10월 6일에 최종적으로 개정되어 실시되고 있다.

산업교육진흥법 제1조에 이 법률은 산업교육이 일본의 산업경제의 발전 및 국민생활 향상의 기초가 된다는 점을 감안하여 교육기본법의 정신에 입각하여 산업교육을 통하여 근로에 대한 올바른 신념을 확립하고 산업기술을 습득시킴과 아울러 창조구안의 능력을 길러 경제자립에 공헌하는 국민을 육성하기 위함이며 산업교육의 진흥을 도모함을 그 목적으로 한다고 정의내리고 있다.

산업교육진흥법에 규정한 산업교육이란 "중학교(중등교육학교의 전기와 함께 맹학교, 농학교, 양호학교의 중학부를 포함), 고등학교(중등교육학교의 후기과정과 함께 맹학교, 농학교 및 양호학교의 고등부를 포함), 대학 또는 고등전문학교가 생도 또는 학생 등에 대하여 농업, 공업, 상업, 수산업 기타의 산업에 종사하기 위하여 필요한 지식, 기능 및 태도를 습득시킬 목적으로 행하는 교육(가정과교육을 포함)을 말한다."라고 되어 있다.

산업교육에 종사하는 교원의 자격, 정원 및 대우에 관하여 산업교육의 특수성에 기초하여 특별한 조치를 강구하지 않으면 안 된다고 규정함으로써, 산업교육 교원을 우대할 수 있는 장치를 마련하고 있다.

국가는 공립학교 설치자가 고등학교 또는 중학교의 산업교육을 위한 실험 · 실습의 시설 또는 설비할 경우에는 경비의 전액 또는 일부를 부담하도록 되어 있으며, 산업교육에 종사하는 교원 또는 지도자의 현직교육 또는 양성을 행하는 대학에 있어서 당해 현직교육 또는 양성을 위한 실험 · 실습의 시설 또는 설비를 할 때 소요되는 경비를 국가가 전액 또는 일부를 부담하도록 되어 있다. 또한 이러한 설비 및 시설의 운용을 충실히 하는데 필요한 경비도 국가가 부담하도록 되어 있다.

국가는 공립중학교 또는 고등학교가 중학교 졸업 후 산업에 종사하거나 종사하고자 하는 청소년을 위하여 단기의 교육(별과에서 하는 교육이나 학교에서 행하는 사회교육 포함)을 행하는 경우에는 그 교육에 필요한 시설 또는 설비 및 그 운영에 필요한 경비를 전부 혹은 일부를 부담하도록 되어 있다.

제2절 직업교육 체제

01 학제를 중심으로 한 직업교육 체제

일본의 직업교육제도를 이해하기 위해서 먼저 일본의 학교제도를 살펴보는 것이 필요할 것인데, 일본의 학교제도는 [그림 11-1]에서 보는 바와 같다. 우리나라와 비슷한 면이 많으나 우리나라에는 없는 독특한 제도도 있다. 초등학교, 중학교, 고등학교, 대학의 재학연수가 6-3-3-4로 되어 있어 우리나라와 같다.

그러나 고등학교 단계에서 정시제가 있고 고등학교나 그 상위단계의 학교에서 전공과가 다양하게 설치되어 있는 것은 우리나라의 교육 제도와 다르다. 정시제 고등학교는 글자 그대로 정해진 시간에만 등교하여 배우는 제도이다.

취업을 하고 있는 학생이 야간이나 하계, 동계 등 일정하게 정해진 기간에만 학교에 나와 집중학습을 하고 나머지 기간 동안에는 집에서 통신과정이나 교사들의 순회지도에 의하여 학습하는 방법을 채택하고 있다.

전공과는 상위단계의 학교이나 정규학교와 다르게 매우 자유롭게 학습할 수 있는 체제를 갖추고 있다. 고등학교에 설치되어 있는 전공과는 매일 학교에 나오는 것이 아니라 주당 몇 시간학교에 등교하여 학습하고 나머지는 취업을 한다. 이러한 제도는 현장과 학교교육을 연결하여 현실성 있는 학습을 할 수 있다.

또한 교육개혁의 일환으로 중학교와 고등학교가 하나로 연결되어 있는 중·고 일관학교가 설치되기 시작한 점도 우리나라에는 없는 학교제도이다. 중학교를 마치고 고등학교로 진학하는 과정에서 학생들이 진학준비 등으로 여러 가지 부작용을 없애고 보다 더 여유 있는 학교 생활을 할 수 있도록 한 제도이다.

그림 11-1. 일본의 교육제도

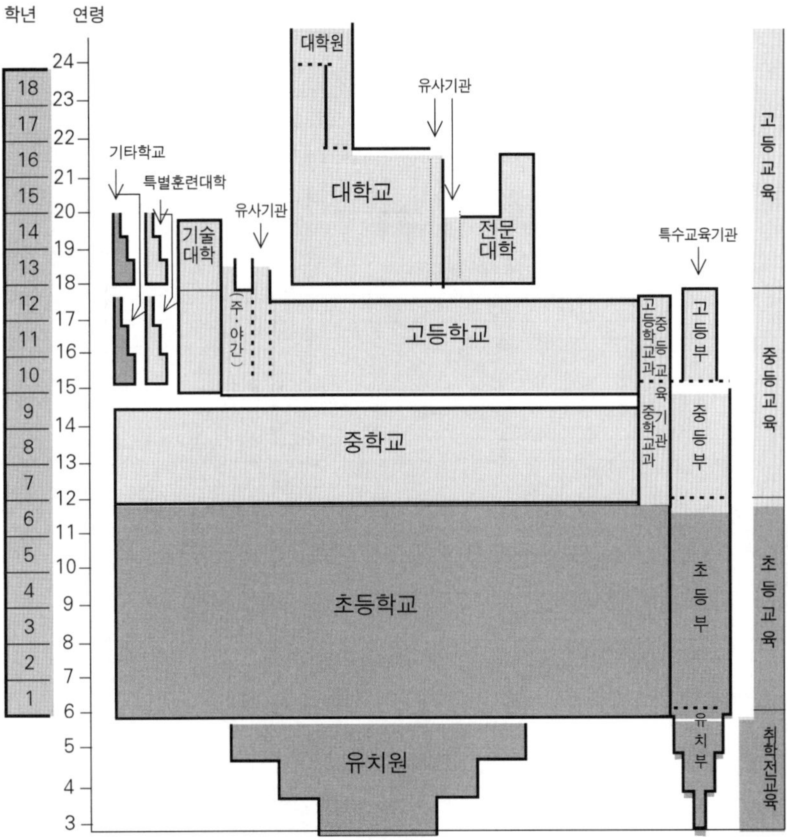

자료 : Ministry of Education, Science, Sports and Culture, Education in Japan 2000 a graphic presentation, Gyosei Corporation, 1999, p. 16.

일본국민들이 갖는 교육기회를 [그림 11-2]에서 볼 수 있는데, 아주 다양한 교육기회가 마련되어 있음을 알 수 있다. 일본국민이 누릴 수

그림 11-2. 일본의 교육기회

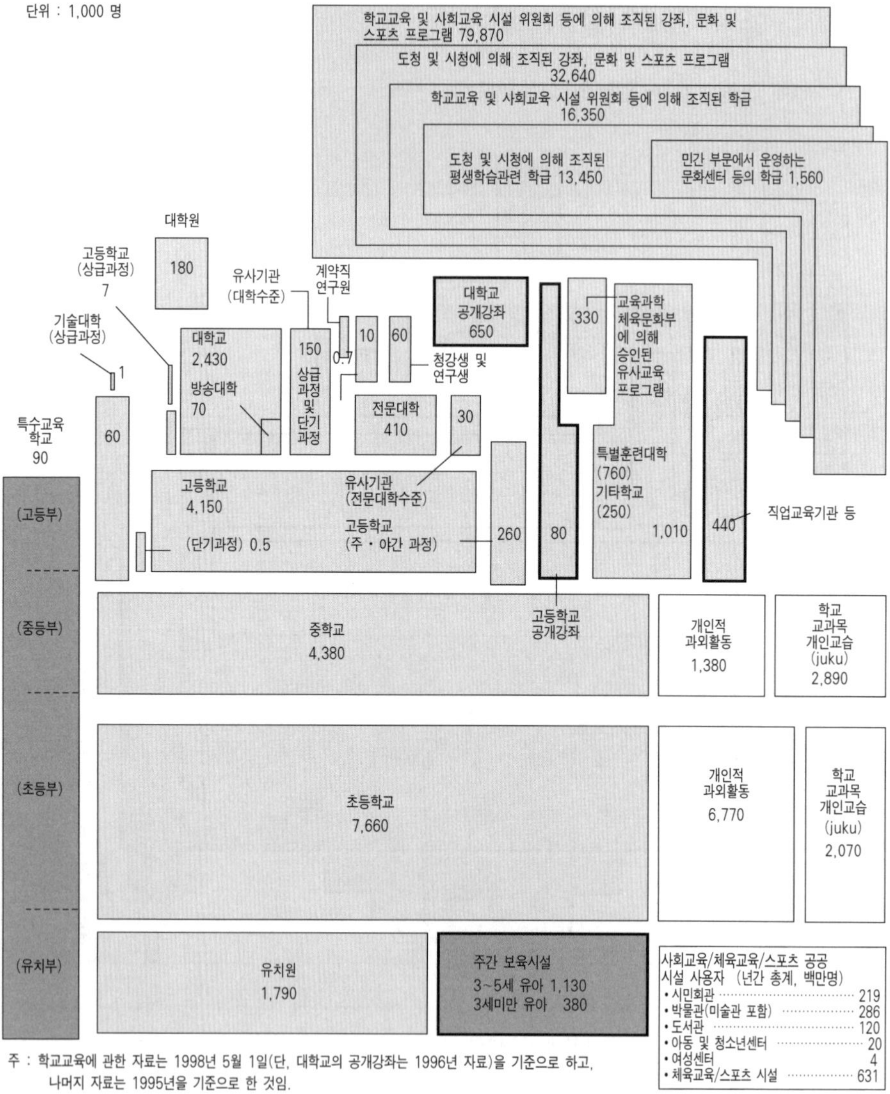

주 : 학교교육에 관한 자료는 1998년 5월 1일(단, 대학교의 공개강좌는 1996년 자료)을 기준으로 하고, 나머지 자료는 1995년을 기준으로 한 것임.

자료 : Ministry of Education, Science, Sports and Culture, Education in Japan 2000 a graphic presentation, Gyosei Corporation, 1999, pp. 13.

있는 교육의 기회는 정규학교 교육 라인과 사회교육 라인으로 크게 대별할 수 있는데, 학교교육 라인은 유치원, 초등학교, 중학교, 고등학교, 대학으로 연결되고 있다.

사회교육 라인을 보면 사회교육·체육교육·스포츠 공공시설 이용자를 시작으로 하여 개인교습, 각종의 개인교습을 받을 수 있는 숙(juku), 도청 및 시청 등과 같은 국가기관이 마련한 각종 학습기회가 있으며 민간단체에서 제공하는 교육기회가 광범위하게 마련되어 있다.

일본의 평생교육제도 속에서의 직업전문인이 되는 과정을 나타내는 과정은 [그림 11-3]과 같다. 초등학교 단계에서 진로 이미지를 형성하고 중학교 단계에서 확고한 근로관, 직업관을 육성하여 고등학교 단계에서 보통교육과 직업교육의 한 라인을 선정할 수 있도록 되어 있다.

고등학교 단계에서는 보통과, 총합학과, 전문학과가 있다. 이들 라인은 보통교육과 전문교육의 비율이 조금씩 차이가 있다. 직업교육은 주로 전문학과, 즉 전문고교에서 이루어지지만 정도의 차이는 있지만 총합학과와 보통과에서도 이루어진다.

일본의 경우에도 고등학교 교육이 점점 보통교육화 하는 경향에서 보통교육과 전문교육을 함께 할 수 있는 제도로 총합학과 제도를 만들었고 점차 늘어나는 추세를 보이고 있다.

고등학교 단계를 마치면 대학, 전문학교, 고등전문학교, 고등학교 전공과, 전수학교, 그리고 취업한 사람들이 각종 직업훈련 기관 및 기업 내 교육을 통하여 전문가로서의 나아갈 수 있는 교육을 받는다.

그림 11-3. 평생학습의 관점에서 본 전문고교 : 스페셜리스트의 길

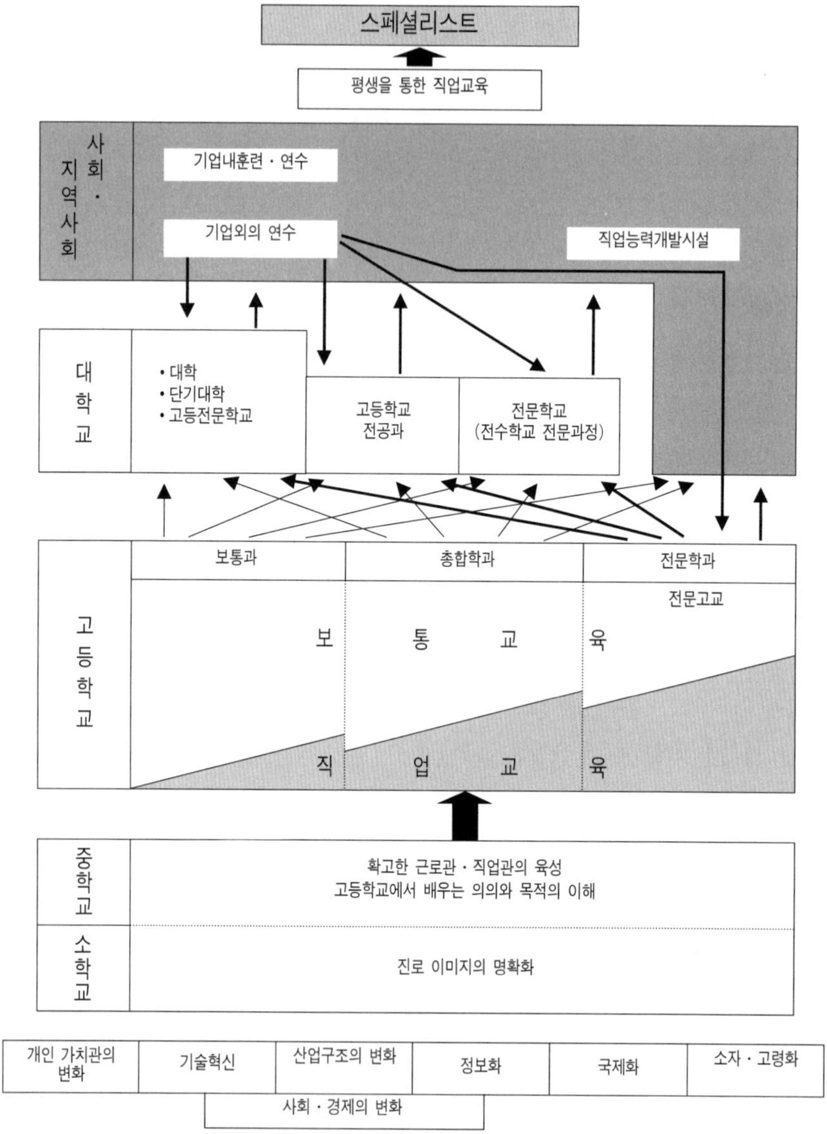

자료 : 文部省 (1999d). 專門高校 紹介: 自分さがし, 夢さがし, 「專門高校」. p.1.

02 고등학교 직업교육 체제

일본의 고등학교 직업교육이 전체교육에서 차지하는 비중이 어느 정도나 되는가를 알아 볼 수 있는 것은 〈표 11-1〉과 같다. 1999년 현재 일본에서는 5,481개교에 420만 명의 고등학교 학생들이 재학하고 있는데, 일반교육을 나타내는 보통과에 재학하는 학생이 전체의 73%를 차지하고 있고 직업교육을 나타내는 전문고교 재학생이 955,146명으로 전체의 22%를 차지하고 있다.

전문고교 중에는 공업계 고교에 전체 학생 수의 8.8%인 368,388명이 재학하고 있고, 그 다음이 상업계 고교로 전체의 8.7%인 364,177명이 재학하고 있다. 농업계 고교에는 전체의 2.8%인 116,805명의 학생이 재학하고 있다.

〈표 11-1〉 전문고교의 학교 수 및 생도수(1999년)

구분	생도수	단독교	병치교	계
전문고교계	955,146 (22.%)	871	-	-
농업	116,805 (2.8%)	169	221	390
공업	368,388 (8.8%)	377	299	676
상업	364,177 (8.7%)	268	694	962
수산	12,301 (0.3%)	33	15	48
가정	72,441 (1.7%)	14	426	440
간호	21,034 (0.5%)	10	131	141
기타 전문	102,296 (2.4%)	23	571	594
총합 학과	58,789 (1.4%)	53	70	123
보통과	3,087,519 (73.%)	2,840	1,466	4.306
실수	4,203,750 (100.0%)	3,787	1,694	5.481

자료: 文部省, 專門高校 紹介; 自分さがし, 夢さがし,「專門高校」, p.1.

고등학교는 단일의 학과만이 설치되어 있는 단독고교와 2개 과정 이상이 함께 설치되어 있는 총합고교로 나눌 수 있다. 단독고교에는 매일 학교에 나오는 전일제와 정해진 시기에만 학교에 나오는 정시제가 있고 전일제와 정시제가 함께 설치되어 있는 병치제가 있다.

전국적으로 보면 단독고교의 전일제 학교가 3,787개교, 정시제 135개교, 병치고교는 431개교로서 도합 1,694개교가 있고, 총합고교에는 전일제가 1,382개교, 정시제가 41개교, 병치고교가 271개로서 도합 1,694개교가 있다.

일본에서는 산업사회의 변화에 따라 그에 따른 대응으로서 고등학교 직업 관련 학과의 폐지 및 신설이 빈번하였다. 1985년(소화 60년)부터 4년간에 걸친 직업고교의 학과 신설 및 폐지에 관한 상황을 〈표 11-2〉에서 볼 수 있다. 1985년에 총 66개 학과가 폐지되고 66개 학과가 신설되었는데, 농업계가 13개 학과가 폐지되고 9개 학과가 신설되었으며, 공업계는 17개 학과가 폐지되고 30개 학과가 신설되었다.

〈표 11-2〉 일본의 고등학교 학교 현황(1999년)

(단위 : 개교)

단독/종합	전공분야별	전일제	정시제	병치제	계
단독교	보통과	2,481	93	266	2,840
	농업	150	12	7	169
	공업	243	20	114	377
	상업	219	5	44	268
	수산	33	-	-	33
	가정	10	10	-	14
	간호	10	-	-	10
	기타	23	-	-	23
	총합학과	52	1	-	53
	소 계	3,221	135	431	3,787

단독/종합	전공분야별	전일제	정시제	병치제	계
종합교	보통+직업1	888	28	175	1,091
	보통+직업2이상	261	5	61	327
	직업만 2이상	179	6	21	206
	보통 + 총합	10	-	8	18
	보통 + 직업1 + 총합	12	1	4	17
	보통 + 직업2이상 + 총합	12	-	1	13
	직업1 + 총합	18	-	-	18
	직업2이상 + 총합	2	1	1	4
	소 계	1,382	41	271	1,694
총 계		4,603	176	702	5,481

자료: 文部省 (1999b). 平成11年度學校基本調査報告書. pp. 150-151.

03 진로지도 및 고등교육과의 연계 체제

1) 진로지도

전문고교의 진로지도에 있어서는 학생이 사회인으로서 요구되는 기본적인 커뮤니케이션 기술을 몸에 익힘과 동시에 학교에서 배운 전문의 기초·기본을 살려서 졸업 후에라도 미래의 스페셜리스트를 목표로 여러 가지 장이나 기회를 붙잡아서 배움을 계속하려는 의욕이나 태도를 육성하는 것이 대단히 중요하다. 그 때문에 인턴십이나 사회인과 대화, 그러한 것에 기초를 둔 진로학습을 입학 때부터 계획적으로 그리고 계속적으로 행하여 학생이 미래에 사회인으로서 어떻게 살아 갈 것인가를 생각하고, 직업이나 근로에 관하여 적극적인 태도를 갖도록 지도하고 도울 필요가 있다.

또한 학생이 학교생활에 보다 더 잘 적응하고 전문고교에서 배우는 의의를 이해하고 목적을 가지고 매일 매일의 학습이나 활동에 임하도록 입학 때부터 진로지도나 교육상담을 일층 충실히 하고 입학 후 이른 시기에 직장견학이나 직장체험을 실시하도록 하고 있다.

일본 문부성에서는 진로지도의 중요성을 인식하고 1974년에 중학교 및 고등학교 진로지도 지침서를 간행하여 진로지도 담당자들에게 진로지도를 어떻게 하여야 하는가를 제시하고 있다. 학교에서는 진로지도위원회가 진로지도부를 설치하여 진로지도에 대한 기획조사, 정보 수집, 상담, 진학, 취직, 관찰 및 지도, 섭외 및 추수 지도 등을 담당하도록 하고 있다.

각 담당부서에서는 필요한 계획을 세워 진로지도에 필요한 정보를 광범위하게 수집 분석하고 학생들의 필요에 응하여 진학, 취직, 진로 상담에 관련된 지도를 실시하고 있다.

2) 고등교육과의 연계 체제

일본에서는 전문고교를 종국교육으로 생각하지 않고 전문고교를 졸업한 후에도 평생학습의 관점에서 계속적으로 전문능력을 향상시킬 수 있도록 계속교육의 장을 마련하고 있다. 계속교육의 장으로서는 대학, 전문학교, 고등학교 전공과 등 다양한 장이 마련되어 있다.

대학의 경우에는 입학생 선발에 있어서 전문고교 졸업생에 대한 추천입학이나 전문고교 졸업생 선발을 한층 더 확대, 전문고교에서 취득한 직업자격 등을 중시, 입시에서 직업과목의 출제하는 등의 배려가 요구되고 있다.

1999년(평성11년) 5월 전문고교・총합학과의 관계 각 교장회가 중심이 되어 전문고교・총합학과 졸업생 선발 및 추천 입학에 의하여 대학에 진학한 졸업생 및 이들을 받아들인 대학의 지도교수 등을 대상으로 설문조사를 실시하였다.

그 결과, 전문고교·총합학과 졸업생의 이해도, 학습의욕 모두가 높게 평가된 것이나 졸업생들이 대학 자체를 활성화시키고 있다는 의견 등이 많이 지적된 것을 미루어 볼 때, 이러한 선발방법이 유효하게 기능을 발휘하고 있음을 알 수 있었다.

전문고교 졸업생들이 대학에 입학하고 난 다음에도 대학에서는 전문고교 졸업생 개개인의 필요나 욕구에 대응할 수 있는 교육을 할 수 있도록 보습교육을 실시하거나 전문고교에서의 교육성과를 고려하여 커리큘럼을 짜는 배려가 필요하다. 전문고교 졸업생들은 보통과 졸업생들보다 고등학교 단계에서 영어나 수학과 같은 보통교과의 학습 시간이 적기 때문에 이에서 오는 결손을 보습교육으로 보완할 필요가 있으며, 고교에서 배운 전문과목에 대한 교육성과를 살릴 필요가 있다.

일본에서는 우리나라에는 없는 고등학교 전공과 제도가 있다. 고등학교 전공과에서는 보다 높은 기술의 습득이나 직업자격취득을 위한 교육이 행해지고 있다. 전공과는 전문고교와 연계된 커리큘럼을 편성하기 쉽다. 그러나 고등학교 전공과 졸업생은 전문대학 졸업 자격이 주어지지 않기 때문에 학력 면에서는 고등학교 졸업생과 마찬가지로 취급되고 있어 전공과에서의 학습 성과가 사회적으로 충분히 평가되고 있다고 보기는 어렵다.

제3절 직업교육과정 및 운영

01 교육과정 개발 및 운영체제

일본은 국가교육과정 제도를 따르고 있는데, 국가교육과정은 문부성에서 만드는 각 급 학교 학습지도요령에 나타나 있다. 이것은 일본 내의 모든 학교의 교육과정 편성의 기준이 된다. 문부성은 법적 자문기관인 교육과정심의회의 답신을 받아 초등학교학습지도요령, 중학교학습지도요령, 고등학교학습지도요령을 결정한다. 일본의 교육과정은 제2차 세계대전 이후 1999년에 고시된 고등학교학습지도요령을 포함하여 8차례의 개정이 있었다. 1959까지는 대개 4～5년마다 개정이 이루어졌으나 그 후에는 평균 10년에 한번 정도로 개정되었다.

일본의 교육과정심의회는 문부대신이 임명하는 60명 내외의 교육 직원, 학자들로 구성된다. 교육과정심의회는 초등학교, 중학교, 고등학교별로 교육과정 분과심의회를 두는데 각 분과에는 20인 정도의 위원이 있다. 교육과정심의회는 심의한 결과를 최종 답신의 형태로 문부성에 보고하면 문부성은 이를 근거로 하여 학습지도요령을 고시하게 된다.

문부성에서 학습지도요령을 고시하면 각 도도부현과 시정촌에서는 교육과정 지침서를 개발하고 각 학교에서는 학습지도요령을 토대로 하여 지역사회와 학교의 실태, 학생의 발달단계 등 교육에 관계되는 제 요인을 고려하여 학교 교육과정을 편성하게 된다.

고등학교의 직업교육과정의 편성절차도 이와 마찬가지이다. 고등학교학습지도요령에는 고등학교 교육이 나아갈 방향이 제시된다. 고등학교학습지도요령 총칙편에서 교육과정 편성의 일반 방침, 각 교과 및 과목 그리고 단위 수, 교육과정 편성 및 실시에서 고려해야 할 사항 등 교육과정에 전반에 관한 모든 것이 제시된다. 이에 따라 직업분야의 각 영역별로 해설서가 작성되는데, 여기에는 교과의 목표, 교과의 조직, 각 과목별 목표와 내용에 대한 해설이 제시된다.

1999년에 고시된 고등학교학습지도요령에는 개정의 기본방침을 제시하는 가운데 고등학교학습지도요령은 완전 학교 주 5일제 아래에서 각 학교가 '여유' 속에 "특색 있는 교육"을 전개하여 풍부한 인간성이나 기초 · 기본을 몸에 익혀서 개성을 살리고, 스스로 배우고 스스로 생각하는 힘 등의 "살아가는 힘"을 배양하는 것을 기본적인 목표로 하고 다음과 같은 방침에 기초하여 개정하였다고 제시하고 있다.

① 풍부한 인간성이나 사회성, 국제사회에서 살아갈 수 있는 일본인으로서의 자각을 육성할 것, ② 스스로 배우고, 스스로 생각하는 힘을 육성하는 것, ③ 여유가 있는 교육활동을 전개하는 속에 기초 · 기본의 확실한 정착을 도모하고 개성을 살린 교육에 충실할 것, ④ 각 학교가 창의성을 살려 특색 있는 교육, 특색 있는 학교 만들기를 추진할 것

이번 학습지도요령에서 개정된 특징적인 것은 다음과 같다.

① 고등학교 교육과정에 총합적인 학습시간을 신설한 것, ② 보통교과로서 '정보'를, 전문교과로서 '정보' 및 '복지'를 신설한 것, ③ 전 과정의 수료에 필요한 총 단위 수를 80 단위 이상에서 74 단위 이상으로 한 것

이과교육 및 산업교육심의회에서 전문고교의 직업교육과정 개정에 관한 검토를 하는 과정에서 전문고교에 있어서 교육의 개선 · 충실을 위한 관점으로서 다음과 같은 6가지 점을 제시하였다

① 장래의 스페셜 리스트로서 필요한 전문성의 기초·기본에 충실
② 신 교과 '정보', '복지'의 창설 등 사회의 변화나 산업의 동향 등에 적절히 대응한 교육의 전개
③ 생도의 다양한 실태에 대응하고, 생도의 학습 선택권을 될 수 있는 대로 확대하여 생도 한 사람 한 사람의 개성을 육성
④ 전문고교와 지역이나 산업계와의 파트너십(쌍방향의 협력 관계)의 확립
⑤ 생도가 전문고교 졸업 후에 학습하는 계속교육기관과의 연휴 추진
⑥ 각 학교의 창의성을 살린 특성 있는 교육의 전개

고등학교학습지도요령에는 교육과정 편성의 원칙을 다음과 같이 제시하고 있다

① 법령 및 학습지도요령이 제시하는 것에 따를 것
② 생도의 인간으로서 조화로운 육성을 지향할 것
③ 지역이나 학교의 실태를 충분히 고려할 것
④ 과정이나 학과의 특색을 충분히 고려할 것
⑤ 생도의 심신의 발달단계 및 특성 등을 충분히 고려할 것
⑥ 살아가는 힘을 기르는 각 학교의 특색 있는 교육활동의 전개

이외에 교육과정의 편성의 일반방침 속에 취업이나 자원봉사와 관계가 있는 체험적인 학습을 지도하도록 하고 있다. 학교에 있어서는 지역이나 학교의 실태에 맞추어 취업이나 자원봉사에 관계있는 체험적 학습을 적절히 지도하여 근로의 존중이나 창조하는 것의 기쁨을 체득시키고, 바람직한 근로관, 직업관의 육성이나 사회봉사 정신을 함양하도록 규정하고 있다.

02 교육과정 편제

1999년 3월에 고시된 새로운 교육과정에서 제시하고 있는 편제를 따로 편성하지 않고 있다. 신교육과정에서 제시하고 있는 교육과정 편성의 일반방침, 각 교과 · 과목, 이수방법, 총합적인 학습시간, 각 교과 · 과목과 특별활동 및 총합적인 학습의 시간수업 시수 등을 통하여 그 대강을 알 수 있다. 아래의 내용은 문부성에서 발행한 고등학교 학습지도요령 해설에 따른 것이다.

1) 교육과정 편성의 일반 방침

새로운 교육과정은 교육과정 편성의 일반 방침을 다음과 같이 밝히고 있다.

(1) 교육과정 편성의 원칙

이번 개정의 취지를 살릴 수 있도록 "각 학교에 있어서 학생에게 살아가는 힘을 기를 수 있도록 창의성을 발휘하여 특색 있는 교육활동을 전개하는 속에 스스로 배우고 스스로 생각하는 힘의 육성을 도모함과 아울러 기초적 · 기본적인 내용의 확실한 정착을 도모하고 개성을 살리는 교육에 충실히 노력하지 않으면 안 된다."고 규정하고 있다.

(2) 도덕교육

고등학교에 있어서 도덕교육은 인간으로서의 존재양식에 관한 교육을 행하는 것이라는 기본적인 사고방식을 계승하고, 이번에 신설된 총합적인 학습의 시간도 포함하여 학교의 교육활동 전반을 통하여 적절한 지도를 행하는 것으로 하고 있다. 특히, 마음의 교육이란 관점에서 "풍부한 마음"을 기르는 것을 도덕교육의 목표로 나타내고, 도덕교육을 한층 더 충실히 할 것을 목표로 하고 있다.

(3) 체육 · 건강에 관한 지도

체육 · 건강에 관한 지도에서는 체력향상은 물론 마음의 건강, 약물남용, 생활습관병의 징후 등의 건강에 관한 새로운 현대적 과제에 적절히 대응하는 등 심신의 건강에 관한 지도를 보다 충실히 하는 것으로 하였다. 또한 가정이나 지역사회와의 연계를 도모하면서 일상생활에 있어서 적절한 체육 · 건강에 관한 활동의 실천을 촉진하고, 생애를 통하여 건강하면서 안전하여 활력 있는 생활을 보내기 위하여 기초가 길러지도록 배려할 것을 제시하고 있다.

(4) 체험적인 학습의 지도

종전의 "근로나 봉사에 관한 체험적인 학습의 지도"를 "취업이나 자원봉사에 관한 체험적인 학습의 지도"로 개정하였다. 이를 통하여 바람직한 근로관, 직업관을 육성하거나 사회봉사의 정신을 함양하는데 돕는 것으로 한다.

2) 각 교과 · 과목 및 단위 수

종전까지는 이 단위 수가 80단위 이상이었으나 완전 주 5일제의 아래에서 수업 시수를 고려하여 74단위로 하였다. 이는 격주 토요일 분의 단위 수를 감소시킨 것이다. 각 학교에 있어서 총합적인 학습시간의 수업 시수 및 단위 수를 정하는 것이나 총합적인 학습의 시간 단위

수를 졸업까지에 이수시킬 단위 수 속에 포함시키지 않으면 안 된다는 것을 제시하고 있다.

3) 보통교육에 관한 각 교과 · 과목

보통교육 및 전문교육을 구분하여 각 교과 · 과목을 제시하고 있다. 보통교과에 관해서는 '정보'를 신설하고, '정보A', '정보B' 및 '정보C'(각 2단위)의 3과목으로 되어 있음을 나타내고 있다. 이것에 의하여 보통교과는 국어, 지리역사, 공민, 수학, 이과, 보건 체육, 예술, 외국어, 가정, 정보 등의 10개 교과로 구성되어 있음을 나타내고 있다.

4) 전문교육에 관한 각 교과 · 과목

전문교과에 관해서는 '정보' 및 '복지'를 신설하고, '정보'는 11개 과목, '복지'는 7개 과목으로 구성되어 있음을 나타내고 있다. 이것에 의하여 전문교과는 농업, 공업, 상업, 수산, 가정, 간호, 정보, 복지의 직업에 관한 8개 교과 및 이수, 체육, 음악, 미술, 영어 등의 총 13개 교과로 구성되어 있음을 나타내고 있다.

5) 학교 설정 교과 · 과목

학습지도요령에서 나타내고 있는 교과 · 과목 이외의 교과 · 과목(종전의 기타의 과목), "기타 특히 필요한 교과"에 관해서는 종전에는 그 명칭, 목적, 내용, 단위 수 등을 설치자가 정하도록 하였으나, 이번 개정에서는 학교나 학생의 실태에 맞는 특색 있는 교육과정을 편성하도록 이것을 각 학교에서 정하도록 하였다. 이를 총칭하여 "학교설정 과목",

"학교설정 교과"로 개칭하였다. 또한 학교설정 교과에 관한 과목으로서 "산업사회와 인간"을 설정하는 것도 가능하게 하였다.

6) 각 교과 · 과목, 특별활동 및 총합적인 학습시간의 수업 시수

(1) 주당 수업 시수

전일제 과정(단위제에 의한 과정은 제외)에 있어서 주당 표준수업 시수는 완전학교 주 5일제 실시에 동반하여 현행 32 단위시간을 30 단위시간으로 한다.

(2) 특별활동의 수업 시수

특별활동에 관해서는 이번의 개정에 있어서 클럽활동을 폐지하고 홈룸 활동, 학생회 활동 및 학교행사로 구성하는 것으로 하는 것에 따라 그 수업 시수에 관해서는 홈룸 활동에 대하여 연간 35 단위시간 이상 행할 것을 규정하였다.

(3) 총합적인 학습시간의 수업 시수

총합적인 학습시간의 수업 시수는 졸업 때까지 105 ~ 210 단위 시간을 표준으로 하고 각 학교에 있어서 학교나 학생의 실태에 맞추어 적절하게 배당하는 것으로 하였다.

(4) 수업의 1단위 시간

수업의 1단위 시간에 관해서는 50분을 표준으로 하는 종전의 규정을 개정하여 각 학교에 있어서 창의 고안을 살린 시간표 편성이 될 수 있도록 각 교과·과목 등의 수업 시수를 계속 확보하고, 학생의 실태 및 각 교과·과목 등의 특질을 고려하여 각 학교에 있어서 적절하게 정하도록 하였다. 또한 단위의 계산은 1단위 시간을 50분으로 하고, 35단위 시간의 수업을 1단위로 하는 것을 표준으로 하는 것은 종전과 같다.

7) 교육과정의 편성·실시에 당면하여 배려해야 할 사항

(1) 선택 이수의 취지를 살린 적절한 교육과정 편성

이번 개정에서는 종전에 제시한 다양한 각 교과·과목을 개설하여 학생들이 자유로이 선택하여 이수할 수 있도록 배려할 것이라는 것에 더하여 새로이 학생의 특성, 진도 등에 맞추어 적절한 각 교과·과목의 이수가 가능하도록 할 것이 더하여졌다.

(2) 각 교과·과목 등의 내용의 다루는 방법

학교에서는 처음부터 계획하여 각 교과·과목의 내용 및 총합적인 학습시간에 있어서 학습활동을 학기구분에 따라 단위별로 분할하여 지도하는 것도 가능하도록 하였다.

(3) 직업교육에 관하여 배려해야 할 사항

학교에서는 취업체험의 기회를 확보하도록 배려해야 한다. 또 종전에는 직업 교과·과목에 있어서 실습시간 수 가운데 그 10분의 7 이내의 범위에서 '현장실습'으로 실습을 대체하는 것이 가능하였으나, 이번 개정에서는 '취업체험'으로 대체할 수 있도록 개정하였는데, 시간 수의 제한은 두지 않았다.

8) 교육과정의 실시에 있어서 배려해야 할 사항

이번 개정의 취지가 살려질 수 있도록 교육과정의 실시에서 다음 사항을 배려하도록 하였다.

(1) 가이던스 기능의 충실

학생이 적절한 교과·과목 등을 선택하여 학교생활에 보다 더 잘 적응함과 아울러 현재 및 장래에 살아가는 방법을 생각하며 행동하는 태도나 능력을 육성할 수 있도록 가이던스의 기능을 충실히 수행하도록 하였다.

(2) 개개인에게 맞춘 지도의 충실

개개인에게 맞춘 지도를 충실히 수행할 수 있도록 이번 개정에서는 개별 지도, 그룹별 지도, 교사의 협력적 지도, 학생의 학습내용의 습득 정도 등에 맞춘 탄력적인 학급편성 등, 지도방법이나 지도체제를 보다 더 구체적으로 제시하였다.

(3) 컴퓨터 등의 정보 수집 활용

학생이 컴퓨터나 정보통신 네트워크 등의 정보수단을 적극적으로 활동할 수 있도록 하기 위한 학습활동에 충실하도록 하였다.

(4) 열린 학교 만들기의 추진

열린 학교 만들기의 추진이라는 관점을 명시하여 가정이나 지역의 사람들에게 협력을 얻을 것, 학교간의 연대나 교류를 추진할 것, 장애가 있는 유아·아동 생도나 고령자 등과의 교류기회를 만들 것 등을 제시하였다.

03 직업교과내용

일본에서 가르치는 직업교과내용은 고등학교학습지도요령에서 제시하고 있는 전문교육에 관한 교과·과목에서 그 대강을 알 수 있다. 〈표 11-3〉은 전문고교에서 제공하게 되는 각 교과·과목을 나타낸 것인데, 농업교과에서는 총 29개 과목을, 공업교과에서는 총 61개 과목을, 상업교과에서는 17개 과목을, 수산교과에서는 21개 과목을, 가정교과에서는 19개 과목을, 간호교과에서는 6개 과목을, 정보교과에서는 11개 과목을, 복지교과에서는 7개 과목을 개설하고 있다.

각 교과에서 제공하는 과목은 특성별로 나누어 볼 수 있는데, 각 교과에는 교과 내의 각 분야에 공통적인 내용을 제공하는 과목, 각 교과 내의 특정한 분야를 대표하는 과목으로 크게 나눌 수 있다.

〈표 11-3〉 전문교육에 관한 각 교과·과목

교과	과 목	과목수
농업	농업과학기초, 환경과학기초, 과제연구, 종합실습, 농업정보처리, 작물, 야채, 과수, 초화, 축산, 농업경영, 농업기계, 식품제조, 식품화학, 미생물기초, 식물바이오테크놀로지, 동물·미생물바이오테크놀로지, 농업경제, 식품유통, 삼림과학, 삼림경영, 임산가공, 농업토목설계, 농업토목시공, 조원계획, 조원기술, 측량, 생물활용, 그린라이프	29
공업	공업기술기초, 과제연구, 실습, 제도, 공업수리기초, 정보기술기초, 재료기술기초, 생산시스템기술, 공업기술영어, 공업관리기술, 기계공작, 기계설계, 원동기, 전자기계, 전자기계응용, 자동차공학, 자동차정비, 전기기초, 전기기기, 전력기술, 전자기술, 전자회로, 전자계측제어, 통신기술, 전자정보기술, 프로그래밍기술, 하드웨어기술, 멀티미디어응용, 건축구조, 건축시공, 건축구조설계, 건축계획, 건축법규, 설비계획, 공기조화설비, 위생·방재설비, 측량, 토목시공, 토목기초역학, 토목구조설계, 사회기반공학, 공업화학, 화학공학, 지구환경화학, 재료제조기술, 공업재료, 재료가공, 세라믹화학, 세라믹기술, 세라믹공업, 섬유제품, 섬유·염색기술, 염직디자인, 인테리어계획, 인테리어장비, 인테리어엘레멘트생산, 디자인사, 디자인기술, 디자인재료	61

교과	과 목	과목수
상업	비즈니스기초, 과제연구, 총합실습, 상품과유통, 상업기술, 마케팅, 영어실무, 경제활동과법, 국제비즈니스, 부기, 회계, 원가계산, 회계실무, 정보처리, 비즈니스정보, 문서디자인, 프로그래밍	17
수산	수산기초, 과제연구, 총합실습, 수산정보기술, 어업, 항해·계기, 어선운용, 선용기관, 기계설계공작, 전기공학, 통신공학, 전기통신이론, 재배어업, 수산생물, 해양환경, 조선(操船), 수산식품제조, 수산식품관리, 수산유통, 다이빙	21
가정	생활산업기초, 과제연구, 가정정보처리, 소비생활, 발달과보육, 아동문화, 가정간호·복지, 리빙디자인, 복식문화, 피복제작, 패션디자인, 복식수예, 후드디자인, 식문화, 조리, 영양, 식품, 식품위생, 공중위생	19
간호	기초간호, 간호기초의학, 성인·노인간호, 모자간호, 간호임상실습, 간호정보처리	6
정보	정보산업과 사회, 과제연구, 정보실습, 정보와 표현, 알고리즘, 정보시스템의 개발, 네트워크시스템, 모델화와 시뮬레이션, 컴퓨터디자인, 도형과화상의처리, 멀티미디어표현	11
복지	사회복지기초, 사회복지제도, 사회복지원조기술, 기초개호(介護), 사회 복지실습, 사회복지연습, 복지정보처리	7
이수	이수수학Ⅰ·Ⅱ, 이수수학탐구, 이수물리, 이수화학, 이수생물, 이수지학	7
체육	체육이론, 몸만들기운동, 스포츠Ⅰ·Ⅱ·Ⅲ, 댄스, 야외활동	7
음악	음악이론, 음악사, 연주법, 솔페즈, 성악, 기악, 작곡	7
미술	미술개론, 미술사, 소묘, 구성, 회화, 판화, 조각, 비쥬얼디자인, 크래프트디자인, 영상미디어표현, 환경조형, 감상연구	12
영어	총합영어, 영어이해, 영어표현, 이문화이해, 생활영어, 시사영어, 컴퓨터·LL연습	7
총 13개 교과, 211개 과목		

자료: 이용순외 3인, 직업교육과정 국제비교연구, 한국직업능력개발원, 1999, pp.57-58.

1) 상업교과 교육과정 편성의 예

신 학습지도요령에 근거한 상업교과 교육과정 편성으로 예로서 에히메현립(愛媛縣立) 마쓰야마(松山) 상고의 예를 보면 〈표 11-4〉와 같다.

〈표 11-4〉 상업교과 교육과정 편성의 예(2003년)

교과	학과	상업과						정보처리과						유통경제과			국제경제과					
	유형	경제유형			일반유형			A유형			B유형						A유형			B유형		
	과목 \ 학년	1	2	3	1	2	3	1	2	3	1	2	3	1	2	3	1	2	3	1	2	3
상업	비즈니스기초	2	-	-	2	-	-	2	-	-	2	-	-	2	-	-	2	-	-	2	-	-
	부기	5	-	-	4	-	-	4	-	-	4	-	-	4	-	-	4	-	-	4	-	-
	정보처리	2	2	-	2	-	-	4	-	-	4	-	-	2	2	-	2	-	-	2	-	-
	총합실천	-	-	3	-	-	3	-	-	-	-	-	-	-	-	3	-	-	3	-	-	-
	과제연구	-	-	3	-	-	3	-	-	3	-	-	3	-	-	3	-	-	3	-	-	3
	상품과 유통	-	-	-	-	-	-	-	-	-	-	-	-	3	2	-	-	-	-	-	-	-
	마케팅	-	-	-	-	-	-	-	-	-	-	-	-	-	3	-	-	-	-	-	-	-
	상업기술	2	2	-	-	-	-	-	-	2	-	-	2	-	2	-	-	2	2	-	2	-
	국제비즈니스	-	-	-	-	-	-	-	-	2(※)	-	-	2	-	-	3	-	2	-	-	3	-
	경제활동과법	-	-	2	-	-	-	-	-	*2	-	2-	-	-	-	3	-	-	2	-	-	2
	영어실무	-	-	-	-	-	2	-	-	2	-	-	-	-	-	2	-	2	-	-	-	2
	회계실무	-	-	-	-	-	-	-	-	-	-	-	-	-	-	-	-	-	-	-	-	-
	원가계산	-	3	-	-	2	-	-	-	-	-	-	-	-	-	-	-	-	-	-	-	-
	회계	-	3	2	-	3	2(※)	-	-	-	-	-	-	-	-	-	-	-	-	-	2	-
	프로그래밍	-	-	-	-	-	-	-	3	2	-	3	3	-	-	-	-	-	-	-	-	-
	문서디자인	-	-	-	-	-	-	-	3	-	-	2	2	-	3	-	-	2	-	-	-	-
	비즈니스 정보	-	-	-	-	-	-	-	3	2(※)	-	3	-	-	-	-	-	-	-	-	-	-
공업	하드웨어기술	-	-	-	-	-	-	-	3	*2	-	-	-	-	-	-	-	-	-	-	-	-
	소프트웨어기술	-	-	-	-	-	-	-	-	2	-	-	2	-	-	-	-	-	-	-	-	
영어	이문화이해	-	-	-	-	-	-	-	-	-	-	-	-	-	-	-	-	2	-	-	2	-

주: ※는 선택 과목을 표시한 것임.

마쓰야마 상고에는 상업과, 정보처리과, 유통경제과, 국제경제과의 4개 학과가 있다. 유통경제과를 제외한 각 학과에서는 학생들의 흥미와 관심에 따라 교육과정을 선택할 수 있도록 상업과에서는 경제유형과 일반유형, 정보처리과와 국제경제과에서는 A유형과 B유형으로 나누고 있다. 이렇게 유형을 나눈 것은 대학진학을 희망하는 학생과 취업을 희망하는 학생을 구별하기 위한 것이다.

4개 학과 공통과목으로는 비즈니스 기초, 부기, 정보 처리, 과제 연구의 4개 과목을 배치하였는데, 비즈니스 기초와 부기, 정보처리는 1학년에 배치하였다.

2) 정보교과의 교육과정 편성 예

신 학습지도요령에 근거한 정보교과의 교육과정 편성의 예로서 후쿠시마현립(福島縣立) 수미오카(淸陵)정보고등학교의 예를 보면 〈표 11-5〉와 같다(根本健作, 1999). 이 학교에는 공업계열인 정보전자과, 전자기계과와 상업계열인 정보처리과, 정보사회과의 4개 학과가 설치되어 있다. 이 학교는 정보고교로서의 특징을 갖추기 위하여 교과 '정보'의 내용연구를 통하여 정보산업과 사회, 정보실습 등의 과목을 설치하였다.

정보산업과 사회에서는 정보산업의 발전과 사회와의 관계에 대하여 배우고 저작권, 개인정보의 보호, 타인의 ID 도용, 유해정보의 배제, 정보발신자의 책임 등에 대하여 배우게 된다. 정보실습을 통하여서는 각 전문분야에 관한 기술을 실제 작업을 통하여 종합적으로 습득하여 기술혁신에 능동적으로 대처할 수 있도록 하는 과목이다. 공업과목을 통하여 공업의 각 분야에 대한 기초적이며 기본적인 내용을 배우고 상업을 통하여 컴퓨터를 이용한 부기, 회계에 관하여 배우게 된다.

이 학교의 예를 보면 산업사회의 발달에 따라 공업 분야인 컴퓨터 분야와 상업분야인 회계, 부기 분야가 통합할 수 있다는 가능성을 보이고 있으며, 현대사회에서는 이 두 분야가 합해지는 분야도 새로운 영역으로서 가능성이 있다는 것을 말해주고 있다. 과거의 고정관념으로서 공업은 공업, 상업은 상업으로 따로 분리하여 배워야 할 필요가

〈표 11-5〉 정보전자과의 교육과정 편성

필선	입학년도		2000년도		
	교 과	과 목	1학년	2학년	3학년
필수 교과 · 과목	국어	국어Ⅰ	4	-	-
		국어Ⅱ	-	2	2
	지리/역사	세계사A	2	-	-
		일본사A	-	┐ 2	-
		지리A	-	┘	-
	공민	현대사회	-	-	3
	수학	수학Ⅰ	2	2	-
		수학Ⅱ	-	1	3
		수학A	2	-	-
	이과	물리ⅠB	-	3	-
		화학ⅠA	2	-	-
	보건/체육	체육	2	2	3
		보건	-	1	1
	예술	음악Ⅰ	┐ 2	-	-
		미술Ⅰ	┘	-	-
	외국어	영어Ⅰ	4	-	-
		영어Ⅱ	-	3	-
		OCA	-	-	2
	가정	생활일반	-	2	2
	필수보통과목소계		20	18	16
	공업	공업기초	3	-	-
		실습	-	3	-
		공업수리	2	-	-
		과제연구	-	-	2
		전기기초	4	-	-
		전자회로	-	2	-
		통신기술	-	-	3
		정보처리기술	-	2	-
	정보	프로그래밍-C	-	2	-
		정보산업과 사회	2	-	-
		정보실습	-	-	4
	필수전문과목소계		11	9	9
선택 교과 · 과목	수학	수학Ⅲ	-	-	2C · 2D
		수학B	-	2A	-
	영어	리딩(읽기)	-	2B	2E
	공업	CAD	-	-	2C
		소프트웨어	-	-	2D
		전기기초	-	2A	-
		디지털기술	-	2B	-
	상업	부기	-	-	2E
	선택보통과목소계		0	0~4	0~6
	선택전문과목소계		0	0~4	0~6
보통과목합계			20	18~22	-
전문과목합계			11	9~13	-
홈룸활동			1	1	1
합계			32	32	30

없으며 필요에 따라서는 얼마든지 통합하여 가르칠 수 있다는 생각이 중요하게 된다.

3) 직업교육 방법 및 평가

(1) 학교수업 방법

일본의 학교수업은 1단위 시간을 50분을 표준으로 하고 있다. 그러나 학교에 따라 창의적인 시간편성을 할 수 있도록 되어 있다. 특히 과제연구나 총합적인 학습시간에는 연속하여 학습할 수도 있다. 교사의 설명이 주된 수업방법이나 토의, 조사, 관찰, 실험, 보고서 작성, 만들기 등 다양한 수업방법이 적용되고 있다.

신 학습지도요령에서는 학생들에게 살아가는 힘을 기르도록 강조하고 있는데, 이 "살아가는 힘"이란 ① 자기가 과제를 발견하고 스스로 배우고 스스로 생각하고 주체적으로 판단하며 행동하여 보다 더 문제를 잘 해결하는 능력, ② 스스로 다스리며 다른 사람과 협조하고 다른 사람을 생각하는 마음과 감동하는 마음 등과 같은 풍부한 인간성과 활발하게 살아가기 위한 건강과 체력을 말한다. 이를 달성하기 위해서는 교사의 설명에 의한 수업방법으로는 달성하기 어려우므로 스스로 발견하고 스스로 배우고 스스로 생각하며 주체적으로 판단하며 행동하는 학습방법이 되어야 할 것이다. 이런 점에서 본다면 과제연구 방법이 앞으로는 더욱 강조될 전망이다.

(2) 학교실습 방법

직업과목에서는 실험실습을 중시하고 있다. 상업을 제외한 직업학과에서는 각 교과의 각 과목에 대한 지도계획을 작성할 때, 원칙적으로 총 수업 시수의 10분의 5 이상을 실험 · 실습에 배당하도록 되어 있다. 직업교육에서는 각 교과 · 과목의 이수를 통하여 일반교양을 몸에 익히는데 머물지 않고 실험 · 실습을 통하여 실제적, 체험적 학습을 한층 더 중시하고 실천력을 체득하도록 하는데 그 특징이 있다.

실험 · 실습에는 체험을 통하여 지식 이해에 도움이 되는 기능을 습득시키는 면도 있었다. 지금까지 실험 · 실습에서는 기초적 · 기본적 사항의 습득이라는 면에서 이 목적을 일관되게 중시하여 왔다.

그러나 산업의 각 분야의 급속한 기술발전이나 산업구조 · 취업구조의 변화 등에 적절하게 대응하기 위하여 기초적 · 기본적 사항을 확실하게 몸에 익히게 하는 것에 더하여 실제로 문제를 해결하는 체험의 기회를 될 수 있는 한 확충하여 감으로써 주체적으로 배우려는 의지, 태도, 능력을 기를 필요가 있다. 그 때문에 실험 · 실습의 또 다른 한 면인 학생의 자발적 · 창조적인 학습태도의 육성을 한층 더 중시할 필요가 있다.

실험 · 실습의 구체적인 방법을 보면 교실에서의 실험 · 실습, 농장이나 공장, 어장에서의 실험 · 실습, 실험실에서의 실험 · 실습 등 다양한 방법이 있고 실험 · 실습을 수행하는 방법도 다양하다. 교실에서 배운 내용을 현장에서 실제로 해보고 확인하는 실험 · 실습의 방법이 있는가 하면 농장이나 공장에서 실제로 생산을 해보는 방법도 있다.

또한 과제연구에서는 실제로 자신이 사는 곳에서 자신의 문제를 찾아내고 이를 해결하기 위하여 관련된 이론적인 지식과 방법을 찾고 이를 실제로 자기가 적용해 보고 그 결과를 확인하며, 그 과정을 기록으로 남겨 보고서로 작성하고 이를 다른 학생들 앞에서 발표해 보는 방법을 통한 실험 · 실습의 방법도 있다.

(3) 산학협동교육의 체제 및 방법

일본에서의 산학협동교육의 체제는 학생들이 현장체험을 하기 위하여 학교 밖의 현장으로 나가서 실습하는 것과 사회 인사를 교사로 초빙하여 학교교육에 도움을 주는 두 방향에서 생각할 수 있다.

직업학과에서는 종래부터 과제연구나 각 과목의 실습의 일부로서 산업현장 등에서 실습(현장실습)을 실시하여 왔다. 현장실습은 실제적인 지식이나 기술 · 기능에 접할 수 있을 뿐 아니라 학생들이 자기 직업적성이나 장래설계에 관하여 생각하는 기회가 되며, 주체적인 직업선택의 능력이나 직업의식을 육성할 수 있는 등 교육적인 효과가 높다.

이 때문에 1998년 이과교육 및 산업교육심의회 답신에서 재학 중에 자신의 학습내용이나 장래의 진로 등에 관련된 취업체험을 폭넓게 경험하는 것을 인턴십으로서 장려하고, 직업학과에서의 교육활동을 한층 더 충실하게 하거나 학생들에게 근로관 · 직업관의 육성을 도모하도록 제언하였다.

취업체험은 학생이 실제적인 지식이나 기능 · 기술에 접함으로써 학습의욕을 환기시키고 주체적인 직업선택 능력이나 높은 직업의식을 육성하며, 다른 세대와의 커뮤니케이션 능력을 향상시키는 등 교육적인 효과가 대단히 크다. 따라서 신 학습지도 요령에서는 교육과정 편성의 일반방침에서 취업에 관련된 체험적 학습에 대한 지도를 적절히 행하도록 제시함과 아울러 보통과를 포함하여 어느 학과에서도 취업체험을 확보할 것을 명확히 하고 있다.

취업체험의 실시형태는 크게 나누어 학교가 주체가 되어 실시하는 것과 기업이 주체가 되어 실시하는 것을 생각할 수 있다. 학교가 주체가 되어 실시하는 경우에는 각 교과에 있어서 과제연구나 각 과목의 실습 혹은 특별활동이나 총합적인 학습시간의 일환으로 실시할 수 있다. 또한 지역실태에 맞추어 학교의 판단에 따라 독자의 학교 설정과목을 설정할 수도 있다.

기업이 주체가 되어 프로그램을 만들고 여기에 학생들이 참가하게 하는 것도 생각할 수 있다. 이와 같은 취업체험에서는 필요에 따라 오리엔테이션의 실시, 계획서의 제출, 학교에 의한 사전·사후의 지도가 있어야 한다. 또한 취업체험에는 사전에 기업 등과 의견을 교환하여 그 취지나 목표에 대하여 서로 이해하게 하고, 취업체험은 교육활동의 일환으로 이루어지는 것이어서 아르바이트와는 다르다는 점이 인식되어야 한다.

일본에서는 교원이 되기 위해서는 면허장을 가져야 하나 1989년부터 사회인을 특별강사로 영입하는 특별 비상근 강사제도를 실시하고 있다. 산업분야의 전문가를 특별 비상근 강사로 채용함으로써 산업분야의 교육에 현실성 있는 교육이 가능하게 된다.

고등학교 직업교육의 경우 그 기술 분야가 다양한 만큼 특별 비상근 강사로 채용하는 영역도 그 만큼 넓다. 1989년에 시작된 이 제도는 매년 그 수가 많아져서 1998년에는 특별 비상근 강사로 채용된 숫자가 4,153명에 이르고 있다.

4) 교육과정의 통합 및 연계 체제

교육과정의 통합 및 연계 체제는 다양한 방면에서 이루어지고 있다. 교과중심 교육에서는 학교에서 배우는 과목 간에 통합이 이루어지지 않기 때문에 학생들이 교과에서 배운 내용을 통합하여 실제생활에 제대로 적용하지 못하는 사례가 많다. 이러한 면에서 볼 때 학생들이 학교에서 교과를 통합하여 배우는 것이 바람직하다.

먼저 과목 안에서 교육내용을 통합하는 사례로서는 총합적인 학습시간과 실습 중심의 전문교과를 통한 통합을 들 수 있다. 실습 중심 전문교과의 예로서는 농업교과의 경우 과제연구, 농업과학 기초, 환경과학 기초가 있으며, 공업교과의 경우 공업기술 기초, 과제연구, 실습, 제도 등의 과목이 있다.

상업교과의 경우에는 과제연구 등이 있다. 총합적인 학습시간이나 실습 중심의 전문교과가 거의 학생들이 스스로 문제를 발견하고 이를 해결하기 위하여 스스로 해답을 찾고 그 찾은 해답이 옳을 것인가를 스스로 검정하는 과정을 거침으로서 살아있는 지식과 기술을 습득시키고자 하는 과목이다.

이러한 과목을 통하여 다른 과목에서 배운 내용을 실제적인 문제 상황에 적용함으로써 교과내용 간에 자연적인 통합이 이루어진다. 총합적인 학습시간에는 자연체험과 자원봉사 활동, 취업체험 등의 사회체험, 관찰 및 실험 실습, 조사·연구, 발표와 토론, 물건 만들기와 생산 활동 등의 체험적 학습, 그리고 그룹학습과 개인학습을 통하여 배우도록 되어있다.

교육과정의 통합사례는 과목 안에서의 통합만이 아니다. 하나의 학교단위로서 생각할 때 교육과정을 만들 때 직업교육과 보통교육을 통합하여 교육과정을 만듦으로서 학교 전체가 교육내용에서 통합이 이루어지게 된다.

직업교육의 경우에는 과거부터 전문교육과 일반 교양교육이 통합되어 운영되어 왔고 일반계 고등학교에서도 농업, 공업, 상업 등과 같은 직업교육 과목을 개설함으로써 교육내용을 통합하여 왔다.

그러나 근래에 와서는 보통과를 중심으로 하는 학교에서는 직업계열의 과목을 등한시하거나 개설하지 않는 경향이 있었다. 그런데 최근에는 보통과 학생들에게도 직업에 관련된 과목을 이수할 수 있도록 교육과정을 개설하는 경우가 늘고 있다.

그 예를 교토부립의 마쯔사토고등학교와 교토부립 다나베고등학교에서 볼 수 있다. 마쯔사토고등학교의 경우에는 농업, 공업, 상업, 가정, 복지에 관한 과정을 개설하고 학생들이 원하는 대로 선택하여 들을 수 있도록 하였고, 다나베고등학교에서는 공업에 관한 학과와 보통과를 함께 설치하여 2학년 때 과목을 선택하여 들을 수 있게 하고 있다.

또 하나의 연계는 전문고교와 고등교육기관의 연계를 들 수 있다. 전문고교와 대학, 전문대학, 전수학교 등과 연계하는 것이다. 전문고교 출신자들을 대학에서 별도로 선발하는 방법은 연계의 좋은 예가 되며, 전문고교와 고등교육 기관과 교육과정 구성에 합의하여 교육과정 구성에서부터 협력하는 학교들이 늘어나고 있다. 전문고교생에 대한 국립 및 사립대학에의 추천 입학은 1986년에 36개교 57학부이었으나 1997년에는 120개교 201개 학부로 증가되었다.

마지막으로 전문고교와 자격제도와의 연계를 들 수 있다. 일본에서는 국가시험에 의한 자격과 국가시험에 준하는 지방자치단체가 실시하는 시험에 의한 자격과 민간의 각종 단체가 임의로 부여하고 있는 자격이 있다.

〈표 11-6〉은 고등학생들이 재학 중에 취득할 수 있는 자격증의 종류를 볼 수 있다. 농업, 공업, 상업, 수산, 가정 등 직업교육과 관련된 모든 교과에서 자격증과 밀접한 연계를 하고 있음을 알 수 있다. 자격증은 학생들에게 학습하려는 동기를 불어넣어 주며, 자격증을 취득하

면 졸업 후에 취업을 하는 데에도 유리하다.

〈표 11-6〉 고등학교 직업교육과 관련된 직업 자격이나 기능 심사의 예

학 과	자 격
농업에 관한 학과	독극물 취급 책임자, 위험물 취급자(을, 병종), 보일러 기사(2급), 대형특수 운전면허, 가축 인공수정사, 측량사 · 측량사보, 토목 시공 관리기사(2급), 크레인 등 운전사, 조원 기능사(2급), 조원 시공 관리기사(2급), 조원 기술 검정, 원예 장식 기능사, 차량계 건설기계 운전 기능자, 공해 방지 관리자, 토목 시공 기술자
공업에 관한 학과	전기공사사(1 · 2종), 전기 주임 기술자(3종), 공사 담임자(아날로그1 · 2 · 3종, 디지털 2 · 2종), 자동차 정비사(3급), 보일러 기사(2급), 토목 시공 기술자, 건축 시공 기술자, 관공사 시공 기술자, 육상 특수 무선기사, 측량사 · 측량사보, 정보처리 기술자(1 · 2), 위험물 취급자(갑 · 을 · 병종), 소방 설비사(갑 · 을종), 공해방지 관리자(수질 · 대기), 화약류 취급 보안 책임자(갑 · 을종), 차량계 건설기계 운전 기능자, 크레인 등 운전자
상업에 관한 학과	부기 검정, 비즈니스 컴퓨팅 검정, 와-프로 기능 검정, 상업영어 검정, 비즈니스 실무 법무 검정, 소매상 검정, 주산 검정, 정보처리 기술자(1 · 2종), 시스템 분석가 (초급)
수산에 관한 학과	해기사(4 · 5급), 소형 선박 조종사(1 ~4급), 총합 무선 통신사, 해상 특수 무선기사, 공사담임자, 냉동기계 책임자(3종), 보일러 기사(2급), 위험물 취급자(을종), 잠수사, 잠수기술 검정(1 · 2급), 재배어업 기술 검정, 정보통신 기술 검정, 수산 식품 제조 기능 검정, 가스 용접 기능자
가정에 관한 학과	조리사, 홈헬퍼(2 · 3급), 피복제작 기술 검정, 식물 조리 기술 검정, 보육 기술 검정, 편물 기능 검정, 와-프로 실무 검정, 컴퓨터 이용 기술 검정, 비서 기능 검정
간호에 관한 학과	준간호부
복지에 관한 학과	개호복지사, 홈헬퍼(1 · 2급)

자료 : 理科教育及び産業教育審議會, 今後の專門高校における教育の在り方等について(答申), 平成 10年, p.64.

제12장 한국의 고등학교 직업교육

제 12 장
한국의 고등학교 직업교육

제 1 절 직업교육 정책

한국의 고등학교 직업교육을 개혁 또는 개편하려는 움직임은 현재의 고등학교 직업교육 체제를 둘러싸고 있는 내적 환경의 변화와 외적 환경의 변화 모두에 기인하고 있다. 결론적으로 볼 때, 이들 환경변화는 전문계 고등학교를 중심으로 고등학교 단계의 직업교육체제를 개편하는 주된 요인으로 작용하고 있다.

외적인 환경 측면에서는 무엇보다 지식중심사회(또는 지식기반사회)로의 변화나 산업 및 직업구조의 양적 · 질적인 변화와 같은 경제 · 사회구조의 변화가 고등학교 단계의 직업교육체제 개편의 요인으로 작용하고 있다. 또한, 이와 같은 산업사회의 변화는 전문계 고등학교가 개편되어야 하는 방향을 제시하는 하나의 기준으로 작용되어 왔다.

그 예를 들어, 전문계 고등학교의 계열별로 대표적인 설치학과의

〈표 12-1〉 전문계 고등학교 계열별 대표적인 설치학과

(단위 : 개)

계열	1992년 학과명	1992년 학급수	2000년 학과명	2000년 학급수
농업 계열	원예과 축산과 농업과 농업기계과 농업토목과 식품가공과	251 235 185 103 80 59	원예과 농업기계과 식품가공과 농업중장비과 조경과 축산과	120 104 102 38 38 35
	총 설치학과 수	15	총 설치학과 수	46
공업 계열	기계과 전자과 전기과 건축과 토목과 정밀기계과 화공과 자동차과	1,030 744 642 369 351 280 243 122	전자과 기계과 전기과 건축과 전자기계과 전자계산기과 자동차과 토목과	1,004 1,002 799 412 412 388 360 354
	총 설치학과 수	54	총 설치학과 수	100
상업 계열	상업과 정보처리과 회계과 무역과	6,491 1,581 601 127	정보처리과 경영정보과 사무자동화과 상업과 관광경영과	3,727 1,267 1,099 808 238
	총 설치학과 수	6	총 설치학과 수	42
수산·해양 계열	기관과 어업과 통신과	58 40 31	동력기계과 해양생산과 항해과	42 21 15
	총 설치학과 수	9	총 설치학과 수	18
가사 계열	관광과 의상과 유아교육과	19 16 12	유아교육과 간호과 의상과 관광과	30 21 18 17
	총 설치학과 수	4	총 설치학과 수	7

자료: 교육부(1992). 교육통계연보.
교육부·한국직업능력개발원(2000). 2000년 전문계 고등학교 현황.

규모를 살펴보면, 설치학과들이 기존에 전통적인 학과의 틀을 크게 벗어나지 못하고 있다는 점이다. 이는 교원의 수급대책 및 계열간 차별성 확보 등의 어려운 문제에 기인한 것이라 할 수 있지만, 전문계 고등학교가 지금까지 산업현장의 요구에 부합되는 인력을 양성하는데 미흡하였다는 것을 보여주는 결과이기도 하다.

또한, 평생학습사회나 수요자 중심의 교육환경 변화도 고등학교 직업교육의 내용을 변화하는데 많은 역할을 담당하였다. 앞으로 직업 및 직장의 이동이 빈번해 질 것으로 예상됨에 따라 이에 유연하게 적응할 수 있는 직업능력을 지속적으로 개발하고, 이를 위한 개인의 직업기초능력 및 자기주도적 학습능력을 함양할 수 있도록 고등학교 단계의 직업교육 체제가 평생학습 및 수요자 중심 교육의 출발점이 되어야 한다는 것이다. 이에 따라 고등학교 직업교육의 개혁방향은 산업사회의 변화를 적극 반영하고 교육수요자를 중심으로 한 체제로 설정되어 추진되었으며, 이러한 방향은 특히 지난 1996년 2월에 교육개혁위원회가 발표한 "신교육체제 수립을 위한 교육개혁방안(Ⅱ)"에서 두드러지게 나타나고 있다.

고등학교 직업교육의 내적 요인도 직업교육 개혁의 방향을 결정하는데 중요한 요인으로 작용하고 있다. 최근에는 2+2 체제와 같은 고등교육기관과의 연계 등의 개혁방향으로도 이어지고 있다. 또한, 국가교육과정의 테두리 안에서 운영되는 고등학교 단계의 직업교육과정이 충분한 탄력성을 지니지 못하여 산업사회의 변화에 적극적으로 대응하고 있지 못하며, 그 결과 고등학교 직업교육과 산업체와의 커다란 괴리로 나타나고 있다는 지적은 최근의 전문계 고등학교 자율운영 정책과 연결되어 있다.

특히, 최근에 그 정도가 심화된 신입생 미달의 문제나 학생의 부적응 및 학습흥미의 감소 등은 전반적인 고등학교 직업교육의 체제개편을 촉진하고 있다고 할 수 있다. 지난 1999년도의 경우에는 전문계 고등학교의 모든 계열에서 신입생의 정원을 충원하지 못하는 심각한 문제로 나타났는데, 결국, 전문계 고등학교가 유인력이 높은 교육제도 및 프로그램의 운영 등과 같은 스스로의 변화를 통하여 학생들을 끌어당길 수 있도록 하는 필요성이 대두되었다.

또한, 직업교육에 대한 사회의 부정적인 시각, 교육과정 내용의 높은 난이도, 관심을 유도할 수 있는 학습내용 및 학교생활의 부재 등으로 인하여 고등학교 직업교육의 학생들이 학습의욕을 잃어버리고, 그 결과 높은 중도탈락을 보이는 현상도 고등학교 직업교육 개편의 요인으로 작용하고 있다. 즉, 학생들에게 적합한 코스를 제공하고, 이를 통해 개인이 가지고 있는 소질을 적극적으로 개발시켜 줄 수 있는 다양한 교육체제 및 교육과정의 운영을 하여야 한다는 것이다.

이 외에도 사회문화적 환경의 변화, 전문계 고등학교 졸업자의 고등교육기관으로의 진학 증가, 산업현장에 적응하지 못하는 탄력성이 부족한 교육과정 운영도 고등학교 단계의 직업교육을 개편해야 한다는 주장에 설득력을 실어주었다.

우선적으로 논의되고 있는 개편방향은 현행의 일반계 고교와 전문계 고교로 구성된 고등학교 체제를 다양한 목적과 기능을 지닌 여러 유형의 체제로 다양화하는 것이다. 아직까지 고등학교 직업교육 체제를 다양화하는 전체적인 그림에 대해서는 충분한 합의가 이루어지지 않았지만, 지금까지의 논의에 기초하여 볼 때 다음과 같은 개편방안으로 요약할 수 있다.

첫째, 현행 전문계 고등학교의 역할과 기능을 보다 전문화·정예화하기 위하여 특성화 고등학교나 특수목적 고등학교를 확대하는 방향이다. 이후에 법제화를 통하여 하나의 고등학교 체제로 규정된 특성화 고등학교는 기존 전문계 고등학교의 전환을 적극 유도하여 소질과 적성에 따라 조기에 진로를 결정한 학생들에게 고교단계부터 전문가로 성장할 수 있는 경로를 개발하려는 정책으로 제안되었으며, 특수목적 고등학교는 특수 분야의 전문적인 교육을 목적으로 하는 고등학교로 특성화 고등학교와는 달리 영재교육의 성격이 강한 유형의 고등학교이다. 특수목적 고등학교는 과학이나 외국어, 예·체능, 국제관계 등의 영재양성이나 기계, 전기, 전자, 건설 등의 근로자와 농업 및 수산 자영자 등 국가기간 산업인력 양성의 특수목적을 위한 전문교육에 초점을 두고 있으며, 이들 특성화 고등학교와 특수목적 고등학교는 고등학교 단계에서 전문적인 직업교육을 실시함으로써 학생 개개인에게는 자신의 소질이나 적성, 흥미에 따른 조기의 진로개발을 촉진함과 동시에 국가적으로는 전문적인 산업인력을 양성하는 역할을 담당하게 된다. 또한, 기존의 대규모의 획일화된 교육이 아닌 소규모의 집중적인 직업교육을 통하여 교육의 질을 제고하는 기능도 수행한다.

둘째, 일반계 고등학교에서의 직업교육을 강화하는 것이다. 일반계 고등학교의 직업교육은 대학진학을 희망하지 않는 학생들의 사회진출을 준비시킬 목적으로 직업학교, 공업계 고등학교 부설과정, 직업훈련원, 기술계 학원 등 각종 사회교육시설에 위탁하여 제한적으로 실시하여 왔다. 이를 위하여 현재 논의되고 있는 사항은 일반계 고등학교에서의 직업기초교육을 강화하고 고등학교 단계의 각종 직업교육기관과의 수평적인 연계를 강화하는 것으로 요약할 수 있다.

즉, 일반계 고등학교 교육과정에서 직업기초교과의 비중을 늘리고 체험위주의 교육 프로그램을 운영함으로써 학생들에게 다양한 직업세계를 탐색할 수 있는 기회를 제공하고, 직업선택의 올바른 판단력을 갖추도록 하며, 전문계 고등학교나 직업훈련원, 직업전문학교, 사설학원 등과의 수평적 연계를 강화하여 현재의 일반계 고등학교 직업과정을 개선하는 것이다. 하지만, 이에 대한 세부적인 정책방안은 아직 마련되어 있지 않는 것으로 보인다.

셋째, 고등학교 단계에서 진학과 취업을 동시에 고려할 수 있는 새로운 학교유형인 통합형 고등학교 체제를 도입하는 것이다. 통합형 고등학교란 "취업을 희망하는 학생이나 대학진학을 희망하는 학생에게 그들의 진로를 발전시켜 나가는 데 적절한 교육을 제공함은 물론 재학생의 진로변경을 허용하여 학사를 관리하는 학교"를 의미한다.

넷째, 이상과 같이 현행 고등학교 직업교육 체제를 재편하는 것과 함께 기존의 전문계 고등학교를 구조조정 하는 방안이 최근에 논의되고 있다. 심각한 신입생 미달사태 발생과 이로 인한 파행적인 학교 운영으로 인하여 기존 전문계 고등학교를 구조조정 하는 방안이 "전문계 고교 육성 대책(교육부 산업교육정책과, 2000)"에서 구체적으로 제시되었다.

1999년에 발표된 "교육발전 5개년 계획(시안)"에서 경쟁력 없는 기존 전문계 고등학교의 개편을 적극 유도하고, 기존 여자 상업고등학교의 생활과학 관련 특별 직업교육과정을 확대하거나 가사 · 전문계 고등학교로 개편을 유도하는 등의 방안이 제시되었지만, 2000년의 "전문계 고교 육성 대책"의 구조조정 방안에서는 보다 구체적으로 제시하고 있다. 이에 관하여 살펴보면 다음과 같다.

첫째, 경쟁력 없는 전문계 고등학교를 일반계 고교로 점진적으로 전환하도록 허용하여 전체적인 전문계 고등학교의 규모를 축소한다. 즉, 시설 · 설비가 미흡하고, 미달현상이 심한 일부 전문계 고등학교를 희망에 따라 선별적으로 일반계 고교로 전환하도록 허용하는 것이다.

이를 위해 교육부에서는 지역사회 및 재정여건에 따라 시 · 도 교육청별로 교원대책을 수립한 후 자체실정에 맞게 추진하며, 일반계 고교로 전환하는 전문계 고등학교에는 전문교과 교원에 대한 복수전공/부전공 자격연수를 우선적으로 지원할 것이라고 하였다. 이에 따라 2000년 현재 11개의 전문계 고등학교가 일반계 고등학교로의 전환을 계획하고 있다. 〈표 12-2〉에 나타나고 있다.

〈표 12-2〉 일반계 고등학교로 전환하려는 전문계 고등학교

지역	학교명(현행)	개편 후 학교명	학급수 및 학생 수		
			학급수	정원	현원
서울	은일여자정보산업고등학교	-	24	1,122	754
부산	장안종합고등학교	-	15	661	432
	부산상업고등학교	-	36	1,636	1,517
대구	대구상업정보고등학교	-	36	1,632	1,621
인천	제일정보고등학교	-	32	1,603	1,459
광주	광주상업고등학교	동성고등학교	36	1,652	1,537
대전	대전상업정보고등학교	-	26	1,188	1,062
경기	소래고등학교	-	36	1,536	1,471
경남	마산상업고등학교	용마고등학교	34	1,552	1,396
전남	목포상업고등학교	전남제일고등학교	29	1,210	1,083
충북	청주상업고등학교	대성고등학교	30	1,330	1,323

자료 : 교육부 · 한국직업능력개발원(2000). 2000년 전문계 고등학교 현황.
박홍기(2000. 7. 15). 실업고 체제개편 가속. 대한매일, 22면.

둘째, 학급당 학생 수를 신축적 · 단계적으로 감축하여 과원교사 발생을 최소화하도록 한다. 즉, 학생 수 감소, 학과별 · 지역별 특성, 재정적 여건 등에 따라 신축적으로 조정함과 동시에 일반계 고등학교와 동일한 기준을 적용하고 있는 전문계 고등학교의 학급당 학생 수를 하향 조정하는 것이다. 현재 우리나라의 교원배치 기준에서는 교사 정원을 결정하는 우선적인 변인이 학급당 학생 수인데, 전문계 고등학교의 경우 일반계 고교와는 달리 실험 · 실습 지도 등의 업무가 많으므로, 현실적으로 전문계 고교의 학급당 학생 수를 조정함으로써 교사정원을 확보함과 동시에 구조조정으로 인한 교직사회의 불안정성을 조절할 수 있다는 것이다.

셋째, 전문계 고등학교의 전반적인 학과 개편을 유도한다. 즉, 과대규모 학교의 학급 수를 지역별 여건을 고려하여 감축하고, 세분화된 학과 및 백화점식 학과설치를 지양하여 학교별로 분야별 전문화를 유도하며, 첨단 분야나 지역산업 수요에 기초한 학과개편을 지원한다는 것이다.

01 교육과정의 탄력적 · 자율적 운영

국가적인 수준에서 결정된 교육과정을 바탕으로 하여 고등학교 단계에서 운영되는 직업교육과정을 학생 및 산업사회의 요구에 부응하도록 탄력적, 자율적으로 운영하려는 노력이 정책에 적극 반영되고 있다. 특히 전문계 고등학교를 중심으로 이루어지고 있는 이러한 노력은 다음과 같이 크게 두 가지로 살펴볼 수 있다.

첫째, 직업교육기관간의 연계교육을 강화하려는 방향이다. 교육개혁위원회에서는 10년 동안의 국민공통 기본교육을 이수한 자에게 계속교육 기회를 제공하기 위하여 고등학교 2～3학년 단계의 직업교육과정을 전문대학(2+2)이나 개방대학(2+4) 등의 교육과정과 연계 운영할 수 있도록 하였으며, 이러한 과정을 이수한 고등학교 졸업자는 해당 대학에서 학생 선발시 우선하여 선발할 수 있도록 하였다.

이러한 직업교육기관간의 수직적 연계, 특히 전문계 고등학교와 전문대학간의 2+2 연계교육은 1999년 현재 시범운영학교(전문계 고등학교 11개교, 전문대학 16개교)를 포함하여 225개의 전문계 고등학교와 40개의 전문대학이 참여하고 있다.

현재, 정부의 교육개혁안을 통해 볼 때, 이러한 전문계 고등학교에서의 연계교육은 앞으로 계속 강화될 것으로 보인다. 또한, 전문계 고등학교와 전문대학, 대학이 서로 연계되는 "2+2+2 체제"나 "2+4 체제" 등의 새로운 체제도 나타날 것으로 보인다.

그러나 현재와 같이 계속교육 기회를 보장하는 수직적 연계와 함께 직업교육기관간의 수평적 연계도 함께 강조되어야 할 필요가 있는데, 이러한 측면에서 최근에 새교육공동체위원회(2000)에서는 다음 [그림 12-1]과 같은 연계교육 모형을 제안하였다.

둘째, 전문계 고등학교의 교육과정 자율운영을 확대하는 방안이다. 전문계 고등학교에서 교육과정을 자율적으로 운영해야 한다는 주장은 현재의 전문계 고등학교가 학생들의 학습능력이나 흥미, 요구보다는 공급자 중심의 경직된 교육과정을 운영하고 있어 학생들의 다양한 요구는 물론 산업사회의 변화나 지역적 특성에도 적극 대처하지 못하고 있다는 현실적인 문제에 기인하고 있다.

그림 12-1. 평생학습을 지원 위한 직업교육의 수평적 · 수직적 연계체제 강화

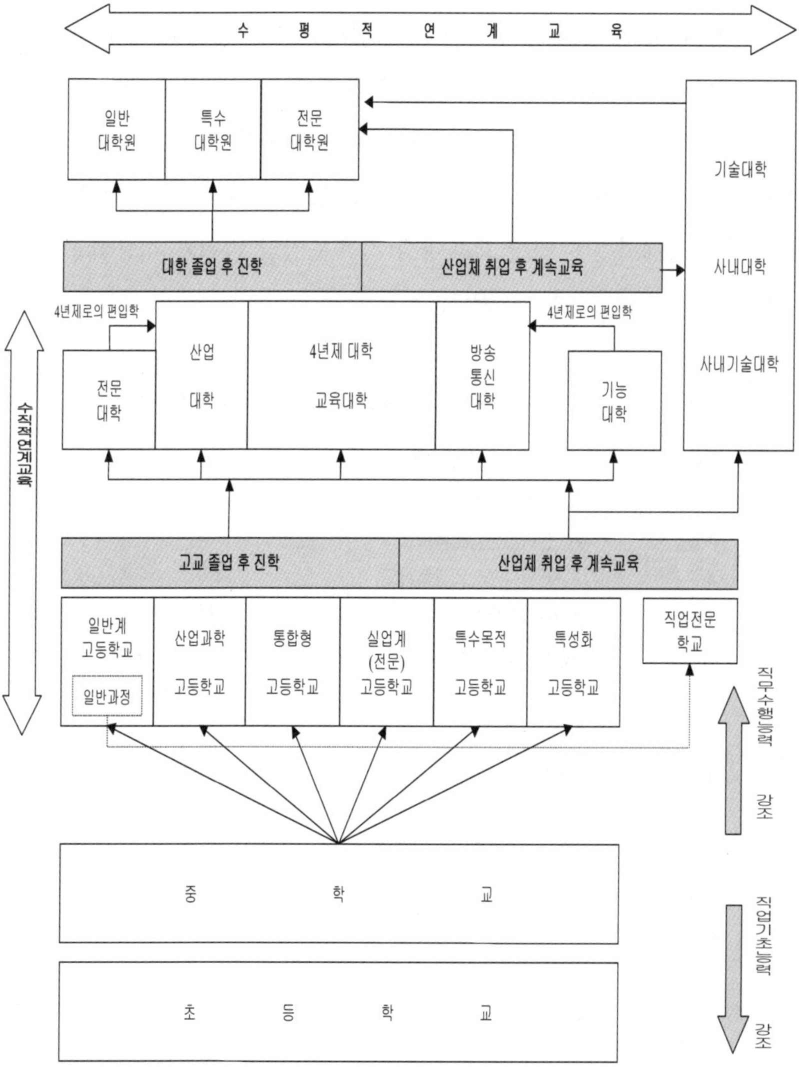

현재 교육부에서는 학습자 중심 교육을 통해 전문계 고등학교를 경쟁력 있는 중등직업교육기관으로 육성한다는 목표 아래 16개교를 전문계 고등학교 교육과정 자율운영 실험학교를 선정하여, 1999년부터 2002년까지 4년 동안 교육과정 편성 운영권을 학교장에 위임하고 실험학교 교사에게 부가 점을 부여하는 등의 행정적인 지원과 함께 여러 가지 재정적인 지원을 하고 있는데 〈표 12-3〉 표시하고 있다. 각종 교육개혁 안에서는 이러한 교육과정 자율운영의 범위와 적용학교를 확대하겠다는 것을 보여주고 있다.

〈표 12-3〉 전문계 고등학교 교육과정 자율운영 선정학교 현황

지역	선정학교	비 고
서울	영등포여자상업고등학교	- 농업계 3개교 - 공업계 7개교 - 상업계 4개교 - 수산 · 해운계 1개교 - 실업고 1개교
부산	부산진여자상업고등학교	
대구	대구제일여자상업고등학교	
인천	부평공업고등학교	
	인천해양과학고등학교	
광주	광주전자공업고등학교	
대전	충남기계공업고등학교	
울산	울산화봉공업고등학교	
경기	수원농생명과학고등학교	
강원	영월공업고등학교	
충북	청주기계공업고등학교	
충남	천안공업고등학교	
전북	김제자영고등학교	
전남	강진농업고등학교	
경북	포항정보여자고등학교	
경남	함양실업고등학교	

자료 : 교육부 산업교육정책과(2000). 전문계 고교 육성 대책 [참고자료].

02 지원정책

1) 직업교원의 부전공/복수전공의 강화

고등학교 직업교육이 산업사회의 변화할 수 있기 위해서는 무엇보다 교원의 재교육이 강화되어야 한다. 특히, 앞으로 학생들이 산업현장에서의 적응력을 갖추기 위해서는 일에 기초한 학습이 이루어져야 하며, 이를 위해서는 교원의 현장적응력이 제고되어야 한다.

이러한 점에서 최근에 추진되고 있는 정책은 현직 실업교사를 대상으로 산업체 연수를 강화함과 동시에 산업체 인사를 교직으로 유인하는 기회를 제공하는 것으로 요약할 수 있다. 이러한 방향은 1990년대 중반부터 논의되어 온 것이며, 현재 관련제도가 갖추어져 운영되고 있다. 하지만, 최근에는 본격적으로 이전의 운영에서 나타난 문제를 개선하고 행·재정적 지원을 강화하는 방향으로 정책을 추진하고 있다.

이와 함께, 전문계 고등학교의 학과개편, 체제개편, 제7차 교육과정의 시행 등으로 인하여 가까운 시일 안에 교직사회의 불안정이 예상됨에 따라, 전체 전문교과 교원의 2/3을 대상으로 4년 동안 부전공/부전공 자격연수를 지원하는 방안이 최근에 추진되고 있다. 2000년의 경우 전문계열 전문교과 부전공 연수 대상자를 파악하여 2,276명을 대상으로 여름방학과 겨울방학 기간에 21학점(315시간) 이상을 이수할 수 있도록 하는 부전공 연수계획을 수립·추진하였다.

그러나 이러한 정책추진이 장기적인 인력수급 계획에 기초한 것이 아니고, 전문교과 교원의 보통교과 자격연수도 제공함에 따라 운영상에 여러 가지의 문제가 도출되고 있는 실정이다.

〈표 12-4〉 전문계 고등학교 전문교과 담당교원의 부전공 자격연수 계획(안)

구분	분야	과정	인원	세부 교과 및 인원
자체 연수	14	55	1,995	**정보·컴퓨터**(755), 공통사회(438), 기술·가정(266), 수학(126), 국어(95), 영어(85), 공통과학(66), 한문(65), 디자인·공예(40), 도덕·윤리(20), 일본어(20), 환경(13), 미술(4), 중국어(2)
특수분야 연수	8	59	281	**관광**(54), 조리(48), 사진(45), 디자인·공예(43), 미용(32), 식품가공(22), 농산물유통(22)
계	22	114	2,276	-

자료: 교육부(2000c). 전문계고 전문교과 교사 부전공 자격연수 지원계획(안) [내부자료].

2) 직업교육을 위한 시설·설비의 여건 개선

고등학교 직업교육의 시설·설비를 첨단화하고, 교육환경을 개선하여 내실 있는 중등 직업교육을 실현하기 위한 최근의 정책방향은 크게 두 가지로 요약될 수 있다.

첫째, 전문계 고등학교에서 최신의 시설·설비를 보유·활용하고, 첨단의 교육환경을 갖출 수 있도록 행·재정적인 지원을 하는 방향이다. 여기에는 교육재정을 GNP 5%로 추가 확보하여 전문계 고등학교의 시설 현대화 등에 우선 배정하는 방안(교육개혁위원회, 1996)이나 실험 기자재의 확충 및 노후한 기자재의 대체방안(교육부 산업교육정책과, 2000) 등이 포함된다.

둘째, 최신의 실험·실습 기자재를 여러 학교가 공동으로 활용할 수 있는 '공동실습소'를 확대·육성하는 방향이다. 2000년 현재, 우리나라에는 총 39개의 공동실습소(농업계열 9개소, 공업계열 30개소)가 설치·

운영되고 있다. 이들 실습시설을 전문계 고등학교 5 ~ 10개교 당 1개소씩 공동실습소를 운영할 수 있도록 확충한다는 것이다.

또한, 학생 수 · 학급 수 감소에 따른 잉여시설을 공동실습소로 활용하고, 공동실습소 운영과정을 이수 단위로 인정하며, 교원정원 배치 및 수당 지급 근거를 마련하는 등의 세부방안도 함께 제시되고 있다.

〈표 12-5〉 계열별 전문계 고등학교 공동실습소 설치 현황(2000년)

계열	설치 지역 및 년도
농업계열 (9)	안동농업고등학교(경북, 1990), 김제농업고등학교(전북, 1990), 경남자영고등학교(경남, 1991), 공주농업고등학교(충남, 1991), 여주자영농업고등학교(경기, 1992), 홍천농업고등학교(강원, 1992), 강진농업고등학교(전남, 1992), 청주농업고등학교(충북, 1992), 제주농업고등학교(제주, 1992)
공업계열 (30)	공기공업고등학교(서울, 1982), 대구공업고등학교(대구, 1985), 광주기계공업고등학교(광주, 1986), 충남기계공업고등학교(충남, 1987), 부산공업고등학교(부산, 1988), 인천기계공업고등학교(인천, 1989), 이리공업고등학교(전북, 1989), 창원공업고등학교(경남, 1990), 서울공업고등학교(서울, 1991), 담양공업고등학교(전남, 1991), 부산전자고등학교(부산, 1992), 춘천기계공업고등학교(강원, 1992), 이천실업고등학교(경기, 1993), 청주기계공업고등학교(충북, 1993), 경북기계공업고등학교(대구, 1994), 울산공업고등학교(울산, 1994), 태백기계공업고등학교(강원, 1994), 진주공업고등학교(경남, 1994), 경주공업고등학교(경북, 1994), 목포기계공업고등학교(전남, 1994), 순천공업고등학교(전남, 1994), 산례공업고등학교(전북, 1994), 연무기계공업고등학교(충남, 1994), 충북공업고등학교(충북, 1994), 한림공업고등학교(제주, 1994), 강릉농공고등학교(강원, 1995), 경산공업고등학교(경북, 1996), 전주공업고등학교(전북, 1997), 삼천포공업고등학교(경남, 1999), 금오공업고등학교(경북, 1999)

주 : ( )안은 학교가 소재하고 있는 지역과 공동실습소 설치 연도임.
자료 : 교육부 · 한국직업능력개발원(2000). 2000년 전문계 고등학교 현황. p. 17.

3) 직업교육에 대한 사회적 인식의 제고

최근의 정책방향에서 두드러진 특징 중의 하나는 일반인들의 직업교육에 대한 인식을 제고하기 위한 방안이 모색되고 있다는 점이다. 이는 무엇보다 고등학교 단계에서의 직업교육이 활성화되기 위해서는 국민들의 직업교육에 대한 인식이 개선되어야 할 필요가 있다는 점에 기인한 것이라 할 수 있다.

4) 직업교육에 대한 공교육 투자 확대

고등학교 직업교육에 대한 공교육 투자를 확대해야 한다는 점은 전문계 고등학교를 포함한 직업교육이 개인적인 이익보다는 국가·사회적인 이익에 더 크게 기여하는 공공재로서, 국가·사회적 이익과 요구에 부응하는 성격을 매우 강하게 가지고 있다는 것이다.

03 관련 법령 및 제도

한국의 고등학교 직업교육을 위한 가장 상위의 조항은 「교육기본법」 제21조에서 규정하고 있는 '직업교육'에 관한 사항일 것이다. 여기에서는 "국가 및 지방자치단체는 모든 국민이 학교교육과 사회교육을 통하여 직업에 대한 소양과 능력의 계발을 위한 교육을 받을 수 있도록 하기 위하여 필요한 시책을 수립·실시하여야 한다"고 하여 가장 근원적인 체제가 제시되고 있다. 이를 기초로 여러 관련 법령에서 고등학교 직업교육을 위한 사항이 제시되고 있는데, 이를 도식화하면 다음 [그림 12-2]와 같다.

그림 12-2. 현행 직업교육 관련 법령 체제

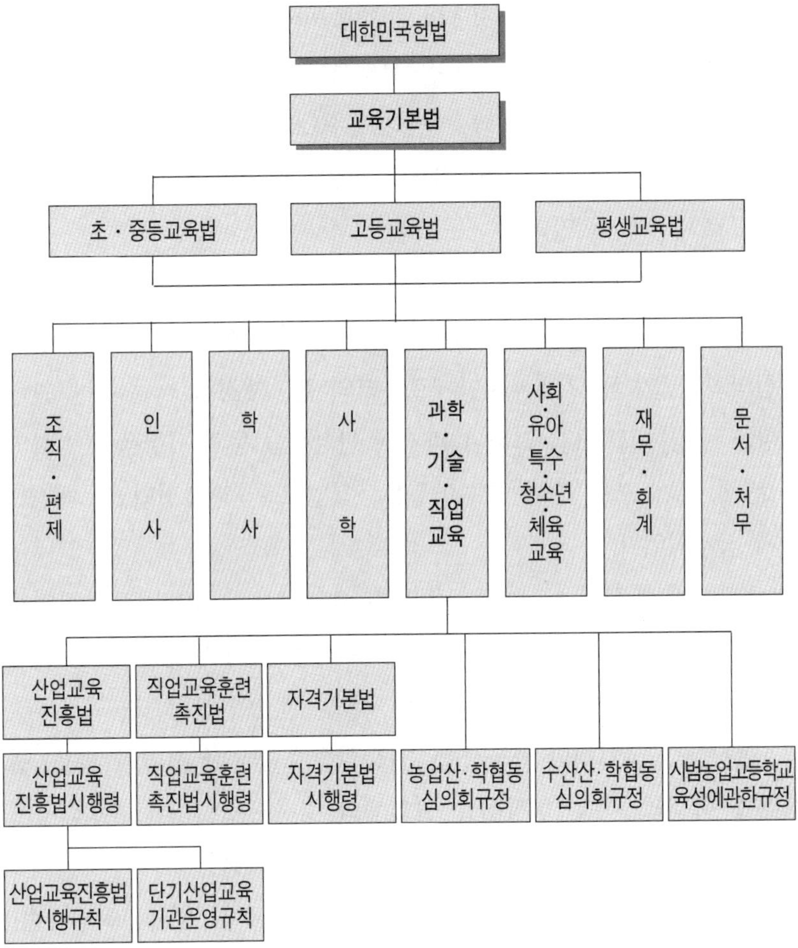

자료 : 나승일, 정철영, 김재식(1999). 산업인력구조 고도화 지원촉진법 제정방안 연구[교육정책연구 99-2-5-1]. 서울: 교육부. p.152.

1) 산업교육진흥법

「산업교육진흥법」은 국민경제의 발전에 이바지할 수 있는 산업인력의 양성에 필요한 산업교육의 진흥을 목적으로 1963년 9월 19일에 법률 제1403호로 제정·공포된 후 지금까지 총 6차례의 개정이 있었으며, 최근에는 1997년에 법률 제5316호로 개정되어 총 25개 조항(6개 조항은 삭제)으로 구성되어 있다.

현행 산업교육진흥법은 5장 25개 조항과 부칙으로 구성되어 있으며, 크게 산업교육의 진흥을 위하여 추진되어야 할 시책, 중앙산업교육심의회, 국가 및 지방자치단체로부터의 행·재정적 지원 등에 관한 사항을 규정하고 있다. 그러나 과거에 현장실습 등의 사항을 규정하였던 전체 25개 조항 중에 6개 조항은 「직업교육훈련촉진법」의 제정과 함께 삭제되었다.

1963년에 제정된 「산업교육진흥법」(제3조 4항)은 1969년에 산업교육진흥법시행령이 대통령령 제4312호로 제정·공포됨에 따라 본령 제8조의 2항에 실업에 관한 학과의 현장실습 기간이 일정기간 규정되었고, 현장실습 산업체의 협조사항, 현장실습에 필요한 시설의 제공, 현장실습 학생의 지도, 현장실습 산업체의 지정 공고 등이 규정되었으나, 당시 현장실습은 법적으로 의무화되지는 않았다.

우리나라에서 제도적으로 산학협동이 강조된 것은 「산업교육진흥법」의 개정과 함께 이루어졌다고 할 수 있다. 특히, 1973년에 「산업교육진흥법」을 개정하여 산업교육을 실시하는 학교의 학생은 재학 중 일정기간 동안에 의무적으로 현장실습을 이수해야 하는 것을 주요 내용으로 하는 등 산학협동 강화내용을 삽입하였는데, 시행령 제8조의 3항에

〈표 12-6〉 산업교육진흥법령의 구성

산업교육진흥법	시행령	시행규칙
제1장 총칙 1조 목적 2조 정의 3조 진로지도 4조 국가 및 지방자치단체의 임무	**제1장 총칙** 1조 목적 2조 진로지도시책 3조 산업교육진흥종합계획 등	1조 목적
제2장 산업교육의 진흥 5조 삭제 6조 단기 산업교육시설의 설치·운영 7조 특별과정의 설치·운영 8조 삭제 9조 산업자문 등 10조 실험·실습시설의 확보 11조 실험·실습비에 관한 특별배려 12조 산업교원의 자격·정원 및 대우 13조 신기기의 공급	**제2장 산업교육의 진흥** 4조 삭제 5조 단기 산업교육시설 6조 내지 11조 삭제 12조 산업자문 등 13조 신기기의 공급	2조 학력인정의 방법
제3장 산업교육심의회 14조 산업교육심의회의 설치 15조 내지 17조 삭제	**제3장 산업교육심의회** 14조 중앙산업교육심의회의 구성 15조 위원장 및 부위원장 16조 위원의 임기 17조 회의 18조 연구위원 19조 간사 등 20조 수당 등 21조 삭제	
제4장 국가 및 지방자치단체의 부담 18조 실험·실습시설 설치비의 부담 등 19조 실험·실습시설 운영비의 부담 등 20조 사립학교에 대한 시설비 등의 보조 21조 삭제 22조 교육과정 및 교과용도서 23조 장학금의 지급	**제4장 실험 · 실습시설 등에 대한 국가의 부담** 22조 국고보조의 기준 23조 교과용도서의 발행에 대한 보조 24조 장학금의 지급기준	
제5장 보칙 24조 국제협력 25조 학원의 학습자에 대한 보조 등	**제5장 보칙** 25조 기술계학원 육성 등	

현장실습을 이수해야 할 학과와 재학 중 이수해야 할 학과별 현장실습 기간을 의무화하는 규정이 별표로 명시됨에 따라 산업교육을 실시하는 고등학교, 전문대학, 대학들의 현장실습이 의무적으로 실시하게 되었다.

이러한 「산업교육진흥법」의 개정과 함께, 1971년 12월에는 농업산학협동심의회가 대통령령으로 설치되었으며, 1973년 12월에는 문교부 직제를 개정하여 산학협동과를 설치하였다.

그러나 1997년에 산업교육진흥법이 개정되면서 산학협동, 특히 현장실습에 관한 사항이 대부분 「직업교육훈련촉진법」에 명시됨에 따라, 현재의 산업교육진흥법에는 제9조의 산업교원의 산업자문 등에 관한 사항을 제외하고는 산학협동과 관련하여 규정된 사항이 제시되어 있지 않다.

2) 직업교육훈련촉진법

「직업교육훈련촉진법」은 1996년 2월 9일에 발표된 新직업교육체제를 구축하기 위한 제3차 교육개혁안을 기초로 1997년 3월 27일에 법률 제5316호로 제정・공포되었다. 소위 2・9 교육개혁으로 불리는 신 직업교육체제 개혁안은 직업교육을 “국민이면 누구나 받는 교육, 평생에 걸친 교육”으로 자리매김 함으로써 평생직업교육의 기반을 구축하는데 그 주요 의의가 있는데, 당시 교육개혁위원회는 2000년까지 국민의 학력구성비로 표시한 국가 전반의 인적자산 축적량을 선진국 수준으로 끌어올린다는 것을 직업교육 개혁의 실천 목표로 삼고 2000년까지 모든 대학 비진학 청소년에게 직업교육기회를 보장하며, 희망하는 모든 청소년에게 전문대학 수준의 직업교육기회를 보장할 것을 강조하였다.

〈표 12-7〉 직업교육훈련촉진법령의 구성

직업교육훈련촉진법	시행령
제1장 총칙	
1조 목적 2조 정의 3조 국가의 책무	1조 목적
제2장 직업교육훈련의 촉진	
4조 직업교육훈련기본계획의 수립 · 시행 5조 직업교육훈련기관의 연계운영 6조 직업교육훈련의 위탁 7조 현장실습 8조 현장실습산업체의 선정 등 9조 현장실습계약 등 10조 우선직업교육훈련대상자 11조 직업교육훈련생의 선발 12조 직업교육훈련과정의 편성 13조 직업교육훈련교원의 양성 및 연수 등 14조 직업교육훈련기관의 특성화 등 15조 원격직업교육훈련체제의 구축	2조 직업교육훈련기본계획의 수립절차 등 3조 직업교육훈련세부실천계획의 수립절차 등 4조 현장실습의 이수기간 등 5조 현장실습산업체의 선정기준 6조 현장실습계약의 체결 7조 현장실습산업체의 장의 협조 8조 직업교육훈련교원의 산업체 현장지도 9조 현장실습 소요비용의 지원 10조 직업교육훈련의 우선 실시 11조 산업체 근무경력의 인정
제3장 직업교육훈련정책심의회 등	
16조 직업교육훈련정책심의회의 설치 17조 심의회의 구성 18조 직업교육훈련협의회의 설치 19조 협의회의 구성 20조 운영위원회	12조 심의회의 구성 13조 심의회의 운영 14조 기본계획수립실무협의회의 구성 · 운영 15조 관계기관 등에의 협조요청 16조 수당 등 17조 운영세칙 18조 협의회의 통합 설치 · 운영
제4장 교육훈련기관의 평가 및 정보의 공개	
21조 직업교육훈련기관에 대한 평가 22조 평가결과의 공개 등 23조 직업교육훈련정보의 공개	19조 직업교육훈련기관에 대한 평가실시기관 등 20조 평가결과의 공개방법 21조 직업교육훈련정보의 공개

즉, 「직업교육훈련촉진법」은 직업교육훈련 관련 법제를 정비하여 이러한 직업교육개혁을 법적·체계적으로 뒷받침하기 위하여 「산업교육진흥법」을 개편하고 직업교육훈련기관의 연계, 산학협동의 촉진, 평가, 제정지원 등의 사항을 규정하여 직업교육개혁을 전체적으로 뒷받침하고 각 직업교육기관 간 공동사업형태로 직업교육 프로그램을 운영할 수 있도록 지원하기 위하여 제정되었다.

「직업교육훈련촉진법」은 종래 교육부와 노동부가 각각 따로 운영하여 왔던 직업교육(산업교육)과 직업훈련을 연계하여 운영하고, 직업교육훈련을 촉진함으로써 직업교육훈련의 질을 높이며 산업계의 다양한 요구에 부응하는 인력을 양성하기 위해 모든 국민에게 다양한 직업교육훈련의 기회를 제공하기 위하여 제정된 법으로, 전문 23조와 부칙으로 구성되어 있다.

교육부는 「직업교육훈련촉진법」이 갖는 법적 성격을 다음과 같이 3가지로 요약하여 제시하였다.

첫째, 「직업교육훈련촉진법」은 직업교육훈련의 촉진을 위한 각종 사업이나 수단을 제시하는 직업교육에 관한 특별법이다.

둘째, 일반교육주의에 대비한 직업교육주의를 확립하고 직업교육훈련 전반에 대한 기본적인 사항을 규정한 기본법이다.

셋째, 직업교육훈련에 관련된 인적·물적·정보 자산의 활용도를 제고하기 위하여 직업교육훈련 주체들 사이의 협조증진과 이해관계를 조정하는 법의 성격을 지니고 있다.

특히, 직업교육훈련을 촉진하기 위해 「직업교육훈련촉진법」이 규정하고 있는 사항은 ① 국가의 기본계획 및 지방자치단체의 세부실천계획 수립, ② 직업교육훈련과 관련된 시장기능 제고에 관한 내용, 그리고

③ 연계 및 협조강화에 관한 내용 등의 3가지로 분류할 수 있다

특히, 연계 및 협조강화와 관련하여 직업교육훈련기관은 서로 직업교육훈련 과정을 연계 · 운영하거나 직업교육훈련기관이 보유하고 있는 인적 · 물적 자산 및 직업교육훈련 정보를 공동 활용할 수 있도록 하고, 직업교육훈련을 다른 직업교육훈련기관 또는 산업체에 위탁하여 실시할 수 있도록 규정하고 있다는 데 그 특색이 있다.

이와 함께, 「직업교육훈련촉진법」은 국가로 하여금 직업교육훈련 촉진을 위한 직업교육훈련기본계획의 수립 · 시행, 직업교육훈련의 질적 향상과 효율성 증진을 위한 직업교육훈련기관간의 연계 및 위탁운영과 산업체 현장실습 등을 하도록 함과 아울러 직업교육훈련정책의

〈표 12-8〉 직업교육훈련촉진법에 의한 직업교육훈련 촉진의 주요 내용

주요 영역	주요 법 조항 및 구체적 내용
국가의 기본계획 및 지방자치단체의 세부실천 계획	• 국가 : 직업교육훈련의 효율적인 추진을 위한 기본계획 수립 • 관계 중앙행정기관 및 지방자치단체 : 기본계획에 의거한 세부실천계획의 수립 및 시행 (제4, 16, 17, 18, 19, 20조)
시장기능 제고에 관한 내용	• 직업교육훈련기관의 위탁 (제6조) • 학습계약에 의한 현장실습 (제7, 9조) • 우선직업교육대상자 (제10조) • 직업교육훈련생의 선발 (제11조) • 직업교육훈련과정의 편성 : 수요자 · 산업체의 요구 반영 (제12조) • 직업교육훈련교원의 양성 및 연수 (제13조) • 직업교육훈련기관의 특성화 (제14조) • 원격직업교육훈련체제의 구축 (제15조)
연계 및 협조강화에 관한 내용	• 직업교육훈련기관의 연계운영 (제5조) • 현장실습산업체의 선정 (제8조)

자료 : 교육부(1998). 평생교육백서 제2호. 서울: 교육부. p. 346.

심의와 협의조정을 위한 직업교육훈련정책심의회와 각 지역의 직업교육훈련협의회를 설치하도록 하고, 직업교육훈련 수요자에 대한 정보제공을 위해 직업교육훈련기관에 대한 평가와 그 결과 공개 등을 규정하고 있다.

제2절 직업교육 체제

01 학제를 중심으로 한 직업교육 체제

학제를 중심으로 현재의 우리나라 직업교육 체제는 수평적으로는 학교교육과 사회교육에서 이루어지는 직업교육체제로, 수직적으로는 중등교육기관과 고등교육기관에서 이루어지는 직업교육체제로 구분하여 살펴볼 수 있다.

중등교육 단계에서의 직업교육체제는 학교교육체제에서는 전문계 고등학교, 일반계 고등학교에서의 직업과정, 방송통신고등학교, 산업체 부설학교 및 특별학급, 고등기술학교, 각종학교 등으로 구성되어 있으며, 사회교육체제에서는 노동부 산하의 직업전문학교, 직업훈련원, 기술계 학원 등으로 이루어져 있다.

그러나 일반계 고등학교의 직업과정은 대학입학 경쟁률의 감소, 직업과정에 대한 인식부족 등으로 인한 학생자원의 감소, 시설·설비의 문제, 담당교사의 부족 등으로 인해 사실상 전무한 상태이며, 방송통신고등학교나 산업체 부설학교 및 특별학급, 고등기술학교, 각종학교 등이 중등교육 단계 직업교육에서 차지하는 비중은 미약한 실정이다. 또한, 노동부 산하의 직업전문학교는 정규 직업교육체제에 포함되지 않아 전체 직업교육 체제에서의 역할수행이 원활하지 못한 실정이다. 이렇게 볼 때, 우리나라 중등교육 단계에서의 직업교육은 전문계 고등학교가 거의 전담하고 있는 것이 현실이라 할 수 있다.

고등교육 단계에서의 직업교육은 전문대학, 산업대학, 기술대학, 그리고 노동부 산하의 기능대학이 중심을 이루고 있으며, 최근에는 고등교육의 확대와 더불어 고등교육인력에 대한 수요증대, 그리고 사회적 여건의 변화로 일반 4년제 대학에서도 직업교육의 기능과 역할을 담당하고 있다. 이와 함께, 기업체에서 설립·운영하는 사내기술대학도 산업체 근로자의 계속교육 기회를 제공하는 고등직업교육기관에 포함된다.

1) 고등학교 직업교육 체제

(1) 전문계 고등학교

전문계 고등학교는 국가사회의 유지 및 발전에 필요한 산업인력을 제공할 뿐만 아니라, 전공계열별로는 농업계, 공업계, 상업계, 수산·해운계, 가사·전문계 등으로 구분되며, 운영형태별로는 농업고등학교, 공업고등학교, 상업고등학교, 수산·해운고등학교, 실업고등학교, 종합고등학교 등으로 구분된다.

학교유형별로 전문계 고등학교의 변화추이를 살펴보면, 산업구조의 고도화에 따라 1차 산업이 상대적으로 줄어들고 2, 3차산업이 차지하는 비중이 높아지면서 전문계 고등학교의 전공계열별 학교 수도 변화하였음을 알 수 있다.

즉, 농업고등학교는 전체적인 규모의 감소와 함께 공업계열이나 상업계열의 학과를 함께 개설하여 운영하면서 실업고등학교로 전환하였고, 이로 인하여 순수 농업고등학교의 수는 1980년대를 기점으로 급격하게 감소하였다.

공업고등학교는 꾸준한 증가 추세를 보이고 있는데, 이에 따라 1990년대부터 공업고등학교의 비율이 20%를 상회하게 되었다. 한편, 상업고등학교는 1980년대를 전후하여 증가 추세에 있다가 최근에는 정체된 상태이며, 수산 및 해양고등학교는 10개 내외를 줄곧 유지하고 있다.

또한, 농업계 고등학교와 공업계 고등학교에서 기계, 토목, 환경 등에 관한 교과를 동시에 가르치고 있고, 상업계 고등학교와 공업계 고등학교에서 디자인이나 전자계산 등의 교과를 동시에 가르치는 현실이 발견되는 등, 농업·공업·상업 분야의 경계가 모호해지고 있다는 것이다. 이는 전문계 고등학교가 산업계의 변화를 수용하는 과정에 나타난 현상으로 풀이되는데, 다시 말하면 전문계 고등학교를 농업·공업·상업 등으로 분류하는 현 체제로는 산업사회의 급격한 변화에 적극적으로 대응할 수 있는 탄력성이 부족하며, 전문계 고등학교의 교육제도에 유연성을 부여할 수 있는 방안이 모색되어야 한다는 것이다.

(2) 일반계 고등학교 직업과정

일반계 고등학교 직업과정이란 일반계 고등학교 재학생 가운데 대학진학을 희망하지 않는 3학년 학생들에게 직업교육을 제공하여 졸업 후 산업사회로 원활하게 진입할 수 있도록 하는 체제라 할 수 있다. 즉, 일반계 고등학교 직업과정은 일반계 고등학교의 비진학자를 위한 수평적 연계체제의 하나로 해석할 수 있다. 분야별로 보면, 자체과정의 비율이 가장 높고, 다음으로 기술계 학원, 직업학교, 공공직업훈련원의 순으로 나타났다.

2) 진로지도 및 고등교육과의 연계 체제

(1) 진로지도

고등학교 직업교육기관에서 이루어지는 진로지도는 다양한 체제로 이루어지고 있다. 현재 중등학교에서의 진로지도는 시 · 도 교육청 및 산하 교육과학연구원과 단위학교의 상담실을 중심으로 이루어지고 있다고 할 수 있지만, 이것이 일반적인 형태라고 단정 지을 수는 없다.

즉, 지역에 따라서는 교육청의 진로지도 주관업무가 서로 상이하고, 교육과학연구원의 진로교육연구부와 같은 지원체제가 마련되지 않은 곳도 있으며, 단위학교에서도 진로지도가 담임교사를 중심으로 이루어지거나 상담실이 없는 경우도 있다.

따라서, 고등학교 직업교육기관에서의 진로지도는 체계적으로 이루어지지 못하고 있다고 할 수 있다. 전문계 고등학교의 경우, 학생들이 진로지도나 상담에 대한 체계적인 정보를 손쉽게 얻을 수 있는 통로가 마련되어 있지 않으며, 학교에 진로상담실이 설치되어 있다고 하더라도 전문상담교사의 부족과 학생들의 인식부족으로 원활한 진로지도 활동이 이루어지지 못하고 있다.

일반계 고등학교 직업과정의 학생들의 경우에는 일반계 고등학교 진로지도가 진학지도 중심으로 이루어지고 있어, 이들을 위한 체계적인 활동은 매우 미흡하며, 다른 직업교육기관에서의 진로지도는 아직 구체적으로 보고되지 않고 있다.

(2) 직업교육과의 연계 체제

직업교육기관간의 연계교육은 수평적인 연계와 수직적인 연계로 구분하여 살펴볼 수 있다. 수평적인 연계(coordination)는 동급의 학교 혹은 직업학교, 사설학원, 직업훈련원 등의 교육훈련기관과 인적, 물적, 정보 자원을 공유하는 것으로, 교육훈련 프로그램이나 교원 및 시설 등의 교유를 통하여 이루어지며, 타 기관에서 이수한 교육훈련 내용을 학점으로 인정하는 등 상호 연결고리를 공유하는 교육을 말한다.

수직적인 연계(articulation)는 상·하급의 교육기관이 협약하여 교육과정을 협동적으로 연결하여 이행하는 것으로, 하급 교육기관의 교육내용을 상급 교육기관이 학점으로 인정하여 주는 등의 방법으로 연결되는 것을 말한다.

이러한 연계교육 프로그램 중에 현재 가장 활성화되어 있는 것은 전문계 고등학교와 전문대학간의 "2+2 연계교육 체제"이다. "2+2 연계교육"은 고등학교에서 직업교육을 이수한 학생들 중에 진학을 희망하는 학생들에게 고등교육기관에 진학할 수 있는 기회를 제공하는 등의 효과로 많은 전문계 고등학교와 전문대학에서 시범적으로 또는 자율적으로 운영하고 있으며, 앞으로 더욱 활성화될 것으로 예상되고 있다.

02 직업교육과정 및 운영

1) 교육과정 개발 및 운영체제

국가수준의 교육과정 개발 및 운영체제에 따르면, 교육부는 국가 수준의 교육과정 기준을 고시하고 시도교육청은 지역 수준의 교육과정 편성·운영지침을 작성 제시하며 지역교육청은 학교교육과정 편성·운영 장학자료를 작성 제시하고 일선학교에서는 학교교육과정을 편성·운영하며 교사는 연간 교수·학습계획에 따라 수업을 진행하게 된다.

이러한 교육과정 개발 및 운영체제를 기초로 운영되고 있는 직업교육과정은 제7차 전문계 고등학교 교육과정 편성·운영모형을 통해서 보다 구체화되었는데 이를 살펴보면 다음 〈표 12-9〉와 같다.

〈표 12-9〉 전문계 고등학교의 제7차 교육과정 편성·운영 모형

유형 / 조건	고-A형(최소 수준)	고-B형(지침 수준)
선택중심 교육과정 (고2-3)	• 보통교과 이수 - 단위수 : 26단위 - 학교지정 : 80% - 학생 선택 : 20% • 전문교과 이수 - 단위수 : 110단위 - 학교 지정(필수과목* 포함): 80% - 학생 선택 : 20%	• 보통교과 이수 - 단위수 : 50단위 - 학교지정 : 60% - 학생 선택 : 40% • 전문교과 이수 - 단위수 : 86단위 - 학교 지정(필수과목* 포함): 60% - 학생 선택 : 40%

주 : 농업계열 : 농업이해, 농업기초기술, 농업정보관리
공업계열 : 공업입문, 기초제도, 정보기술기초
상업계열 : 상업경제, 회계원리, 컴퓨터 일반
수산·해운계열: 해양일반, 수산·해운정보처리, 수산·해운일반
자료 : 제주도교육청(2000). 제7차 교육과정에 따른 교원·시설 수요예측 조사계획. [On-line]. available : *http://www.cheju-o.ed.cheju.kr*

고-A형의 경우 보통교과는 최소 이수 단위인 26단위를 지정하고 나머지를 전문교과에서 선택하는 방식으로, 이에 따르면 보통교과와 전문교과의 비율이 43:57로 나타나게 된다. 고-B형의 경우 보통교과는 50단위를 지정하고 나머지를 전문교과에서 선택하는 방식으로, 이에 따르면 보통교과와 전문교과의 비율이 55:45로 나타나게 된다.

아울러 고-A형의 경우 보통교과와 전문교과 이수 단위 중 80%는

학교에서 지정하고 나머지 20%는 학생이 선택하게 하고 있으며 고-B형의 경우 보통교과와 전문교과 이수 단위 중 60%는 학교에서 지정하고 나머지 40%는 학생이 선택하게 하는 방식을 취하고 있다.

2) 교육과정 편제

고등학교의 경우 2002년부터 적용되는 제7차 교육과정은 1학년까지의 '국민공통기본 교육과정'과 2～3학년의 '선택중심 교육과정'으로 구성되어 있다. '국민공통기본 교육과정'은 교과, 재량활동, 특별활동으로 편성되는데, 교과는 국어, 도덕, 사회, 수학, 과학, 실과(기술·가정), 체육, 음악, 미술, 외국어(영어) 등 10개 교과로 구성되며, 재량활동은 교과재량활동과 창의적 재량활동으로, 특별활동은 자치활동, 적응활동, 계발활동, 봉사활동, 행사활동으로 구성되어 있다. '선택중심 교육과정'은 교과와 특별활동으로 편성되는데, 교과는 보통교과와 전문교과로 이루어져 있다.

이러한 구성은 고등학교 1학년까지 10개 교과를 중심으로 기초적·공통적·일반적·핵심적인 지식과 기능, 가치와 태도를 두루 잘 배웠다는 전제 위에 고등학교 2, 3학년에서는 각자 지니고 있는 소질과 적성, 관심과 능력을 자신의 진로에 맞게 선택하여 공부하는 것으로 간주한 교육과정 설계라고 할 수 있다. 이와 같은 7차 교육과정에서 일반계 고등학교와 전문계 고등학교의 교육과정 편제상의 차이점은 다음 〈표 12-10〉과 같다.

〈표 12-10〉 7차 교육과정에서 일반계 고등학교와 전문계 고등학교의 차이점

구 분		일반계 고등학교	전문계 고등학교
10 학년	국민공통 교육과정	• 국민공통기본교과(56) • 재량활동(12) • 특별활동(4)	• 국민공통기본교과(56) • 재량활동(12) • 특별활동(4) ※ 재량활동 중 10단위는 전문교과로 대체 가능
11-12 학년	선택중심 교육과정	• 일반선택과목(24 이상) • 심화선택과목(112 이상) • 특별활동(8)	• 보통교과(26 이상) • 전문교과(82단위 이상) • 특별활동(8) ※ 국민공통기본교과를 82단위 이상 이수 ※ 계열별 전문교과 2-3과목 필수 이수
총 이수 단위		216단위	

자료: 교육부 산업교육정책과(2000). 전문계 고교 육성대책 [참고자료].

아울러, 7차 교육과정과 6차 교육과정의 교육과정 편제상의 차이점은 다음 〈표 12-11〉과 같다.

〈표 12-11〉 전문계 고등학교 6차 교육과정과 7차 교육과정의 비교

<table>
<tr><th colspan="2" rowspan="2">구분</th><th colspan="2">6차 교육과정</th><th colspan="2">7차 교육과정</th></tr>
<tr><th>보통교과</th><th>전문교과</th><th>보통교과</th><th>전문교과</th></tr>
<tr><td>고1 (10학년)</td><td>국민 공통 교육 과정</td><td rowspan="2">• 공통필수(70)
• 과정별필수[1] (106)
• 과정별 선택 (12)
• 특별활동(16)</td><td rowspan="2">• 전문교과 (82이상)</td><td>• 국민공통 기본교과(56)
• 재량활동[2] (12)
• 특별활동(4)</td><td>-</td></tr>
<tr><td>고2-고3 (11-12학년)</td><td>선택 중심 교육 과정</td><td>• 보통교과(26이상)
• 특별활동(8)</td><td>• 전문교과 (82이상)</td></tr>
<tr><td colspan="2">총 이수단위</td><td colspan="2">204</td><td colspan="2">216</td></tr>
</table>

주: 1) 과정별 필수 106단위 중 전문교과 기초 과목선택 이수시 공통필수로 인정.
2) 재량활동 중 10단위는 전문교과로 대체가능.

자료: 장명희 외(1998). 전문계 고등학교 교육과정 자율운영방안. p. 42.
교육부(2000). 전문계 고등학교 육성대책 [참고자료].

6차 교육과정과 7차 교육과정의 편제상의 차이점을 구체적으로 살펴보면 다음과 같다.

첫째, 보통교과와 전문교과 이수단위상의 차이로 6차 전문계 고등학교 교육과정에서의 보통교과 이수단위는 총 이수단위의 40% ~ 60%인 82 ~ 122단위로 제시되고 있으며 전문교과 이수단위는 82단위 이상으로 제시되고 있다. 이에 반해 7차 전문계 고등학교 교육과정에서의 보통교과 이수단위는 국민공통기본교과를 포함하여 82단위 이상으로 제시되고 있으며 전문교과 이수단위 또한 6차 교육과정과 같이 82단위 이상으로 제시되고 있다.

둘째, 교육과정상의 자율성 여부로 6차 전문계 고등학교 교육과정에서는 교육부가 보통교과 공통필수 70단위, 계열필수과목, 보통·전문교과 이수 하한선을, 시·도 교육청에서 계열필수과목의 이수단위와 학과필수과목 및 이수단위 등을 제시하고 있어 학교가 학생에게 선택권을 부여할 수 있는 교육과정을 자율적으로 편성·운영하기에는 실제적으로 한계가 있으나, 제7차 전문계 고등학교 교육과정에서는 선택중심교육과정(고 2 ~ 3)의 경우 보통교과와 전문교과 이수 모두에서 일선학교와 학생이 일정비율의 과목을 선택할 수 있는 여지를 두고 있다.

셋째, 전문계 고등학교 교육과정의 특수성 측면에 보면 6차 전문계 고등학교 교육과정에서는 보통교과 과정별 필수 106단위에서 전문교과 기초과목 선택 이수시 공통필수로 인정해 주도록 제시되어 있으며 전문교과를 총 이수단위의 10%범위 내에서 시·도 교육감의 승인하에 증배 운영이 가능하도록 하고 있는 반면 7차 전문계 고등학교 교육과정에서는 국민공통교육과정 10학년에서의 재량활동 12단위에서 10단위를 전문교과로 대체 가능하도록 하고 있으며 아울러 전문교과의 기초가 되는 과목을 이수할 경우 국민공통교과 이수로 간주할 수 있도록 하고 있다.

또, 특성화고등학교, 공고 2 · 1체제 운영학교 등과 같이 전문교육의 강화가 요구되는 학교는 교육감의 승인을 받아 보통교과와 전문교과의 총 이수단위 조정 · 운영이 가능하도록 하고 있다.

3) 직업 교과내용

7차 전문계 고등학교 교육과정에서 다루어지는 전문교과 중 농업계열에서는 농업 이해, 농업 기초 기술, 농업 정보 관리를, 공업계열에서는 공업 입문, 기초 제도, 정보 기술 기초를, 상업계열에서는 상업 경제, 회계 원리, 컴퓨터 일반을, 수산 · 해운계열 : 해양 일반, 수산 · 해운 정보 처리, 수산 일반(수산계열), 해사 일반(해운계열)을 필수과목으로 지정 · 운영하도록 하였다.

이와 함께 각각의 전문교과의 내용을 살펴보면 이론과 실습이 통합된 교과목과 교과내용 제시가 6차 교육과정과는 달리 이론과 실습이 통합된 교과목과 이론 교과목으로 구성되었으며 직무분석에 의한 교과목과 교과내용의 선정은 부분적으로 반영되었다

7차 교육과정은 이론과 실습이 통합된 교육과정, 직무분석에 근거한 교육과정이라 볼 수 있다. 그러나 보통교과와 전문교과 내용의 연관성은 6차 교육과정과 마련가지로 연계되어 있지 않았으며 국가 기술자격증과 교과목, 교과내용에 대한 연계에 대한 것은 구체적으로 제시하고 있지 않았다.

03 직업교육 방법 및 평가

1) 학교 수업방법

직업교육방법 특히 교수-학습 방법을 도출하기 위해서는 보통교과와 전문교과의 교수학습방법의 차이점을 규명하는데 이는 다음과 같다.

첫째, 전문교과의 내용은 보통교과의 내용에 비해서 이론적 지식보다는 실기기능이 강조되어 실습의 비중이 더 크다.

둘째, 보통교과에서 중요시하는 산출행위는 교과내용의 구조와 원리에 대한 지식, 이해력, 작용력, 분석력, 종합력, 평가능력 등의 인지적인 사고력인데 반면 전문교과에서 중요시하는 산출행위는 인지적인 사고력뿐만 아니라 기능, 지각속도 등과 같은 심동적 영역에서의 수행능력도 포함된다.

셋째, 보통교과의 교수-학습의 결과는 비가시적인 반면 전문교과의 결과는 직접 확인이 가능한 것이 많다. 이와 같이 보통교과와 전문교과의 교수-학습 과정 안에는 많은 차이점이 있기 때문에 모듈 수업, 프로젝트 학습법, 협동 교수법 등이 다양하게 교수-학습 과정에서 활용되어야 할 것이다.

그러나 실제로 70% 이상의 교사들이 전문교과 수업에서 이론 중심 교육에 적절한 전통적인 강의법에 의존하는 것으로 드러나, 학습목표와 전공특성에 알맞은 다양한 실기 지도가 이루어지지 않고 있는 것으로 나타났다.

7차 전문계 고등학교 교육과정에서 제시된 이론과 실습이 통합된 교수-학습 과정과 수준별 교육과정에 따른 개별화 수업의 도입은 전문계 고등학교 수업방법에 많은 변화를 가져올 것으로 보여진다.

2) 학교 실습방법

직업교육과정에서는 전통적인 영역에 대한 수행능력을 강조하고 실습을 통한 기술의 습득이 중요시된다. 학교에서의 실기교육과정에서 학생들의 학습활동을 촉진시키기 위해서는 학생활동 중심의 실습지도, 이론과 실습의 통합, 산업사회의 발달에 따른 실습기자재의 주기적인 교체 등을 필요로 한다. 제7차 전문계 고등학교 교육과정에서 제시된 이론과 실습이 통합된 교수-학습과정 도입은 이론과 실제가 별도로 진행되었던 기존의 실습방법에 변화를 가져올 것으로 보여 진다.

3) 산학협동교육의 체제 및 방법

일반 기본학습의 개념이 우리의 학교현장에서 실제적으로 다양하게 적용되고 있는 프로그램은 산학협동교육이라고 할 수 있다. 산학협동은 산업체와 학교가 그 목적을 효율적으로 달성하기 위하여 가용자원을 보완, 협력하는 체계적인 노력이다. 학교는 전통적인 교육목표를 추구하고, 산업체는 그 기업목표를 달성하기 위하여 경영의 합리화, 생산의 효율화, 인력개발 등을 추구한다. 이러한 교육목표의 효율적인 달성과 산업체의 유능한 직업인을 양성하기 위하여 산학협동이 요구된다.

4) 교육과정의 통합 및 연계 체제

교육과정의 통합 및 연계는 크게 통합교육과정의 운영측면과 교육과정과 자격제도와의 연계측면에서 살펴보았다.

수직적 통합교육과정은 현재 전문계 고등학교와 전문대학간의 연계(2+2), 전문계 고등학교와 산업대학 및 대학 간의 연계(2+4) 체제가 운영되거나 운영을 계획하고 있으나, 현실적으로 적용되고 있는 것은 전문대학과의 수직적 통합교육과정을 운영하고 있는 실정이다.

그러나 이러한 수직적 통합교육과정은 운영측면에서 전문계 고등학교와 전문대학간의 교육과정이 실제적으로 연계성을 가지지 못하고 있으며 교육과정 개발 및 운영에도 많은 제약으로 인해 효과를 거두지 못하는 등 여러 가지 측면에서 문제점이 부각되고 있다.

교육과정과 자격제도의 연계측면에서 우리나라의 자격제도를 보면 국가자격은 노동부 산하의 한국산업인력관리공단이 학점은행제는 한국교육개발원이, 독학학위제도는 한국방송대학이 현재 실시 · 운영 중에 있으며, 직업능력인증제도는 한국직업능력개발원이 그 추진 작업을 진행하고 있다.

참고문헌

강경종 외 (1999). 전문계 고등학교 교사의 산업체 연수 방안. 교육부 정책연구과제 보고서.

강무섭 (1999). 고등학교 교육체제 개편방안: 전문계 고등학교를 중심으로. 전문계 고등학교 종합대책 대토론회 자료집. 서울: 한국직업능력개발원.

강무섭 외 (1998). 서울시 고등학교 교육발전 방안 탐색을 위한 주요국 고등학교 교육개혁 동향 분석. 서울: 한국교육개발원.

강무섭 외 (1999a). 전문계 고등학교 종합대책 연구. 서울: 한국직업능력개발원.

강무섭 외 (1999b). 통합형 고등학교 체제 도입방안 연구. 서울: 교육부.

강일규 (1999). 대만 직업기술교육훈련의 현황과 전망. 주요국가의 직업교육훈련 동향. 한국직업능력개발원.

김경이 (1990). 80년대 한국과 미국의 교육개혁 비교. 이화여대대학원연구논집, 19, 45-66.

김경자 · 조연순 · 김왕식 (1997). 세계교육에 대한 국가간 비교연구: 한국, 싱가포르, 태국, 말레이시아, 일본, 미국. 이화여자대학교 교육과학연구, 제26집, 49-60.

김상진 (2005). 2005학년도 중등교원 학습지도 연구대회 회계원리 교수 · 학습계획안. 경상남도 교육청.

김동구 (1992). 1940년대의 미국의 교육사상. 서원대교육발전, 11, 1-29.

김동성 (1997). 21세기를 대비한 미국 교육개혁정책과정 연구: 한국 교육개혁과의 비교. 연세대동서연구, 2, 165-190.

김상호 외 (1997). 전문계 고등학교의 평가모형 개발에 관한 연구. 직업교육연구, 16(1), 31-50.

김성수 외 (1985). 각국의 직업교육제도 비교고찰을 통한 우리나라 직업교육의 발전방향에 관한 연구. 문교부 연구보고서.

김성수 · 이용환 (1996). 교육개혁 실천과 실업교육의 진로. 직업교육관련 학회 및 교장회 공동세미나 자료집.

김신복 (1990). 80년대 미국 교육개혁의 평가. 서울대행정논총, 28, 152-168.

김영돈 (1975). 학급경영론, 정문사, p. 121.

김영주 (1993). 일본 직업계 고등학교 신 '과제연구' 교과의 지도요령과 실제. 직업교육연구, 12(1), 91-117.

김용숙 (1980). 일본직업고교교육의 구조 및 기능에 관한 일분석. 군산대학 논문집, 1, 155-170.

김이경 외 (1998). 선진국 교육개혁의 최근 동향: 미국 · 영국 · 프랑스 · 독일 · 일본을 중심으로. 서울: 한국교육개발원.

김정한 · 박종흡 · 우상기 (2006). 교육행정 및 학교경영, 형설출판사.

김재식 (1999). 전문계 고등학교 교원정책의 개선방향. 직업교육훈련, 2(4), 35-41.

김재식 외 (1998). 학교와 산업체간 지식/기술 확산 · 공유를 위한 산학협력 정책에 관한 연구. 교육부 정책연구과제 보고서.

김정민 (2005). 2005학년도 중등교원 학습지도 연구대회 회계원리 교수 · 학습계획안. 경상남도 교육청.

김종식 · 학급경영연구회 (2004). 학급경영의 이론 · 연구 · 실제, 교육과학사.

김종철 (1983). 교육행정의 이론과 실제, 교육과학사, p. 19.

김현희 (2007), 상업정보교육의 발전방안에 관한 연구, 조선대학교 교육대학원.

김판욱 외 (1999). 전문계 고등학교 교육과정 편성 · 운영 체제 개선에 관한 연구: 농 · 공 · 상업계 고등학교의 이론 · 실습 통합교과 운영을 중심으로. 서울: 교육부.

김한군 (1983). 미국의 직업교육. 공업기술교육, 23, 92-100.

김현수 (1999). 단기 해외연수 보고서: 영국 직업교육과 자격제도의 종합적 실태분석. 미간행보고서.

구자억 외 (1997). 동서양 주요 국가들의 교육. 서울: 문음사.

구자억 외 (1998). 교육개혁 지역연구: 21세기를 향한 세계의 교육. 한국교육개발원.

고혜원 (1999). 영국의 직업교육훈련 동향. 주요국가의 직업교육훈련 동향. 한국직업능력개발원.

곽병선 (1998). 한국의 한 교육 전문가가 본 영국의 교육 개혁. 비교교육연구, 제8권 2호.

권기욱 · 이향옥 (2007). 학급경영의 이해, 도서출판 보현사.

권락원 외(역) (1984). 21세기를 대비하는 미국의 교육개혁안: 초 · 중등학교에서의 과학 · 수학 · 기술교육을 중심으로. 교학사.

교육개혁위원회 (1996a). 세계화 · 정보화 시대를 주도하는 신교육체제 수립을 위한

교육개혁 방안(Ⅱ). 서울: 대한교과서
교육개혁위원회 (1996b). 세계화 · 정보화 시대를 주도하는 신교육체제 수립을 위한 교육개혁 방안(Ⅱ) [참고설명자료]. 서울: 대한교과서.
교육과학기술부, 2009년 교육과정(2009).
교육부 (1998). 제7차 교육과정 연수교재. 서울: 교육부.
교육부 (1999). 창조적 지식기반국가건설을 위한 교육발전 5개년 계획(시안). 서울: 교육부.
교육부 (1999). 평생교육백서 제3호. 서울: 교육부.
교육부 산업교육정책과 (2000). 전문계 고등학교 육성 대책 [보도자료]. 서울: 교육부.
교육부 중앙교육연수원 (1995). OECD 회원국의 교육개혁동향 [연수자료집]. 서울: 교육부 중앙교육연수원.
교육부 · 노동부 (1999). 21세기 직업교육훈련의 발전전략.
교육부 · 한국직업능력개발원 (2000). 2000년 전문계 고등학교 현황.
교육부 · 한국교육개발원(편) (1997). 통계로 본 미국교육. 교육부.
교육부, 2015년 교육과정(2015)
국립교육평가원 (1996). 싱가포르의 교육제도 2: 싱가포르의 대학교육 및 기타. 교육연구, 323, 18-22.
국제경제개발협력기구(편) (1997). 청소년을 위한 직업교육훈련: 정책과 실천을 중심으로. 한국산업인력관리공단.
나승일 (1995). 미국 청소년 직업교육의 동향. 제2회 직업교육 관계자 세미나 자료집. 서울: 상계직업전문학교.
나승일 (1998a). 『직업교육연구』의 내용 및 방법론 분석. 직업교육연구, 17(2), 195-216.
나승일 (1998b). 우리나라 직업교육행정 조직의 발전 방안에 관한 연구. 한국농업교육학회지, 30(4), 88-112.
나승일 · 정철영 · 김재식 (1999). 산업인력구조 고도화 지원촉진법 제정방안 연구. 서울: 교육부.
노종희 외 (1996). 교육제도론. 서울: 하우.
민병철 (1981). 동남아 지역 직업기술교육(시찰기): 자유중국, 홍콩, 싱가포르. 공업기술교육, 2, 98-112.
박기택 (2005). 2005학년도 중등교원 학습지도 연구대회 상업경제 교수 · 학습계획안. 경상남도 교육청.
박부권 (1992). 일본의 직업교육 개혁의 동향. 교육개발, 79, 99-103.
박병량 · 주철안 (2001). 학교 · 학급경영, 학지사, p. 469.
박순경 외 (1999). 비영어권 국가의 교육과정 · 교육평가 자료 번역집: 일본 · 중국 · 대만 · 프랑스 · 독일. 서울: 한국교육과정평가원.
박영숙 (1993). 일본의 기술교육 개혁 동향. 서울산업대 공업기술교육, 66, 29-37.
박영숙 · 고전 (1998). 제7차 교육과정 위한 교원 인력구조 진단 및 대책연구. 서울: 한국교육개발원.
박현정 (1992). 영국의 중등단계 직업기술 교육 개혁 동향. 교육개발. 14(3).
박회륜 (1980). 미국의 직업교육에 대한 찬반양론. 관동, 11, 57-61.
배명숙 (1996). 영국의 직업교육: 일반국가직업자격. 25-38. 주성전문대학. 선진국의 직업교육 세미나자료집,
백은순 (1990). 영국의 직업교육 동향과 시사점. 한국교육, 23(1), 141-160.
백형미 (2012), 상업정보교육 효율성 제고방안에 관한 연구, 조선대학교 교육대학원.
새교육공동체위원회 (2000). 지식기반사회의 교육공동체 구축을 위한 교육정책 보고서. 서울: 새교육공동체위원회.
송진덕 (1990). 미국의 직업교육 동향 2, 교육정론, 2, 116-118.
신수범 (1996). 싱가포르와 오스트레일리아의 특수교육. 교육제주, 93, 143-151.
안병두 (1998). 내가 본 미국교육 1. 학교경영, 11, 82-87.
이관춘 외 6명 (1996). 선진국의 직업교육. 주성전문대학.
이규환 (1990). 선진국의 교육제도. 서울: 배영사.
이규환 (1997). "일본교육", 선진국의 교육제도. 서울: 배영사.
이명숙 (1997). 영국의 고등교육과 고용구조. 한국국민경제학회, 6(2).
이무근 (1981). 대만, 홍콩, 싱가폴의 전문대학교육에 관한 연구. 농학연구, 6(1), 131-145.
이무근 (1994). 세계 주요국의 직업교육동향 분석을 통해 본 한국의 직업교육방향. 직업교육연구, 13(2), 167-174
이무근 (1995). 세계 직업교육의 동향과 한국 직업교육의 발전 방향. 직업교육연구, 14(1), 1-16.
이무근 (1999). 직업교육학 원론. 서울: 교육과학사.
이무근 외 (1997). 직업능력인증제 도입을 위한 정책 연구. 교육부 제출용 보고서.

이상일 (1998). 미국 직업교육훈련제도의 새로운 변화. 서울: 한국노동연구원.

이선주 (2005). 상업정보교육의 실태분석과 개선방안에 관한 연구, 신라대학교 교육대학원.

이용균 (1998). 대만교육부 방문 귀국보고서. 교육부.

이용순 (1998). 고등학교 직업교육체제 및 교육과정 편성・운영 방안. 「고등학교 직업교육 방향 설정」을 위한 심포지엄 자료집. 서울: 한국직업능력개발원.

이용순 외 (1999). 직업 교육과정 국제 비교 연구. 서울: 한국직업능력개발원.

이용환 (1997). 미국 농업교육의 변화 동향. 한국농업교육학회지, 29(1), 57-66.

이용환 (1999). 농업교육. 한국직업능력개발원(편), 직업교육훈련 100년사, 97-300. 서울: 한국직업능력개발원.

이용환 (2000). 실업교육의 본질과 위기. 2000년도 실업교육관련학회 및 교장회 공동학술대회 「실업교육의 위기와 그 대책」 자료집. 서울: 한국가정과교육학회.

이윤식・최상근・허병기 (1994). 교사 양성 체제 개선방안 연구. 서울: 한국교육개발원.

이정표 (1995). 싱가포르 직업 기술 교육 동향. 교육개발, 98, 114-121.

이정표 (1997). 일본 전수학교의 직업교육 운영 실제와 시사점. 직업교육연구, 16(1), 103-116.

이정표 외 (1998). 주요국의 직업교육훈련과 자격제도의 연계 분석 연구. 서울: 한국직업능력개발원.

이정표 외 (1999). 중등단계 직업교육과 자격제도의 연계방안 연구. 서울: 한국직업능력개발원.

이종성 외 (1998). 교육체제 개편에 따른 고등학교 직업교육 방향 설정에 관한 연구. 서울: 한국직업능력개발원.

이종훈 (1985). 싱가폴의 교육실태. 경기장학, 86, 172-177.

이지현 (1999). 미국의 직업교육훈련 동향. 서울: 한국직업능력개발원.

우정남 (1988). 88년도 미국교육의 방향: 연두교서를 중심으로. 문교행정, 75, 83-86.

오영훈・김기홍・신익현 (1998). 직업교육훈련 교원제도 개선방안 연구. 서울: 한국직업능력개발원.

옥준필 (1999). 전문계 특성화 고등학교의 발전방향. 직업교육훈련, 2(4), 28-34.

원창희・허찬영 (1998). 선진국 실업자 교육체계: 미국, 캐나다, 영국. 한국노동교육원.

유용상 (1989). 한국과 미국의 교육자치제도에 관한 비교연구. 충남대 교육대학원.

유현숙 · 김동석 · 이만희 · 김이경 (1999). 지식기반사회에서의 한국교육 정책 방향과 과제. 서울: 한국교육개발원.

윤병희 외 (1996). 교육과정 국제비교 연구. 서울: 교육과정개정연구위원회.

윤정일 · 송기창 · 조동섭 · 김병주 (2000). 교육행정학원론, 학지사, p. 423.

장명희 외 (1998). 전문계 고등학교 교육과정 자율 운영 방안. 서울: 한국직업능력개발원.

장명희 외 (1999). 전문계 고등학교와 전문대학의 연계교육을 위한 운영체제 및 교육과정 모형 개발. 서울: 한국직업능력개발원.

장상수 (1997). 일본의 산학협동의 최근 동향과 시사점. 서울산업대 공업기술교육, 80, 30-40.

장석민 외 (1996). 직업교육의 국제적 동향. 서울: 한국직업능력개발원.

전정태 (1994). 미국의 직업교육. 조선대교육연구, 16, 15-24.

정일환 · 김경선 (1997). 미국 교육재정의 배분모형과 사례분석. 대구효성가톨릭대 교육연구논집, 5, 99-131.

정철영 (1997a). 전문계 고등학교의 실태와 발전방향. 직업교육연구, 16(1), 1-30.

정철영 (1997b). 전문계 고등학교의 성격 규정. 직업교육연구, 16(2), 35-50.

정철영 (1997c). 21세기의 직업기술교육체제와 개선방향. 새교육, 518, 58-65.

정철영 (1998). 직업기초능력과 국민공통 기본교육과정과의 연계. 교육월보, 7월호(통권 199호)

정철영 외 (1998). 직업기초능력에 관한 국민공통 기본교육과정 분석. 서울: 한국직업능력개발원.

정철영 외 (2000). 전문계 고등학교 교육체제 개편에 따른 교원 정책. 한국직업능력개발원.

정철영 외 (2000a). 각국의 고등학교 단계 직업교육 수준 및 교육환경 비교연구, 교육부 정책연구 과제 2000-29.

정철영 · 이광호 · 최현국 (1999). 통합형 고등학교 도입 방안에 대한 의견 조사. 서울: 교육부.

정태범 (1993). 미국교육의 동향과 한국교육의 방향. 교육과학사.

정태범 · 서정화 · 김명수 · 유위준 (1997). 교육과정 개정 관련 교원대책: 제7차 교육과정 개정 관련 교원양성, 연수, 교원수급 방안 연구. 충남: 한국교원대학교 교육과정 개정 연구위원회.

정태화 (1998). 선진국의 직업교육 개선방향과 시사점에 관한 연구. 직업능력개발연구, 창간호, 87-125.

정태화 (1999). 통합형 고등학교 도입방안. 「전문계 고등학교 종합대책 대토론회」 세미나 자료집.

정태화 (2000). 전문계 고등학교 및 전문대학의 인적자원개발 기능 강화. 제4차 KRIVET HRD 정책포럼 자료집. 서울: 한국직업능력개발원.

주한영국문화원 (1998). 영국유학센터. [On-line]. Available: *http://www.bckrea.or.kr/services/ecs.html.*

차종환 (1988). 미국의 교육제도: 유학 및 이민을 위한 미국교육의 길잡이. 바울서신사.

차종환 (1997). 이것이 미국교육이다. 나산출판사.

차종환(편) (1998). 미국 유학·이민교육 필독서: 미국 교육제도를 알고 미국에 가자!. 풀잎문학.

최희선 외 (1990). 교육과정 관련 교육관계법 국제비교연구: 선진국의 교육관리 및 교육과정 편제·운영체제. 교육부.

한국교육개발원 (1987). 미국의 교육개혁: 미·일 교육협동연구: 일본측 보고서. 한국교육개발원.

한국교육개발원 (1998a). 선진국 교육개혁의 최근 동향: 미국, 영국, 프랑스, 독일, 일본을 중심으로. 서울: 한국교육개발원.

한국교육개발원 (1998b). 서울시 고등학교 교육발전 방안 탐색을 위한 주요국 고등학교 교육개혁 동향 분석.

한국교육생산성연구소 (1996). 싱가포르의 교육제도 1: 싱가포르의 초·중등교육. 교육연구, 322, 19-22.

한국산업인력관리공단 (1992). 미국 직업교육·훈련의 발전과 대책. 한국산업인력관리공단.

한국직업능력개발원(역) (1998). 미국의 직업교육훈련 관련 계획. 서울: 한국직업능력개발원.

한기수 (1992). 「기업윤리」의 교육에 관한 연구: 우리나라와 미국의 교육실태를 중심으로. 연세대매지논총, 인문사회과학 9, 379-399.

한일조 (1994). 미국 교육사학의 수정주의 논쟁. 교육학연구, 32, 119-134.

한종하 외 (1989). 영국의 최근 교육개혁동향: 1988년 교육개혁법 발췌 및 국가교육과정. 서울: 한국교육개발원.

허운나 · 김영옥(편) (1998). 정보시대와 미국의 교육혁명. 교육과학사.
홍득표 (1997). 세계화를 위한 싱가폴의 교육정책. 국제정치논총, 36(3), 605-628.
황규호 (1997). 영국의 교육, 동서양 주요 국가들의 교육. 서울: 문음사.

教育部技術及職業教育司 (1998). 中華民國 技術及職業教育 簡介. 同 司.
教育部技術職司 (1998). 公私立技職學校一覽表. 同 司.
國立臺灣師範大學 技術及職業教育中心 (1998). 1998 海峽兩岸 技職教育與訓練學術研討會 論文集 II. 同 中心.
國立臺灣師範大學 技術及職業教育中心 (1998a). 技職簡訊(第73期-第81期). 同 中心.
國立臺灣師範大學 技術及職業教育中心 (1998b). 技術及職業教育(43-45號). 同 中心.
饒達欽 外 (1994). "技術職業教育的 發展, 問題及 其前瞻策略," 21세기를 대비한 職業教育, 韓國職業教育學會 學術發表論文集, pp.30-71.
高田涉 (1997). 普通科における職業教育の現狀と課題. 產業教育, 47(1).
東京農業大學農學部 教職課程(1990). 時代の進展と變化に對應した高等學校の農業教育の 現狀と展望ー全國アンケート調査の分析と考察ー.
東京都教育委員會 (2000). 東京都の教育(外國語版用和文) 2000年版.
馬越 徹 (2000). 日本의 教育改革. 韓日文化交流基金.
文部省 (1999a). 高等學校學習指導要領解說 總則編.
文部省 (1999b). 平成11年度學校基本調査報告書.
文部省 編 (1999c). 平成11年度我が國の文教施策.
文部省 (1999d). 專門高校 紹介: 自分さがし, 夢さがし, 「專門高校」.
文部省 (2000a). 新しい學習指導要領で學校は變わります.
文部省 (2000b). 高等學校學習指導要領解說 農業編.
理科教育及び產業教育審議會 (1998). 今後の專門高校における教育の在り方等について .
總務廳行政監察局 編 (1991). 產業教育の現狀と問題點.
韓民 (1996). 現代日本の專門學校. 玉川大學出版部.

Barbara, L. L.(ed.) (1989). *Singapore: A Country study. Singapore: Library of Congress.*

Beare, H. & Slaughter, R. (1996). *Education for the Twenty-first century.* New York: Routledge.

Bottoms, G. (1993). *Redesigning and refocusing high school vocational studies: Blending academic and vocational education, connecting the school site to the worksite, and linking secondary and postsecondary education.* Atlanta, GA: Southern Regional Education Board.

Camp, W. G. (1983). Social efficiency revisited: a cornerstone of our foundation. The *Journal of the American Association of Teacher Educators in agriculture, 20*(3), 11-18

Camp, W. G., & Hillison, J. H. (1983). Prosser's sixteen theorems: Time for a reconsideration. *Journal of Vocational and Technical Education, 1*(1), 5-12.

Chee, S. J. (1994). *Dare to change: An alternative vision for Singapore.* Singapore: Graffiti Printing.

Chorlton, W. (1994). *GNVQ: is it for you?* Hobsons Publishing PLC.

Committee on University Admission System (1999). *Preparing graduates for a Knowledge Economy: A new university admission system for Singapore.* Singapore: Ministry of Education.

Cookson Jr., P. W., et al. (Eds.)(1994). *International Handbook of Educational Reform.* New York: Greenwood Press.

Cordova, P., et al. (1995). *Teachers and trainers in vocational training. Vol. 1: Germany, Spain, France and the United Kingdom. Greece: European Centre for the Development of Vocational Training.*

Dayton, C. (1997) Net Impact of School-to-Work: Exploring Alternatives, in *Evaluation the Net Impact School-to Work.*

Department for Education and Employment, UK. (1999a). *Education and Training Statistics for the United Kingdom 1999 Edition.*

Department for Education and Employment, UK. (1999b). *Teacher vacancies: Provisional January 1999 Statistics.*

Department for Education and Employment, UK. (1999c). *Statistics of Education: Teachers England and Wales 1999 Edition.*

Department for Education and Employment, UK. (2000a). *Class sizes in maintained schools in England.*

Department for Education and Employment, UK. (2000b). *Pupil : Teacher rations in maintained schools in England.*

Department of Education and Employment, UK. (2000c). *Statistics of Education: Schools in England 2000.*

Department of Education and Employment, UK. (2000d). *Statistics of Education: Permanent Exclusions from Maintained School in England.*

Department of Statistics, Singapore (1998). *Yearbook of statistics Singapore, 1998.*

Department of Statistics, Singapore (2000a). *Singapore Standard Educational Classification 2000.* Singapore: Department of Statistics.

Department of Statistics, Singapore (2000b). *Yearbook of statistics 2000.* Singapore: Department of Statistics.

DfEE (1998). *Education and Training in Britain.*

DfEE. (1995). *The school curriculum: A brief guide.* [On-line]. Available: *http://www.open.gov.uk/dfee/schurric.htm.*

DfEE. (1996). *The national curriculum.* [On-line]. Available: *http://www.dfee.gov.uk/nc/index.htm*l.

DfEE. (1997a). *Qualifying for success.* [On-line]. Available: *http://www.open.gov.uk/dfee/qualify/foreword.htm.*

DfEE. (1997b). *Welcome to the DfEE's national record of achievement review home page.* [On-line]. Available: http://www.open. gov.*uk/dfee/nra.htm.*

DfEE. (1998). *General national vocational qualifications: a brief guide.* [On-line]. Available: http://www.open.gov.uk/dfee/gnvq /*gnvq.htm.*

Finch, C. R, & Crunkilton, J. R. (1999). *Curriculum development in vocational and technical education: Planning, content, and implementation*(5th ed.). Boston: Allyn and Bacon.

Finn Jr., C. E., Manno, B. V., & Bierlein, L. (1996). *Charter Schools in Action: What have we learned?.* Indianapolis, Ind.: Hudson Institute.

Goodlad, J. I. (1984). *A Place Called Schoo*l. CA: McGraw-Hill.

Gopinathan, S. (1999a). Education and Human Resource Policies in Singapore. *Journal of Educational Planning and Adminstration, 13*(4), 391-410.

Gopinathan, S. (1999b). Preparing for the Next Rung: economic restructuring and educational reform in Singapore. *Journal of Education and Work, 12*(3). 295–308.

Gyosei Corporation (1994). *Education in Japan. Ministry of Education, Science, Sprots and Culture.*

Harris, A., Jamieson, I., & Russ, J. (1996). *School Effecetiveness and school improvement.* London: Pitman.

Heran, V. L., Sorensen, R. P., & Nieri, A. H. (1996). *Fostering enterpreunership through business incubation: The role and prospects of postsecondary vocational–technical education.* Berkeley, CA: National Center for Research in Vocational Education.

Holt, G. et al. (1997). *Education in England and Wales: a guide to the system, National Foundation for Educational Research.*

Hopkins, D., Ainscow, M., & West, M. (1994). *School Improvement in an Era of Change.* London: Cassell.

Husen, T. (ed.) (1994). *The international encyclopedia of education*, 2nd ed. Oxford: Pergamon.

Itakura, Y. (1994). 일본 기술교육의 새로운 동향. 직업교육연구, 13(2), 13–20.

Jenkins, J. M., et al. (Eds.) (1994). *World class schools.* Reston. VA: NASSP.

J. W. Gelzels and H. A. Thelen(1960), "The Classroom Group as a Unique Social System", in N. B. Henry(ed.), *The Dynamics of Instructional Groups*, Chicago: University of Chicago Press, pp. 53~82.

Kogan Page (1998). *British Qualifications 28th Edition.*

Kurian, G. T. (ed.) (1988). *World Education Encyclopedia, Vol. II*. New York: Facts on file Publications.

Lee, Y. S. (1994). *Republic of Singapore: Education goals and priorities for the coming decade. In The Future of Education Policy: An Asian Pacific/North American Dialogue.* (ED 383 080).

Lynch, R. L. (1997). *Redesigning vocational and technical teacher education for the 21st century: Implications from the reform Literature.* Columbus, OH: Center on Education and Training for Employment.

Ministry of Education, Taiwan (1998a). *Education in the Republic of China, Ministry of Education.* Bureau of Statistics.

Ministry of Education, Taiwan (1998b). *Education Statistical indicators Republic of China*. Ministry of Education.

Ministry of Education, Science, Sports and Culture, Japan. (1999). Education in Japan 2000. Gyosei Corporation.

Ministry of Education, Singapore. (1972). *Education in Singapore*, 2nd ed. Singapore: Educational Publication Bureau.

Ministry of Education, Singapore. (1993). *Design & Technology for Lower Secondary*. Singapore: Ministry of Education.

Ministry of Education, Singapore. (1998a). *Content reduction for subject syllabus: Secondary Level*. Singapore: Ministry of Education.

Ministry of Education, Singapore. (1998b). *Syllabus for implementation from 1999: Computer Applications lower secondary*. Singapore: Ministry of Education.

Ministry of Education, Singapore. (1998c). *Syllabus for implementation from 1999: Computer Applications upper secondary*. Singapore: Ministry of Education.

Ministry of Education, Singapore. (1998d). *Syllabus for implementation from 1999: Home Economics lower secondary 1 and 2*. Singapore: Ministry of Education.

Ministry of Education, Singapore. (1998e). *Syllabus for implementation from 1999: Technical Studies lower secondary*. Singapore: Ministry of Education.

Ministry of Education, Singapore. (1998f). *Syllabus for implementation from 1999: Technical Studies upper secondary*. Singapore: Ministry of Education.

Ministry of Education, Singapore. (1999a). *Directory of schools and educational institutions*. Singapore: Ministry of Education.

Ministry of Education, Singapore. (1999b). *Education statistics digest 1999*. Singapore: Ministry of Education.

Ministry of Education, Singapore. (1999c). *MOE of Singapore*. [On-line]. Available: *http://www1.moe.edu.sg/corporate.htm*.

Ministry of Education, Singapore. (2000a). *Education in Singapore: Moulding the future of our nation*. [On-line]. Available: http://www1.moe.

edu.sg/educatio.htm.

Ministry of Education, Singapore. (2000b). *Report of the committee on compulsory education in Singapore*. Singapore: Ministry of Education.

Ministry of Information and Arts, Singapore. (1995). *Singapore 1995*.

Ministry of Manpower, Singapore. (1999a). *Report on wages in Singapore 1999*. Singapore: Ministry of Manpower.

Ministry of Manpower, Singapore. (1999b). *Singapore yearbook of manpower statistics*. Singapore: Ministry of Manpower.

National Center for Education Statistics (1990). *National Post-secondary Student Aid Study*. U.S. Department of Education Office of Educational Research and Improvement.

National Center for Education Statistics (1992a). *Second Follow-Up and High School Transcript Files*. U.S. Department of Education Office of Educational Research and Improvement.

National Center for Education Statistics (1992b). *Vocational Education in the United States: 1969-1990*. U.S. Department of Education Office of Educational Research and Improvement.

National Center for Education Statistics (1994). *Public Secondary School Teacher Survey on Vocational Education*. U.S. Department of Education Office of Educational Research and Improvement.

National Center for Education Statistics (1999a). *1998 Revision of the Secondary School Taxonomy*. U.S. Department of Education Office of Educational Research and Improvement.

National Center for Education Statistics (1999b). *Occupational Programs and the Use of Skill Competencies at the Secondary and Post-secondary Levels*. U.S. Department of Education Office of Educational Research and Improvement.

National Center for Education Statistics (1999c). *Teacher Quility: a Report on the Preparation and Qualifications of Public School Techers*. U.S. Department of Education Office of Educational Research and Improvement.

National Center for Education Statistics (2000a). *Student Data Handbook for Elementary, Secondary, and Early Childhood Education: 2000 Edition*.

U.S. Department of Education Office of Educational Research and Improvement.

National Center for Education Statistics (2000b). *The Condition of Education.* U.S. Department of Education Office of Educational Research and Improvement.

National Commission on Excellence in Education. (1983). *A nation at risk: The imperative for educational reform.* Washinton, DC: U.S. Government Printing Office.

National Institute of Education. (2000a). *Bachelor of Arts with diploma in education and bachelor of science with diploma in education (including specialisation in physical education) 2000-2001.*

National Institute of Education. (2000b). *General Information 2000-2001.*

National Institute of Education. (2000c). *NIE diploma programmes 2000-2001.*

National Institute of Education. (2000d). *Postgraduate diploma in education 2000-2001.*

National Institute of Education. (2000e). *Further Teacher Training Course.* [On-line]. Available: http://www.nie.ac.sg:8000/~*wwwnie/ ftt.htmlx.*

National Institute of Educational Research. (1991). *Towards formulating goals, aims, & objectives of secondary education for the twenty-first century.* Final report of a regional seminar on goals, and objectives of secondary education in Asia and the Pacific. (ED 358 503).

National Taiwan Normal University (1998). *General Information. National Taiwan Normal university.*

Newcomb, L. H., McCracken, D. G., & Warmbrod, R. J.(1993). *Methods of teaching agriculture*(2nd ed.). Danville, IL: The Interstate Printers and Publishers.

Ngee, W. K. (1997). *Technical and vocational education in Singapore.* [On-line]. Available: http://www-eng.tp.ac.sg/*te/tves.htm.*

NOOSR(1996). *The National Office of Overseas Skills Recognition: Singapore.* [On-line]. Available: *http://www.deet.au/noosr/cep/singapore/index.htm.*

Oakes, J. (1985). *Keeping track: How schools structure inequality.* New Haven: Yale Univ. Press.

OECD (1994). *Vocational education and training for youth*. Paris: OECD Head of Publication Services.

Oliveira, J., & G. F. Pillay. (1992). *Training for new technologies in Singapore*. (ED 358 247).

Pinar, W. F., Reynolds, W. M., Slattery, P., & Taubman, P. M. (1995). *Understanding Curriculum*. New York: Lang.

Powell, A. G., Farrar, E. & Cohen, D. K. (1985). *The shopping Mall High School: Winners and Losers in the Educational Marketplace*. Boston, MA: Houghton Mifflin.

QCA (1997). *Classics in the Curriculum*.

QCA (1998). *Learning from Work Experience*.

QCA (1999a). *Part One GNVQ: Career Education and Guidance Strategy*.

QCA (1999b). *Part One GNVQ handbook*.

Rahim, L. Z. (1998). *The Singapore dilemma: The political and educational marginality of the Malay community*. Singapore: Oxford University Press.

Review Committee, Singapore. (1991). *Improving primary school education*.

Schmidt, B.J., Finch, C.R., & Moore, M. (1997). *Facilitating School-to-Work Transition: Teacher Involvement and Contributions*. CA: National Center for Research in vocational Education.

Selvaratnam, V. (1989). Vocational education and training: Singapore and other Third World initiatives. *Singapore Journal of Education, 19*(2), 11-24.

Seng, D. L. S. (2000). *Dynamics and challenges of a vocational training system: The Singapore Experience*.

Singapore Infomap. (2000). *Education*. [On-line]. Available: http://www. *sg/flavour/profile/pro-education.html*.

Singapore Polytechnic. (2000). *Singapore Polytechnic: Prospectus 2000/2001*. Singapore: Singapore Polytechnic.

Sizer, T. R. (1984). *Horace's compromise: The dilemma of the American high school*. Boston: Houghton Mifflin.

Slaughter, R. (Ed) (1996). *New thinking for a new millenium*. New York: Routledge.

Soon, T. W. (1988). Singapore's new education system: Education reform for national development. Singapore: Institute of Southeast Asian Studies.

Stern, D. (1992). *School-to-Work Programs and Services in Secondary schools and two-year public postsecondary institutions*. Paper prepared for te National Assessment of Vocational Education. Berkerly: University of California at Berkerly, School of Education.

Stern, D., et al. (1994). *Research on School-to-Work Transition Programs in the United States*. CA: National Center for Research on Vocational Education.

Tan, J., Gopinathan, S., & Kam, H. W. (ed.) (1997). *Education in Singapore: A book of Readings*. Singapore: Prentice Hall.

Tooley, M. (1999). *Engineering GNVQ: Intermediate*. Butterworth-Heinemann.

U.S. Department of Education (1992). *Second follow-up and high school transcript files: National education longitudinal study*. National Center for Education Statistics.

UNEVOC (1997). *Training of Teachers/Trainers in Technical and Vocational Education*: ED-97/WS-58.

UNEVOC. (1999). *Trends in articulation arrangement for technical and vocational education in the south east Asian region*. 21-25.

United States Department of Education (1994). *Tech Prep and school-to-Work opportunities information bulletin*. Wachington: U.S. Dept. of Education.

Viswanathan, S. (1994). *Innovations in higher education: Singapore at the competitive edge*. Washington D.C.: The World Bank.

Vocational & Industrial Training Board. (1991). *Upgrading vocational training*. Singapore: VITB.

Whitear, G. (1995). *The NVQ & GNVQ Handbook: and guide to career success*. London: Pitman Publishing.

Wragg, T. (1986). *The Education Roadshoe-An Action Guide for Parents*. BBC Publications.

찾아보기

ㄱ

ㅅ

ㅇ

ㅈ

ㅊ

ㅋ

ㅌ

ㅍ

ㅎ

저자약력

- **안범진**(安範珍)

창원대학교 대학원 경영학박사
현) KOSME부산경남연수원 교수

[저서]
회계기초, 도서출판 영민, 2008.
기업회계 2급, 도서출판 다음, 2008.

- **구교봉**(具教鳳)

경남대학교 대학원 경영학박사
현) 경남대학교 경영학부
강의전담 교수

[저서]
유비쿼터스 시대의 전자상거래와 창업(공저), 탑북스, 2011.
소셜네트워크를 활용한 전자상거래(공저), 탑북스, 2013.

상업정보교과교육론[제2판]

2015년 1월 30일 1판 1쇄 발행
2021년 2월 20일 2판 1쇄 발행

저 자 안 범 진 · 구 교 봉
발행인 김 광 식
조 판 아 람 기 획

발행처 07285
서울특별시 영등포구 선유로 3길 10, 617호
도서출판 **탑 북 스**
등 록 2009.12.21 제 2016-000101 호
전 화 02)365-2223 팩스 02)365-2224

정가 20,000 원

ISBN 979-11-90247-41-2-93320